Andreas Barthelmess

Die große Zerstörung

Andreas Barthelmess

Die große Zerstörung

Was der digitale Bruch mit unserem Leben macht

Dudenverlag
Berlin

Redaktion Dr. Ludger Ikas
Lektorat Malte Ritter
Herstellung Alfred Trinnes
Layout und Satz Schimmelpenninck.Gestaltung, Berlin
Umschlaggestaltung sauerhöfer design, Neustadt
Druck und Bindung CPI books GmbH, Birkstraße 10, 25917 Leck
Printed in Germany

ISBN 978-3-411-74733-7
Auch als E-Book erhältlich unter: ISBN 978-3-411-91312-1
www.duden.de

PEFC zertifiziert
Dieses Produkt stammt aus nachhaltig
bewirtschafteten Wäldern und kontrollierten
Quellen.

www.pefc.de

PEFC/04-31-3011

INHALT

1 DISRUPTION IST JETZT. WAS WIR HEUTE WISSEN MÜSSEN

Disruption bedeutet »Bruch«, und überall sehen wir technologische Umbrüche. Google statt Gelbe Seiten, Uber-App statt Taxi-Stand, Spotify statt CD. Klar, alles wird digital, das ist neu und radikal. Disruption, denken wir, ist ein technologischer Trend.

Falsch! Disruption ist viel mehr, sie ist *das* Phänomen unserer Zeit. Sie ist immer und überall und in allen Lebensbereichen: in Kultur und Konsum, Ökonomie und Gesundheit, Liebe und Ernährung – und vor allem in der Politik.

Donald Trump und Greta Thunberg sind zwei Seiten einer Medaille. Der Teufel mit Föhnfrisur, die Klima-Jeanne-d'Arc im Pippi-Langstrumpf-Look – in einem haben die Hater und Spötter recht: Chaoten und Heilsbringer, Narzissten und Autisten haben Konjunktur, und das global. So ist es in Großbritannien, wo Boris Johnson den Brexit durchgezogen hat, im Silicon Valley, wo der exzentrische Erfinder Elon Musk kinderrettende Taucher beschimpft, oder im Italien des Matteo Salvini, dessen Social-Media-Team sich »Die Bestie« nennt.

Die Welt ist digital. Greta hat bei Redaktionsschluss dieses Buches 4 Millionen Follower auf Twitter, Trump 70 Millionen, Kim Kardashian 157 Millionen auf Instagram. Sie alle umgehen die Gatekeeper der alten Welt und brechen mit den Regeln von früher. Sie alle kommen durchs Netz zu uns, einfach so, bis ins Klassenzimmer. Und nicht nur freitags. Der Narzissmus, der

Trump und Kardashian antreibt, entspricht dem Rigorismus, mit dem Greta Thunberg auf die Welt blickt. Extreme digitale Virtuosen sind sie alle, ob um vier Uhr früh auf dem Klo twitternd oder um halb zehn in der Frühstückspause, wenn die anderen ins Butterbrot beißen.

Mitte der Neunzigerjahre: Ich sitze in einem Regensburger Betongymnasium mit halb schwebender Aufmerksamkeit hinten im Biounterricht, Thema Evolution. Aber plötzlich interessant, was Frau Troidl da erklärt. In ruhigen Zeiten ohne große Veränderungen, höre ich, sind die Angepassten im Vorteil. Extrembedingungen hingegen begünstigen ausgerechnet die schlecht angepassten Sonderlinge, das nennt man »disruptive Selektion«. Damals als Teenager denke ich: Oje, schlechte Aussichten für einen Schulversager ohne Barbour-Jacke, der immer noch auf eine bisher unbekannte Inselbegabung hofft!

Schlechte Aussichten also für Sonderlinge, denn die Neunzigerjahre sind in Bayern hyperkonform. Deutschland ist wiedervereinigt, der Kalte Krieg vorbei. Seine politische Spannung ist einer Post-Wende-Lethargie gewichen, in der allenfalls der Konsum ein wenig Abwechslung verspricht. Jahre des Stillstands. Edmund Stoiber gibt den bayerischen Law-and-Order-Sheriff. In der Schule gibt es für Kleinigkeiten schon Verweise, man hat ja sonst keine Probleme. Die Teenie-Mode ist amerikanisch-eskapistisch, mit Baseballcap obendrauf. Kulinarisch folgt man der Toskana-Fraktion von Schröder und Fischer. Die Küche rüstet mit Balsamico, Mozzarella und Cappuccino nach. Salat heißt jetzt Rucola. Das Eis wird besser. Manchmal kriegt man sogar schon »Gelato«.

Gegen die Wiedervereinigungslangeweile unternehmen wir überteuerte Sprachreisen nach London, um US-Turnschuhe oder Doc-Martens-Stiefel später stolz auf dem Schulhof vorzuführen.

Schön, dass die Mark stark ist und das Pfund schwach! Popkulturell verläuft das Gefälle allerdings andersherum. Es gilt »cool Britannia«, Britpop ist ganz groß.

Kalifornien, wie wir es aus dem Fernsehen kennen, hätte noch besser zu unseren Träumen von offenen alten Autos, von Hornsonnenbrillen und Skateboards an der Strandpromenade gepasst. Aber noch ist für uns Regensburger Betongymnasiasten Kalifornien unerreichbar. Also legen wir uns ersatzweise ein Kurt-Cobain-kompatibles Hobby wie Schwarz-Weiß-Fotografie mit Dunkelkammer-Abzügen zu und bekleben Mix-Tapes auf total individuelle Weise mit Schnipseln aus *Max* oder *GEO*.

Die Sommeraufreger der Neunziger heißen Kaiman im Badesee – die Polizei schickt sogar Taucher – und abendliche Biergartenruhe für Anwohner. Schlüpfrige Details der Lewinsky-Affäre bringen endlich ein wenig Farbe in die Clinton-Präsidentschaft. Glamour gibt es nur im Trauerfall: Lady Di rast in einem Pariser Tunnel mit einem ägyptischen Playboy in den Tod. Die Extravaganz der Dekade verkörpert Guildo Horn. Was ich sagen will: Die »Berliner Republik« mit Adlon-Atmo, Berghain-Bums und Cookies-Coolness ist noch nicht in Sicht, erster Kosmopolit der Republik ist der Camembert-Kenner Uli Wickert. Alles bleibt sich ewig gleich, und nur Helmut Kohl läuft schon länger als *Beverly Hills, 90210*.

Und heute? Luke Perry und Helmut Kohl sind tot. Überall ist Disruption. Umbrüche, wohin man schaut: Nutella-Deutschland ist vorbei, die süße Sicherheit reihenhausbeheizter Gemütlichkeit, sie ist Geschichte.

Mit Start-ups und digitaler Disruption habe ich Geld verdient. Jetzt will ich verstehen, was eigentlich los ist, und mache mir Gedanken. Die politischen Meinungsbeiträge, die ich in den letzten Jahren für *ZEIT, Neue Zürcher Zeitung, Handelsblatt, Spiegel* und *Welt* geschrieben habe, sind in dieses Buch eingeflossen. Dazu noch ein Hinweis. Ich verwende in diesem Buch meist die männliche Form, auch wenn ich Frauen und Dritte meine. Das soll keine ausschließende Geste sein, sondern der Lesbarkeit des Buches dienen.

Wenn sich in den letzten Jahren so viel so schnell verändert hat, was kommt dann erst in den nächsten Jahren auf uns zu? Wird uns die Technologie überrollen? Wohin ziehen wir uns zurück, wenn uns alles über den Kopf wächst? Haben wir überhaupt noch so etwas wie eine Heimat oder ein Zuhause? Wo finden wir bei all der digitalen Aufgeregtheit um uns herum Ruhe? Und wie? Hilft uns da »Achtsamkeit«, oder bedeutet das ganze Achtsamkeitsgedöns nur noch mehr Stress, also Anti-Stress-Stress? Und wie steht es mit der Politik? Ist, wie man immer wieder hört, die Demokratie in der Krise, und wenn ja: Wie kriegen wir sie da wieder raus?

Um die Zukunft zu gestalten, müssen wir die Gegenwart verstehen. Schon Shakespeares Hamlet klagt, die Zeit sei aus den Fugen, und, ja, Krisen und Revolutionen gab es immer. Was aber ist neu an den Brüchen und Extremen unserer Zeit?

»Disruption« heißt »Bruch« oder »Zerstörung«, und obwohl es sich um ein lateinisches Fremdwort handelt, hat es zuerst in der englischsprachigen Start-up- und Tech-Welt Karriere gemacht. Ursprünglich in der Evolutionsbiologie verwendet, bezeichnet »disruptive Selektion« den Vorteil, den unter bestimmten Umweltbedingungen die Extremtypen gegenüber den Durchschnittstypen haben.

Heute ist das Wort Start-up cool. Allerdings ist der Gebrauch mittlerweile dermaßen inflationär, dass es sogar bei den CEOs der alten Industrie zur Modephrase geworden ist, die eigentlich für das Schritt-für-Schritt-Denken der Vergangenheit stehen. Dabei meint Disruption gerade *nicht* eine, wie es im Tech-Jargon heißt, »inkrementelle« Weiterentwicklung, etwa von der Vinylplatte zur CD, sondern eine ganz neue, plötzliche und schnelle, ja explosionsartige Entwicklung mit völlig neuen Ansätzen unter völlig neuen Bedingungen: also etwa Napster und iTunes statt CD.

In der Biologie hat man die Disruption immer wieder an den Darwinfinken beschrieben, die auf den Galapagosinseln zu Hause und nicht zufällig nach Charles Darwin benannt sind. Zunächst hatten die Finken anscheinend alle Schnäbel mittlerer Länge und Breite. Ziemlich normal. Je weiter die Abweichung von dieser Norm, desto seltener kam sie vor – Stichwort Gauß'sche Normalverteilungskurve, manche kennen diese Glockenkurve noch vom letzten Zehnmarkschein. Auf einmal jedoch setzten sich zwei Extremtypen von den Rändern gegen die angepassten Normalos durch: die breiten, kurzen Schnäbel mit der Kraft zum Knacken großer Samen und die schmalen langen Schnäbel mit der Geschicklichkeit fürs Aufpicken kleiner Samen. Die mittlere Form, sozusagen die Schnabel-Volkspartei der Galapagosfinken, war jetzt anscheinend zu schwach für die großen Samen und zu ungeschickt für die kleinen. Mit anderen Worten: Die galapagossische Schnabel-Volkspartei fiel einer um sich greifenden Polarisierung zum Opfer. Ganz ähnlich ging es den Sozialdemokraten und den Konservativen im Europa der letzten Jahre.

In der Ökonomie bezeichnet der Begriff »Disruption« radikale technologische Ablösungsprozesse in Industrien und Märkten. In einem viel beachteten Buch mit dem Titel *The Innovator's Dilemma* hat der Wirtschaftswissenschaftler Clayton M. Christensen 1997 beschrieben, wie auf dem Markt immer wieder ausgereifte Produkte sowie gewachsene, marktbeherrschende Strukturen und Unternehmen zerstört und von neuen Firmen und Produkten vollständig verdrängt werden – und zwar selbst dann, wenn der Marktführer zuvor sein Produkt, den Bedürfnissen der Kundschaft folgend, kontinuierlich weiterentwickelt und verbessert hatte. Denn solches Fleißkärtchensammeln, hat Christensen gezeigt, schützt ein Unternehmen nicht davor, plötzlich von der Konkurrenz hinweggefegt zu werden.

Der Trick der Disruptoren ist dabei, im Unterschied zur inkrementellen Peu-à-peu-Verbesserung radikal neue Ansätze an ganz neuen Kundengruppen zu testen, und das meist in Marktnischen. Damit scheitern sie zwar häufig. Wenn sie jedoch früh und billig genug scheitern, können sie so lange weiterprobieren, bis schließlich ein Disruptor den einen durchschlagenden Erfolg hat, der dann in kurzer Zeit den ganzen Markt umwälzt. Wer die Disruption auslöst, bricht also – das ist das Verfahren – aus den alten Mustern und Spielregeln des Marktes aus. Gerade dadurch gelingt ihm der Durchbruch. Der Disruptor ist der Rechtsüberholer, der das Rennen gewinnt.

Das habe ich selbst erlebt. Ich habe mitgeholfen, europäische Tech-Unternehmen aufzubauen. Heute berate ich digitale Angreifer. Aber von Haus aus bin ich, Jahrgang 1979, ein Kind der alten Welt. Mit den klassischen Waldorfschultalenten ausgestattet, haptisch und dyslexisch veranlagt, faszinieren mich nicht Joystick, Tetris und Counter Attack, sondern Fußball, *Mittelbayerische Zeitung* und selbst gemalte Wahlplakate für Johannes Rau. Wenn meine Freunde vor Papas Commodore 64 sitzen, gehe ich raus und gieße den selbst gepflanzten Rhododendron. Als Siebenjähriger kämpfe ich noch mit dem Schleifebinden, aber kaufe mir unter Einsatz des kompletten Sparbuchs mein erstes Kunstwerk. Zwanzig Jahre später bin ich Volkswirt und, nach einem Intermezzo bei den UN in New York, Geschäftsführer einer neuen Kunstmesse des damals stolzen Verlagshauses Gruner+Jahr.

2008 kommt die Finanzkrise. Scherben überall. Banken gehen pleite, Print-Titel werden eingestellt, meine Kunstmesse sowieso – aber Obama verspricht »Change«. Mir wird klar: Die Technologie treibt den Wandel, den Etablierten geht es an den Kragen, die große Zerstörung ist da. Bei Gruner+Jahr aber, dem leckgeschlagenen deutschen Verlagstraumschiff, stellt man auf dem Sonnendeck noch mal die Liegestühle um. Ich verlasse den Dampfer. Es folgen unternehmerische Lehrjahre, anfangs ohne, dann mit Erfolg, persönlich unruhig. Am runden Tisch mit den Köpfen der großen Venturecapital-Fonds lerne ich die Logik der digitalen Disruption.

Aber ist die Disruption tatsächlich ein neues Phänomen, oder gab es sie nicht immer schon? Waren nicht Buddha, Jesus und Mohammed religiöse Disruptoren, Homer als Dichter und Beethoven als Komponist künstlerische? Gutenberg als Erfinder des Buchdrucks, Louis Daguerre als einer der Erfinder der Fotografie, Thomas Alva Edison als einer der Erfinder der Glühlampe, Carl Benz als Erfinder des Automobils technologische Disruptoren? Einstein als Begründer der Relativitätstheorie und Alexander Fleming als Entdecker des Penicillins wissenschaftliche? Waren nicht Marx und Lenin, Gandhi und Martin Luther King politische Disruptoren?

Ohne Frage waren sie alle Revolutionäre auf ihrem Gebiet, und sie alle haben den Weltlauf dauerhaft verändert. Doch Disruption ist etwas anderes als Revolution. Die Revolution errichtet eine neue Ordnung auf alten Fundamenten, zum Beispiel eine Kölner Kirche auf einem römischen Jupiter-Tempel oder die Republik Indien auf der britischen Kolonialverwaltung. Die Disruption hingegen stellt eine neue Ordnung auf neue Fundamente – und braucht dazu nicht einmal mehr die Trümmer der alten. Sie bricht mit der Vergangenheit. Napster, iTunes und

Spotify bedeuten: Die Plattenläden wechseln nicht wie zuvor ihr Sortiment von Vinyl zu CD, sondern sie verschwinden.

So gesehen, bewirkte das Penicillin tatsächlich eine Disruption. Als die Tuberkulose Ende der 1940er-Jahre mithilfe von Tabletten heilbar war, verschwanden plötzlich alle Lungensanatorien, die sich nicht noch rechtzeitig zum Skihotel umfunktionieren ließen. Die Erfindung der Porträtfotografie hingegen brachte keine Disruption, weil sie die alten Porträtmaler nicht arbeitslos machte, sondern die meisten von ihnen einfach Fotografen wurden. Disruption bedeutet also, dass eine bisherige Berufsgruppe arbeitslos wird: Plattenverkäufer wie Vernon Subutex aus Virginie Despentes' gleichnamigem Roman und Liegekuren-Personal wie aus Thomas Manns *Zauberberg*.

Kleinere Disruptionen, jedenfalls im Weltmaßstab kleinere, gab es sporadisch immer schon. Als man Erdöl zu fördern begann und daraus Petroleum herstellte, ging mit der Tran-Industrie der Walfang ein. Das Telefon machte die Botenjungen arbeitslos, die Glühlampe den Dochtmacher, Überseecontainer und Kran die Scheuerleute, die früher Waren per Hand auf Schiffen stapelten. Als japanische LCD-Uhren aufkamen, gingen zwei Drittel der Schweizer Uhrenmanufakturen pleite. Mit dem PC starb die Schreibmaschine, mit der digitalen Fotografie der Film.

Doch alle diese Disruptionen unterscheiden sich sowohl in ihrer Häufigkeit als auch in ihren ökonomischen und gesellschaftlichen Auswirkungen von der Disruptionsdichte unserer digitalen Gegenwart. Das hat technologische Gründe. Heute sind die Voraussetzungen für disruptive Innovationen beziehungsweise, wie die Bundesregierung sie nennt, »Sprunginnovationen« viel günstiger als noch in den Neunzigerjahren, als Christensen sie beschrieb. Sie finden auch häufiger statt. Denn die digitale Technologie hat die Schwelle zum Markttest dramatisch abgesenkt und verbilligt. Damit wiederum hat sie das disruptive Potenzial des digitalen Markteintritts exponentiell gesteigert. Man kann über Nacht eine App programmieren und schauen, ob sie funktioniert. Nach ein paar Wochen weiß man, ob sie das Zeug hat, den Markt aufzurollen. Für ein Medikament wie Penicillin oder einen neuen Fahrzeugantrieb hingegen brauchte man Entwicklungs- und Versuchsreihen, die sich über Jahre hinwegzogen.

Doch so niedrigschwellig der Markteintritt im digitalen Zeitalter grundsätzlich ist, für die Konkurrenten wird er umso schwieriger, sobald der Markt einmal von einem Marktführer besetzt ist. Hier gilt das Prinzip »The winner takes it all«. Amazon ist *der* Online-Händler, Airbnb *der* Online-Marktplatz für Unterkünfte, Google *die* Suchmaschine, YouTube *das* Videoportal. Und das weltweit.

Auch unsere Alltagsbeziehungen ordnet die Digitalisierung neu. Weil wir so viel bei Amazon bestellen, schließt die kleine Buchhandlung um die Ecke, sofern sie nicht die Veränderung zur literarischen Event-Location schafft. Dafür haben wir Dauerbesteller durch unsere täglichen Paketlieferungen inzwischen eine engere Beziehung zum Paketboten als früher zur Buchhändlerin oder zum Supermarktkassierer. Die jedenfalls kannten uns nicht mit Zahnbürste im Mund im Morgenmantel. Unsere neuen Beziehungen werden jedoch nicht lange dauern. Bald werden wir der Lieferdrohne ins Kameraauge blicken. Das Zeitalter der Disruption hat gerade erst begonnen.

Die Veränderungen im Nachkriegsdeutschland bis in die Nullerjahre hinein waren ganz anderer Art. Sie waren nicht disruptiv, sondern inkrementell. Alles ging peu à peu voran, alles wurde immer ein bisschen besser. Meist sah man das nicht einmal, etwa beim Auto. Knautschzone, Airbag, ABS, ausfahrbarer Überrollbügel für Cabrios: Bosch-artig versteckten Ingenieure mit Horb-am-Neckar-Fleiß den kontinuierlichen Fortschritt hinterm Blech und unterm Armaturenbrett. Heute zeichnet sich das Ende des Verbrennungsmotors ab. Und auch wenn mittlerweile selbst die Autolobbyisten gelernt haben, vom »Paradigmenwechsel« zu schwurbeln, so verwenden sie doch nur eine Chiffre aus der alten Zeit. Induktives Handyladen jedenfalls wird das alte Auto nicht retten.

Inkrementell ist die Entwicklung von der Tageszeitung zum Sonntagsblatt. Von drei öffentlich-rechtlichen Sendern zu ein paar Dutzend privaten. Disruptiv hingegen ist der Sprung von Print zu Twitter, vom Fernsehen zu YouTube und Netflix.

Ironischerweise entstehen disruptive technologische Umbrüche aus der inkrementellen Verbesserung vieler Einzelbereiche. Steinchen auf Steinchen baut sich der Fortschritt auf, bis er plötzlich ein neues Plateau erreicht, auf dem sich dann sprunghaft Innovationen ereignen. So ermöglichten Fortschritte der Prozessorleistung, Batteriekapazität, Speichergröße und interaktive Displays im Zusammenspiel mit wachsender digitaler Vernetzung jene mobilen Endgeräte, die sich nach der Markteinführung des iPhones 2007 rasant durchsetzten.

Das Smartphone wiederum entpuppte sich als technologische Grundvoraussetzung für die soziale und kulturelle Gegenwart, in der wir heute leben: Tinder statt Disco. WhatsApp statt Diaabend. Facebook statt Weihnachtsbrief. Twitter-Gewitter im Minutentakt statt ein Papierpfund redaktioneller Welterklärung zum Wochenende. Dauer-Newsstream statt Abendnachrichten.

In dieser digitalen Gesellschaft ist jeder sein eigener Propagandasender, und das mit Reichweiten, von denen etablierte Medien wie *New York Times*, CNN und *Bild* nur träumen können. Wer Millionen erreicht und als »First Mover« ungefiltert direkt auf die Displays in unseren Händen sendet, kann bislang Unvorstellbares bewirken. Polarisieren, sensibilisieren oder mobilisieren. Wer Millionen erreicht, kann eine Mauer zu Mexiko bauen, Rassismus im Land der Political Correctness verbreiten, mit #Leave.EU ein Land aus der EU führen, die Debatte #MeToo starten und einen globalen Bewusstseinswandel herbeiführen, mit »Fridays for Future« eine globale Schülerbewegung für den Klimaschutz initiieren. Alles scheint möglich.

Zugegeben: Trump und Greta sind für die meisten von uns weit weg. Aber die großen Brüche sind es nicht, sie finden überall um uns herum statt, ganz in unserer Nähe. Konventionen kippen, Menschen ändern ihr Verhalten. Und immer häufiger müssen sie sich dabei, so viel ist dran an der viel beschworenen »Polarisierung«, zwischen zwei Lagern entscheiden. Diese Lager sind das progressive und das konservative, und so wählen wir zwischen Detox-Smoothie oder Hasseröder Biertulpe, zwischen Falafel oder Schweinebraten, Car-Sharing oder Garagen-Fetisch.

Als ich Teenager war, shampoonierten unsere Nachbarn samstags rundherum zärtlich ihre Autos. Mein Freund Fabian begeisterte sich für Diesel-Direkteinspritzung und andere technische Innovationen, die damals noch »Erfindungen« hießen. Fabian liebte Erlkönig-Fotos aus der *Auto Bild*. Er kannte Hubräume und PS-Zahlen. Und er wusste, dass er eines Tages zum Händler im Autoglashaus an der Ausfallstraße gehen und sich einen tollen Wagen mit sechs Zylindern »holen« würde. War auch in Ordnung so. Normal.

Heute hat Fabian Familie, aber kein Auto, lebt in Berlin und nicht mehr in der Oberpfalz. Alle paar Wochen probiert er eine neue Mobilitäts-App aus: Car-Sharing, Uber, Leihräder, E-Tretroller. Fabian ist mit der Zeit gegangen: Nicht mehr der Autobesitz verschafft uns heute Status, sondern Wahlfreiheit und permanente Flexibilität. Für die Progressiven sind heute

Probieren und morgen Andersmachen wichtiger als Felgenpolieren und In-der-Garage-Haben. So hat man ein gutes Gewissen und markiert die eigene Progressivität. Ganz ähnlich macht es Tech-Ikone Elon Musk. Der Tesla-CEO baut Elektroautos, will aber eigentlich lieber mit wiederverwendbaren Raketen ins All fliegen.

Neue Melodien hören wir überall. Ich erinnere mich an eine internationale Venturecapital-Konferenz in Berlin. Am ersten Abend habe ich mich mit denselben Geschäftsfreunden wie jedes Jahr zum Essen verabredet. Wir treffen uns, ebenfalls wie jedes Jahr, im »Grill Royal«. Das Restaurant ist lange schon gesetzt und der Name Programm. Wen wundert es? Steakessen ist fleischgewordene Unternehmenskultur der hier mit mir versammelten Start-up-Macher, alles sehr männlich. Hier sitzen wir also, finden den globalen Kapitalismus prima, essen blutiges Fleisch, wollen aber nicht mit Raubtieren verglichen werden, mit Heuschrecken schon gar nicht. Marktdominanz ist eine feine Sache, im Übrigen hart erarbeitet und insofern verdient. Alles in Ordnung unter den Digitalisierungsgewinnern.

Doch im Sommer 2019 ist etwas anders. Raffael, ein guter Freund, eröffnet uns mit besorgter Miene, spät zu essen sei ungesund. Im Übrigen konzentriere er sich jetzt aufs Intervallfasten. Das habe ich selbst auch schon probiert. Trotzdem stutze ich und komme kognitiv beim Versuch ins Straucheln, Absender und Inhalt der Botschaft in Einklang zu bringen. Da legt Raffaels Geschäftspartner Ben die Speisekarte weg und das Statement nach, dass er heute auf Fleisch verzichten werde. Ernährungsstudien und Klimadiskussion ließen ihn umdenken. Er führt das fundiert, klug und selbstkritisch aus. Ich bin perplex. Vielleicht spricht Ben ja so, weil er vor wenigen Monaten Vater geworden ist? Doch die ganze Runde ist sich überraschend einig: Die Schülerbewegung für das Klima sei beeindruckend, der hohe Druck auf die Politik genau richtig, Greta solle so weitermachen.

Später kommen wir auf eines meiner Lieblingsthemen, die Regulierung oder Zerschlagung von global übermächtigen Onlineplattformen. Eigentlich ist da Widerspruch ausgemacht, doch wieder geschieht etwas Überraschendes. Raffael sagt, er habe das jahrelang anders gesehen, aber jetzt müsse er mir beipflichten: Der Staat müsse viel härter gegen Monopole vorgehen. Dann fällt ein Satz, den ich aus dem Mund eines digitalen Disruptionsgewinners nie erwartet hätte: »Wir brauchen mehr Staat, überall!«

Die Welt ist im Umbruch, und wir beginnen, auf die Brüche, Umstürze und Einbrüche der letzten Jahre zu reagieren. Nichts ist mehr, wie es war! Brexit, Trump-Wahl, #MeToo, Fridays for Future, Volksparteien-Aus: Was wir für unverrückbare Gewissheiten und unverhandelbare Gesetze hielten, ist plötzlich radikal anders. Verkehrte Welt! Ein US-Präsident setzt auf Rassismus, aber Kapitalisten mit Neunzigerjahre-McKinsey-Sozialisierung geben sich selbstkritisch pro Regulierung. Vom Saulus zum Paulus, vom Steak-Kapitalisten zum sozialen Marktwirtschaftler mit CO_2-Sorge.

Alles, was ich hier bisher beschrieben habe, sind Symptome der Disruption. Sie ist *das* Phänomen unserer Gegenwart. Sie ist ihre Signatur. Und sie ist tatsächlich neu. Doch ich glaube, die neue Unübersichtlichkeit führt dazu, dass wir häufig den Wald vor lauter Bäumen nicht sehen. Durchsage an alle die, die glauben, die aktuellen Umbrüche würden sich bald wieder legen, Hass und Hetze im Netz würden sich wieder beruhigen, die Hyper-Dominanz von Silicon-Valley-Unternehmen wäre nur eine Momentaufnahme, die klassischen Industrieunternehmen mit vielen Arbeitsplätzen fänden bald wieder zu alter Stärke zurück und die »Volksparteien« lägen bald wieder bei 40 Prozent: Ihr träumt. *Wetten, dass ..?* ist vorbei.

Wir können nicht Disruptionen ungeschehen machen, indem wir wie früher die Erfindungen der Konkurrenz nachbauen. Paypal lässt sich nicht, fünfzehn Jahre zu spät, durch ein deutsches Imitat namens »paydirekt« von den Sparkassen und Volksbanken verdrängen. Ich habe es schon gesagt: Größe bedeutet in der Plattformökonomie unüberwindliche Dominanz. The winner takes it all. Das Zeitalter der Disruption ist da. Sie stülpt die Welt um wie zuletzt die Industrialisierung, nur viel schneller und heftiger. Folgte im 19. Jahrhundert auf die technologische Revolution die ökonomische, dann die politische und darauf die kulturelle, so erfasst die Disruption heute all diese Bereiche zugleich. Im 19. Jahrhundert konnten sich die Menschen über Jahrzehnte an den Wandel gewöhnen. Jetzt ereignet er sich innerhalb weniger Jahre. So schnell mussten wir noch nie umlernen. Die digitalen Geister, die wir riefen, werden wir nicht los.

Also: Nichts wird wieder werden, wie es einmal war. Nur wer sich ändert, bleibt sich treu. Das ist leicht gesagt, doch wir tun uns verdammt schwer damit. Manchmal geht mir das auch so. Ich bin digital, hänge aber an der Offlinehaftigkeit der Achtzigerjahre. Davon heißt es jetzt Abschied nehmen. Nur nicht zu viel Nostalgie! Wenn ich in diesem Buch immer wieder zurückblicke, will ich zeigen, wie weit wir uns schon von den Achtziger- und Neunzigerjahren entfernt haben. Einen Weg zurück gibt es nicht. Und ein kleiner Hinweis an die ab 1995 Geborenen: Ihr werdet vielleicht manches, von dem hier die Rede ist, nicht verstehen. Aber »Gelbe Seiten«, »Luke Perry« und »Augusteischer Frieden« könnt ihr im Netz nachschlagen.

Was ist zu tun? Die Traditionalisten bocken beleidigt vor der Gegenwart und leugnen die Disruption. Die Progressiven umarmen sie begeistert und werfen sich ihr manchmal allzu un-kritisch an den Hals. Das Beste ist also, die Disruption kritisch zu umarmen. Denn nur so können wir sie in den Griff bekommen, politisch, ökonomisch und sozial. Was für eine Herausforderung, diese aufregenden Zeiten mitzugestalten! Die Frage ist nur: Wie tun wir das, ganz praktisch – individuell im Alltag, politisch in der Gesellschaft? Das ist die Frage, um die es mir geht.

Am Anfang des Buches steht der Kontrast von Geschichte und Gegenwart: von technischem Fortschritt, den es immer schon gab, und unserer digitalen Gegenwart, die so radikal neu ist. Was, frage ich, hat unsere politische Kultur und Gesellschaft so tief-greifend verändert? Woher unsere Sehnsucht nach der Vergan-genheit, nach Heimat? Worin liegt die Eigendynamik von Social Media? Was haben Tinder, Facebook und Instagram-Ästhetik mit der Politik zu tun?

Welche Rolle spielt die künstliche Intelligenz? Woher kommt das Gefühl permanenter Überforderung, das Gefühl, nicht mehr mithalten zu können? Ist uns die Welt zu groß geworden, ist sie alternativlos? Was ist das Winner-takes-it-all-Prinzip, und bedroht es die liberale Demokratie? Wenn uns die Datenplatt-formen überwachen, wer überwacht die Wächter? Was tun, wenn sich bald die politische Systemfrage stellt? Und hilft uns beim Weltretten die neue Achtsamkeits-App?

Mit diesen Fragen befasse ich mich, bevor ich dazu im letzten Kapitel eine Reihe von konkreten Vorschlägen mache.

Alle Fragen zielen auf die nahe Zukunft. Wer sie beantwor-ten will, muss die Vergangenheit kennen. Schauen wir sie uns an.

2 TECHNISCHER FORTSCHRITT, GLOBALISIERUNG UND DIGITALISIERUNG

Disruption, so die These dieses Buches, ist überall. Sie ist *das* übergeordnete Geschehen unserer Gegenwart. Deshalb kennzeichnet sie heute nicht nur, wie es die ursprüngliche Verwendung des Wortes »Disruption« tat, Evolutions- und Marktphänomene, sondern alle Bereiche unseres Lebens: Politik und Gesellschaft, Freundschaft und Liebe, Kunst und Ernährung, Sport und Gesundheit, Partnerschaft und Sex.

Alle diese Bereiche lassen sich unter einen weit verstandenen Begriff von »Kultur« fassen. Kultur ist, was wir Menschen aus dem machen, was uns unausweichlich vorgegeben ist. Aber was ist uns vorgegeben? Die Natur, wie viele Philosophen angenommen haben? Das Schicksal? Die göttliche Ordnung? Das Chaos?

Mein Vorschlag lautet: der technologische Fortschritt. Er treibt uns an. Ja, richtig: Nicht wir treiben ihn an, sondern er uns – jedenfalls, nachdem wir ihn einmal angeschoben und in die Welt gebracht haben. Wie genau der technologische Fortschritt in die Welt kommt, wissen wir nicht, wohl aber, welche Eigendynamik er entfaltet, sobald er in Form einer Erfindung oder Entdeckung einmal da ist. Das Feuer zum Beispiel: Wahrscheinlich zuerst in die Höhle geholt, um zu wärmen, nutzte der Mensch es dann, um Fleisch und Grassamen zu garen. Das brachte ihn zum Getreideanbau, ließ ihn sesshaft werden, Kornspeicher errichten, Stadtmauern, Türme und Tempel. Ließ ihn

Götter erfinden, Könige und das Bierbrauen – und am Ende die Schrift, um die Gesetze zu fixieren, die man für ein kultiviertes menschliches Zusammenleben braucht, besonders unter Alkoholeinfluss.

Oder das Rad: Irgendwie kommen die Sumerer im 4. Jahrtausend vor Christus auf das Scheibenrad. Vier Stück an eine Kiste montiert und einen Ochsen davorgeschirrt, kriegen die Sumerer eine Wagenladung Gerste viel schneller zur Brauerei transportiert, als wenn sie sie schleppen müssten. Doch aus dem Rad lässt sich mehr machen als nur ein Bierwagen. Eine clevere bronzezeitliche Steppenkultur ersetzt die Scheibe durch Speichen, baut einen zweirädrigen Renn- und Streitwagen und spannt Pferde davor. Dieses Gespann macht im 13. Jahrhundert vor Christus bei Hethitern, Assyrern und Ägyptern Kriegskarriere, verschiebt Reichsgrenzen oder radiert sie aus.

So kommt es schon früher zur Globalisierung, als der Begriff vermuten lässt. Denn Globalisierung ist ja nichts anderes als die wachsende Vernetzung über eine zunehmende geografische Distanz hinweg. Als gradueller, kontinuierlicher Prozess verläuft sie parallel zum technischen Fortschritt. Zugleich unterstützt sie ihn bei seiner Verbreitung. Das Rad hat auch deshalb eine so zentrale Rolle gespielt, weil es weitere Innovationen angestoßen und ermöglicht hat: den Straßenbau etwa, der wiederum verstärkten Handel bringt.

Historisch haben wir uns daran gewöhnt, den Beginn der Globalisierung in der frühen Neuzeit anzusetzen. 1488 entdecken die Portugiesen am Kap der Guten Hoffnung den Seeweg nach Indien, 1492 erreicht Kolumbus, ebenfalls auf der Suche nach Indien, Amerika: Das Zeitalter von globalem Überseehandel und kolonialer Ausbeutung beginnt. Tatsächlich jedoch findet Globalisierung schon seit Jahrtausenden statt. Alexander der Große bringt die griechische Kultur nach Indien. Die Römer bauen das erste Straßennetz, das die gesamte ihnen bekannte Welt umspannt. So konnten sie über eine Distanz von 5000 Kilometern einen Brief von Babylon nach Londinium schicken. Infrastruktur schafft Mobilität, vernetzt und entgrenzt. Schon in der Antike bezog China über die Seidenstraße römisches Glas, Rom importierte chinesische Seide.

Was heißt das für den Menschen? In dem Maße, wie die Welt kleiner wird, wächst sein Bezugssystem, also der soziale, kulturelle, ökonomische und politische Bezugsrahmen. Das ist eine der Grundannahmen dieses Buches: Im Zuge des technischen Fortschritts erweitern sich diese menschlichen Referenzsysteme. Die Tendenz zur Globalisierung hatten sie dabei immer schon. Dennoch wird die globale Dimension erst in der Neuzeit sichtbar. Das wiederum hat mit einer zweiten Grundannahme dieses Buches zu tun: der Beschleunigung. Wenn distanzverkürzende Medien wie Rad und Straße die Überwindung des Raumes bewirken, dann schlägt sich dieses Schrumpfen des Raumes als Beschleunigung auf der Zeitachse nieder. Anders gesagt: Wenn die Straßen in Schuss sind und alle paar Dutzend Kilometer frische Pferde bereitstehen, kommt der Brief aus Babylon schneller in London an.

Die Menschheit schreitet also immer schneller voran. Anfangs sieht das stetig linear aus, tatsächlich jedoch befinden wir uns in einer exponentiellen Funktion. So besagt etwa das in den 1960er-Jahren formulierte sogenannte Moore'sche Gesetz, dass sich die Rechenleistung von Computerprozessoren alle ein bis zwei Jahre verdoppelt. Nach einem Zyklus ist die Leistung doppelt so hoch wie zuvor, nach zwei Zyklen viermal, nach drei achtmal, nach vier 16-mal, nach fünf 32-mal und so weiter: exponentielles Wachstum eben. Wir kennen den Graphen dazu noch aus der Schule. Erst bewegt er sich mit kaum wahrnehmbarer Steigung quälend langsam, anscheinend linear auf der Y-Achse hoch. Endlich, da hat man schon drei Viertel der X-Achse hinter sich, nimmt er ein bisschen Fahrt auf, jetzt geht es langsam los nach oben – und, rums, ist der Graph schon fast senkrecht durch die Decke geschossen.

Das liegt auch an den supraleitenden Prozessoren, die künftig zum Einsatz kommen werden. Früher kannte jedes Bit nur zwei Zustände, 0 oder 1. Heute arbeiten Quantencomputer wie Sycamore von Google bereits mit sogenannten Qubits, die, einfach gesagt, viele verschiedene Werte annehmen können. Operationen, für die klassische Computer noch mehrere Hundert Jahre gebraucht hätten, rechnen Quantencomputer binnen Minuten.

Also lautet die dritte Grundannahme dieses Buches: In der großen Disruption geht auch der technische Fortschritt durch die Decke. In diesem Zeitalter leben wir heute.

Mitte des 15. Jahrhunderts revolutioniert Johannes Gutenberg das Druckwesen. Bis dahin hatte man Texte mit der Hand abgeschrieben. Bei einem dicken Buch kostete das viel Mühe, Zeit und Geld. Als Gutenberg den Buchdruck mithilfe beweglicher Lettern erfand, konnte man plötzlich ein einmal gesetztes Buch hundertfach drucken: so etwa die berühmte Gutenberg-Bibel. Ohne sie wiederum hätte sich die von Luther angestoßene Reformation nicht so schnell verbreiten können, wie es im 16. Jahrhundert geschah. Eine wichtige Rolle bei der Emanzipation vom autoritären Katholizismus und Papsttum spielten auch schnell und billig zu druckende Propaganda-Flugblätter, die den Papst als Esel oder mit Scheißhaufen in der Hand auf einer Sau reitend zeigten: »des Teufels Sau, der Papst«, so O-Ton Luther, der seine Tiraden heute sicher über Twitter raushauen würde. Schon mit der Druckerpresse gibt es also eine Art *ökonomischen*

Netzwerkeffekt, wie wir ihn heute im Digitalen bei Facebook, Google und anderen beobachten.

Den aus der konfessionellen Spaltung Mitteleuropas entstandenen Dreißigjährigen Krieg hat Luther, all seiner Giftigkeit zum Trotz, genauso wenig gewollt wie Gutenberg. Und doch hatte die Revolution im Druckwesen erheblich Anteil an jener politischen Mobilisierung, deren Eskalation zum Krieg ein Drittel der Bevölkerung Mitteleuropas das Leben kostete. Technologische Innovationen können zu gesellschaftlicher Polarisierung, zu dramatischen sozialen Umbrüchen führen, bis hin zum Krieg.

Das gilt heute auch für Twitter. So hat der Watergate-Enthüller Bob Woodward in einem Interview mit dem US-amerikanischen Sender CBS erläutert, wie US-Präsident Donald Trump möglicherweise um ein Haar einen Tweet verschickt hätte, den Nordkorea als Kriegserklärung hätte deuten können: nämlich die Mitteilung, alle Angehörigen US-amerikanischer Soldaten aus Südkorea abzuziehen.

Heraklit meinte, der Krieg sei der Vater aller Dinge. Ich finde, das gibt dem Krieg zu viel der Ehre. Zwar gibt es Erfindungen, die ausdrücklich vom Militär bestellt wurden – etwa die Konservendose, die auf eine Preisausschreibung Napoleon Bonapartes zurückgeht, oder das unter der Naziherrschaft entwickelte Düsenflugzeug. Tatsächlich ist es aber häufig umgekehrt so, dass sich das Kriegswesen neue Erfindungen unter den Nagel reißt und für seine Zwecke nutzt, etwa das von Alfred Nobel erfundene Dynamit. Nobel, zu Lebzeiten gelegentlich als »Kaufmann des Todes« bezeichnet, stiftete die Nobelpreise, darunter auch einen für den Frieden, ganz so, also wollte er damit den Geist, den er aus der Flasche gelassen hatte, wieder zurückholen.

Aber das ist unmöglich. So führt es uns schon die Literatur vor Augen. Goethes Zauberlehrling ruft, als der von ihm belebte

Besen das Haus unter Wasser setzt: »Ach, da kommt der Meister! / Herr, die Not ist groß! / Die ich rief, die Geister / werd ich nun nicht los.« Genauso geht es Victor Frankenstein, wenn ihn das Monster, das er selbst erschaffen hat, rachsüchtig bis zum Nordpol verfolgt. In Friedrich Dürrenmatts groteskem Theaterstück *Die Physiker* gibt sich ein Wissenschaftler absichtlich als Irrer aus, um zu verhindern, dass seine Entdeckung zur atomaren Weltzerstörung führt.

Was gesagt ist, ist gesagt. Was entdeckt ist, ist entdeckt. Worte und Erfindungen lassen sich nicht zurücknehmen und ungeschehen machen. So eröffnet jede Erfindung neue Entwicklungsmöglichkeiten, die missbraucht – oder aber zum Wohle der Menschen verwendet werden können. Der Buchdruck hatte nicht nur Einfluss auf die Religionskriege in Europa, sondern auch unzählige positive Folgen für die Entwicklung der Menschheit. Ohne ihn hätte es in Europa keine Aufklärung und keinen Aufstieg der Naturwissenschaft gegeben. Keine Gewaltenteilung und keinen modernen Staat. Keine Schulpflicht, keine Französische Revolution. Und auch keine demokratische Republik auf deutschem Boden.

Dreierlei können wir aus dieser Erzählung von Geschichte lernen. Erstens: Wer die technologische Innovation hat, hat auch die Macht. Luther hatte bei seiner Revolution gegen den Papst den technischen Fortschritt auf seiner Seite. Zweitens: Wer die technologische Macht hat, kann sie zum Guten verwenden oder missbrauchen. Einen solchen Missbrauch gilt es zu verhindern. Das ist Aufgabe der Politik. Und drittens: Der Fortschritt gehört anfangs nur wenigen. Wir müssen also die Vorteile, die er schafft, möglichst vielen Menschen zugänglich machen, das heißt, den Fortschritt demokratisieren, seine ökonomischen Erträge eingeschlossen. Dies ist ebenfalls Aufgabe der Politik, und das besonders dringlich im Falle technologischer Sprünge, wie wir sie gerade so dramatisch erleben wie nie zuvor. Die Politik wiederum ist in einer freien Gesellschaft Ausdruck des demokratischen Willens, und das bedeutet: Die Wähler entscheiden. Wir sind gut beraten, wenn wir aus der Vergangenheit lernen.

Machen wir uns klar: Der technische Fortschritt ist nicht aufzuhalten. Der Mensch entwickelt sich, evolutionär und kulturell, und damit ist auch der Fortschritt in der Welt. Einmal da, marschiert er, und wir laufen mit unserer Kultur, unseren sozialen und politischen Institutionen mit – im besseren Falle gleichauf, im schlechteren hinterher, im schlechtesten Falle abgehängt unter »ferner liefen«.

Das heißt zugespitzt, dass unsere Kultur und Politik Epiphänomene, also Begleit- oder Folgeerscheinungen des technologischen Fortschritts sind. Es ist wichtig, das zu verstehen. Der Fortschritt hat eine Eigendynamik. Wenn wir sie nicht rechtzeitig in den Griff bekommen, kann sie uns gefährlich werden. Davor warnen uns die Geschichten vom Zauberlehrling, von Frankenstein und von Godzilla.

Wir müssen die Eigendynamik des Fortschritts zähmen und zivilisieren. Sie so kanalisieren, dass möglichst viele, idealerweise sogar alle Menschen von ihrem Momentum profitieren. Wir müssen den Fortschritt ethisch vertretbar zu unserem Wohl arbeiten lassen. Dazu dient die Politik, und damit hatte sie im Laufe der Geschichte, allen Kriegen und Katastrophen zum Trotz, immer wieder Erfolg. Nachdem die Atombomben auf Hiroshima und Nagasaki gefallen waren und dort unverstellbares Grauen angerichtet hatten, gelang es den verfeindeten Blockmächten, einen Atomkrieg zu verhindern, das atomare Arsenal zu reduzieren und einen Atomwaffensperrvertrag ins Leben zu rufen. Zugleich entstanden Kraftwerke, die die Atomkraft friedlich zur Stromerzeugung nutzten.

Wir können den technischen Fortschritt nicht aufhalten. Wir können Erfindungen nicht zurücknehmen. Aber wir sind nicht das Kaninchen vor der Schlange, und wir stehen nicht machtlos vor einer wie auch immer gearteten Auto-Evolution der Technik. Wir müssen nicht tatenlos der Entfesselung ihrer Kräfte zusehen. Wir müssen uns nicht von Technologien überschwemmen lassen, wie Goethes wasserholende Besen den Zauberlehrling überschwemmen und der Klimawandel die Küstenregionen unserer Erde. Denn wir können den Fortschritt steuern. Wir können ihn mit den Mitteln der Politik kontrollieren. Wir können ihn zu unserem Wohle nutzen und dabei zugleich Rücksicht nehmen auf andere Menschen und auf die Umwelt. Wir sollten nicht Technik-Pessimisten sein, sondern kritische Technik-Optimisten!

Politik und Kultur dienen der Zivilisation des technologischen Fortschritts. Findet man, dass das im Großen und Ganzen gelingt, dann ist man ein Fortschrittsoptimist. Man kann die Geschichte auf unterschiedliche Arten erzählen, eine optimistische Fortschrittserzählung ist eine davon. Einer ihrer prominentesten Vertreter der Gegenwart ist der in Harvard lehrende Psychologieprofessor Steven Pinker. Er hat argumentiert, dass die Welt im Laufe der Geschichte immer besser geworden ist, weil die Menschen aus Kriegen und anderen humanitären Katastrophen überwiegend die richtigen Schlüsse gezogen haben.

Schauen wir, ob Pinker recht hat. 1769 erfindet James Watt die Dampfmaschine. Sie mobilisiert die Energieerzeugung und schafft die Voraussetzung für Eisenbahn, Automobil und Flugzeug. Auch die Kohle- und Stahlindustrie wird durch die Dampfmaschine möglich. Watts Erfindung ist *die* Grundvoraussetzung für die Industrialisierung, jene zweite Ära der Neuzeit, in der sich die durch den kolonialen Überseehandel angeschobene Globalisierung weiter beschleunigt. Eine wichtige Rolle spielt dabei das

Bank- und Kreditwesen, das sich seit der Renaissance entwickelt hat. Zusätzlich zum Eigenkapital lassen sich Unternehmensgründungen und -expansionen jetzt auch mithilfe von Fremdkapital finanzieren. Industrialisierung und Kapitalismus, darin hatten Marx und Engels recht, gehen Hand in Hand.

Von nun an ist die Beschleunigung des Fortschritts nicht mehr zu übersehen. Beim Rad hatte es noch Jahrtausende gedauert, bis jemand die plumpen, schweren Scheibenräder zu eleganten, leichten Speichenrädern verbesserte. Der Steigbügel fiel den Menschen erst nach Jahrtausenden militärischer und nichtmilitärischer Reiterei ein. Auch der Räderpflug, der mit einer breiten Pflugschar die Scholle wendet, ließ Jahrtausende auf sich warten.

In der Neuzeit aber geht es Schlag auf Schlag. Das Schwarzpulver kommt auf, und sofort verschwinden die riesigen Ritterrüstungen, die nun keinen Schutz mehr bieten. Papier und Buchdruck machen Bücher erschwinglich, mehr und mehr Menschen lernen lesen, und Ende des 18. Jahrhunderts führen die ersten Länder Europas die Schulpflicht ein. Von der Dampfmaschine bis zum automobilfähigen Verbrennungsmotor im engeren Sinne dauert es gut hundert Jahre, Otto-, Diesel- und Wankelmotor folgen dann innerhalb weniger Jahrzehnte.

Ursache dieser Innovationsbeschleunigung ist nicht nur die Institutionalisierung von Wissen in Hochschulen, Bibliotheken und Patentämtern, sondern auch die durch ihre Vernetzung ermöglichte immer schnellere Zirkulation des Wissens. So kommt es dazu, dass epochale Erfindungen wie Glühlampe und Telefon zeitgleich an unterschiedlichen Orten gemacht werden. Auch Carl Benz und Gottlieb Daimler entwickeln das von einem Viertaktmotor angetriebene Automobil zunächst unabhängig voneinander, beide stellen ihr Ur-Auto im selben Jahr 1886 vor.

Um die Wende vom 19. zum 20. Jahrhundert, so scheint es, liegen manche Erfindungen in der Luft.

Zu Beginn des 19. Jahrhunderts erlaubt es die Dampfmaschine, jene Kohle immer effizienter abzubauen, die sie selbst in immer riesigeren Mengen verschlingt. Im Ruhrgebiet, in Lothringen, Großbritannien und den USA entstehen um Kohleminen herum Städte. Immer größer werden Eisenguss- und Walzwerke, Eisenbahnen und -brücken, Kanonen und Panzerkreuzer. Der Zeitgeist wandelt sich. Unterhielt das nostalgische frühe 19. Jahrhundert noch romantische Mittelalterfantasien, so richtet man am Ende des Jahrhunderts den Blick radikal optimistisch in die Zukunft. Noch 1831 stilisiert Victor Hugos *Glöckner von Notre-Dame* die Pariser Kathedrale zum Wahrzeichen der Stadt und den buckligen Glöckner zur Ikone der Schwachen, Ungeliebten und Abgehängten. Doch zur Weltausstellung 1889 schafft sich Paris ein neues Wahrzeichen, das das alte überschreibt: den Eiffelturm. Sein Eisenfachwerk ragt fünfmal so hoch in den Himmel wie Notre-Dame, ein Symbol des technisch Machbaren, 300 Meter Erhebung über die Pariser Stadtarchitektur. Steht man oben, schwebt man so hoch über dem sozialen Elend der Stadt, dass man es gar nicht mehr sieht. Der Technik-Optimismus der Industrialisierung blendet seine sozialen Folgen aus. Dabei rumort es schon seit Längerem unten auf den Straßen. Die sozialistische Revolte der Pariser Kommune hatte die Obrigkeit 1871 gerade noch so mit grauenhaften Massenerschießungen abwehren können.

Eine wichtige Rolle bei der industriellen Revolution spielte die Erfindung des dampfmaschinengetriebenen mechanischen Webstuhls, der in der ersten Hälfte des 19. Jahrhunderts die händisch, häufig in Heimarbeit produzierenden Weber vom Markt verdrängte. Dass die Einführung dieser Maschine disruptiven

Charakter hatte, erkannten die plötzlich von der Arbeitslosigkeit und buchstäblich vom Verhungern bedrohten Weber schnell. Es kam zu »Maschinenstürmen«, bei denen sie die neuen Webstühle zerstörten. Marx und Engels sprachen von »Revolten gegen die Maschine«. Man denkt da nicht zufällig an den »War Against the Machines«, den Arnold Schwarzenegger seit *Terminator 2: Judgment Day* führt.

Von den Weber-Aufständen des 19. Jahrhunderts handelt Gerhart Hauptmanns Sozialdrama *Die Weber*. Es stellt brutal ungeschminkt in naturalistischer Weise das soziale Elend dar, das der Übergang von der Agrar- und Handwerks- zur Industriegesellschaft im Europa des frühen 19. Jahrhunderts mit sich brachte. Karl Marx hatte dieses aus heutiger Sicht unvorstellbare Elend – heute allenfalls in Accra, Dhaka oder Delhi denkbar – in der schottischen Industrie- und Werftstadt Glasgow studiert, bevor er seine Kapitalismuskritik formulierte.

Marx zufolge hat sich die Ständegesellschaft von Adel, Handwerk und Bauern in eine Klassengesellschaft verwandelt, in der reiche Unternehmer – die »Kapitalisten« – land- und besitzlose und daher vollkommen lohnabhängige Arbeiter – die »Proletarier« – beherrschen und ausbeuten. In der Tat sind Mitte des 19. Jahrhunderts die Verhältnisse in Europa verheerend, die Kindersterblichkeit unter den Ärmsten ist extrem, Menschen verhungern. Die verarmte Landbevölkerung flieht in die Städte, dort gibt es jedoch keinen Wohnraum. Die Menschen, auch Kinder, schuften mehr als zwölf Stunden am Tag, sechs Tage die Woche. Dem gnadenlosen Lohndumping hat das von Marx so bezeichnete »Lumpenproletariat« nichts entgegenzusetzen außer, im äußersten verzweifelten Falle, Gewalt.

So kommt es zu Aufständen und Revolutionen und zu Bewegungen, die die dramatisch gewordene soziale Frage politisch angehen. 1848 veröffentlichen Marx und Engels das *Kommunistische Manifest* mit dem berühmten Schlusssatz: »Proletarier aller Länder, vereinigt euch!« Im selben Jahr konstituieren sich in London der Bund der Kommunisten und in Deutschland die erste Gewerkschaft, 1863 der Allgemeine Deutsche Arbeiterverein, aus dem sich eine Partei entwickelt, die sich 1890 den Namen SPD gibt. Die Sozialisten sind es, die den deutschen Reichskanzler Otto von Bismarck in den 1880er-Jahren zur Sozialgesetzgebung zwingen, zur Einführung der allgemeinen Arbeiter-Unfall- und -Krankenversicherung, später auch der Rentenversicherung.

Damit wir uns nicht falsch verstehen: Ich bin ein Fan der freien Marktwirtschaft. Historisch hat erst der Markt Arbeitsteilung und Spezialisierung möglich gemacht, und ohne ihn wären Fortschritt in Gesellschaft, Wissenschaft und Kultur gar nicht denkbar. Nur der Markt, die arbeitsteilige Gesellschaft, ermöglicht Kultur und Kunst. Das müssen wir uns klarmachen. Der Markt sorgt dafür, dass der Bäcker morgens freiwillig aufsteht, um Brötchen zu backen. Niemand zwingt ihn dazu. Oder dass es Schnürsenkel in der richtigen Farbe, Länge und Stärke gibt, wenn sie mal reißen. Das sind die Beispiele, die der Ökonomieprofessor Hans-Werner Sinn oft in seinen Vorlesungen verwendet hat. Die Kunst der sozialen Marktwirtschaft ist es, Regeln zu setzen, damit der Markt Angebot, Nachfrage und darüber die Preisfindung regeln kann. Und die Kunst ist es, meist nur behutsam einzugreifen, etwa durch Ausgleich der Einkommen und Sozialleistungen, manchmal aber auch entschlossen. Das ist eine wichtige Lehre des 19. Jahrhunderts. Ohne Zweifel, der Kapitalismus hat den globalen Wohlstand gesteigert und Armut reduziert, Ungleichheit aber ganz sicher nicht. Das gilt erst recht für den digitalen Kapitalismus von heute, über den wir sprechen müssen. Denn bisher sollen auch für ihn die ökonomischen und politischen Dogmen des industriellen Zeitalters gelten. Gerade das kann nicht sein, darum geht es mir hier.

Seit Ende des 18. Jahrhunderts steigert der technische Fortschritt die Produktivität in allen Wirtschaftsbereichen. Die Bevölkerung wächst rapide, Nationalstaaten entstehen und versuchen sich – mehr oder weniger erfolgreich – an der Republik als einem neuen, postfeudalen Ordnungsrahmen. Räumlich wie kulturell wandeln sich die Bezugssysteme der Menschen. Aus regionalen und religiösen Bezügen werden nationale: so in Frankreich 1789 mit der Revolution und 1848 mit der Zweiten Republik, in Deutschland 1848 mit der Nationalversammlung in der Paulskirche und in Italien 1849 mit Giuseppe Garibaldi und der Risorgimento-Bewegung. Offensichtlich treten nicht nur Erfindungen manchmal innerhalb weniger Monate gleichzeitig auf, sondern auch Revolutionen. Und obwohl diese jeweils nationalen Charakter haben, sind sie doch allesamt vom Momentum jener paneuropäischen Vernetzung und Beschleunigung getragen, das auch die Industrialisierung antreibt. Diese immer häufiger vorkommende Gleichzeitigkeit von historischen Ereignissen, die nicht unmittelbar kausal miteinander verbunden sind, ist ein Symptom der sich beschleunigenden Geschichte.

Beschleunigung ist das Zeitgefühl des 19. Jahrhunderts. Sie stimmt die Menschen fortschrittsoptimistisch, macht ihnen aber auch Angst. Die rasende Geschwindigkeit der ersten Zuckelzüge – sie sind sogar schneller als ein galoppierendes Pferd! – verursacht die »Eisenbahnkrankheit«. Die Menschen sind erschöpft von der Raserei und zittern nervös. Als Gegenbewegung zur Aufklärungs- und Technikgläubigkeit an der Wende vom 18. zum 19. Jahrhundert entsteht die Romantik. Sie ist historisch rückwärtsgewandt und verklärt ein aus wackeren Rittern, rotlippigen Prinzessinen und emsigen Zwergen zusammengebasteltes Klischee-Mittelalter. Die Romantik besinnt sich auf Natur und »Waldeinsamkeit«, ihre Poesie beschwört eine heimatlich-ländliche Geborgenheit. So reagiert die Romantik auf das Stampfen der Dampfmaschinen, wie wir heute mit Yoga und Meditation, Achtsamkeit und Paläo-Diät auf den Stress der digitalen Vernetzung reagieren. Zweihundert Jahre nach den Romantikern suchen wir wieder Entschleunigung und Auszeit vom Fortschritt, der uns überfordert und an den Nerven zerrt.

Die Alternative zum Samtbarett der Dichter und Komponisten ist die preußische Pickelhaube. Man steckt den Kopf rein und präsentiert sich militärisch auf Zack. Am Ende des Jahrhunderts tragen die Männer hochgebürstete Schnauzer wie Kaiser Wilhelm der Zwote, die aussehen wie ein Reichsadler-Absturz unter der Nase. Ist es Zufall, dass heute Hipster und Hänflinge expressive Holzfällerbärte tragen? In Zeiten des Umbruchs dienen sie der männlichen Selbstvergewisserung. Man krault sich den Bart, und schon fühlt Mann sich besser.

Ende des 19. Jahrhunderts haben sich in Essen die Thyssen-Krupp-Ruhrbarone etabliert, nationale Superreiche, die jetzt dem alten Adel den Rang ablaufen und bis zum Ersten Weltkrieg massiv von der Aufrüstung profitieren. Noch Hitler wünscht sich die Deutschen »hart wie Kruppstahl«. Militarismus und Kolonialismus, man könnte auch sagen: imperialistischer Expansionismus, sind der Geist des ausgehenden 19. Jahrhunderts.

Der Erste Weltkrieg, der mit der Niederlage Deutschlands und der Abdankung des Kaisers endet, markiert das Ende des »langen 19. Jahrhunderts«. So hat es der Universalgelehrte Eric Hobsbawm genannt, so haben es nach ihm viele Historiker geschrieben. Jetzt erst sind die großen Übergänge des 19. Jahrhunderts vollendet: der Wandel von regionaler zu nationaler Zugehörigkeit, von vorindustriell-handwerklicher zu industrieller Massenproduktion, von autoritären Monarchien zu demokratischen Verfassungsstaaten.

Hundert Jahre später, denke ich, wiederholt sich die Geschichte. Denn nicht mit dem Terroranschlag auf das New Yorker World Trade Center am 11. September 2001 endet das 20. Jahrhundert, sondern erst im Jahr 2016. Das ist das Jahr, in dem Putin und Populisten allerorts Facebook kapern, die Briten für »Leave.EU« votieren und Donald Trump zum US-Präsidenten gewählt wird. Ab jetzt gelten die politischen Naturgesetze des 20. Jahrhunderts nicht mehr. Donnerschlag! Eine neue Zeit ist da. Nur niemand weiß, welche.

Knapp hundert Jahre zuvor, in der Zwischenkriegszeit von 1918 bis 1939, scheint sich die Geschichte der industriellen Beschleunigung und Effizienzsteigerung noch einmal im Zeitraffer zu wiederholen. Henry Fords Einführung des Fließbands macht den Ford »Model T« zum ersten Auto, das sich die obere Mittelklasse leisten kann. Über die zwei Jahrzehnte, in denen der Wagen gebaut wird, sinkt seine Montagezeit von zwölf Stunden auf eine, der Preis von knapp 1000 auf gut 250 Dollar. Der Preis jedoch, den die Fließbandarbeiter dafür entrichten, ist hoch. Ihre Arbeit ist stupide und monoton, immer dieselben wenigen Handgriffe, fremdbestimmt durch die Laufgeschwindigkeit des Fließbandes.

Schon Marx hatte solche Tätigkeiten als »entfremdete Arbeit« beschrieben. Niemand beherrscht unter diesen Bedingungen noch, ja, niemand überblickt mehr die gesamte Montage eines Autos. Aus Motorenbauern und Karosseriemachern, die stolz auf ihre Arbeit und das von ihnen hergestellte Produkt waren, sind Malocher geworden, die es dem relativ hohen Lohn zum Trotz meist nicht lange bei Ford aushalten. Das liegt auch daran, dass im Unterschied zum traditionellen Handwerk den Arbeitern das von ihnen hergestellte Produkt am Ende nicht gehört. Es erscheint ihnen fremd. Heute würde man sagen, in der »entfremdeten« Arbeit fehlt es am Gefühl der »Selbstwirksamkeit« und damit an einer wichtigen psychologischen Voraussetzung, um mit der eigenen Arbeit zufrieden zu sein und sogar einen Sinn in ihr zu sehen.

1929 kommt die Weltwirtschaftskrise. Sie verursacht nicht, aber sie beschleunigt den deutschen, italienischen und spanischen Weg in den Faschismus, der gerade einmal ein Vierteljahrhundert nach dem Ersten in den Zweiten Weltkrieg und in die Schoah führt.

1945 schaffen die Alliierten die erste stabile Befriedung des industriellen Zeitalters. Das gelingt ihnen auch deshalb, weil die europäischen Demokratien den Kapitalismus in Form der sozialen Marktwirtschaft einhegen. Es folgen Jahrzehnte der inkrementellen Innovationen. Kühlschrank und Staubsauger, Kaffeemaschine und Käfer, Nylonstrumpfhose und oberitalienischer Campingplatz werden immer besser und billiger, mehr und mehr Wirtschaftswunderdeutsche können sich solche Annehmlichkeiten leisten. Volksparteien und Gewerkschaften blühen, der Sozialstaat wird ausgebaut.

Endlich gelingt der Frieden, für den das 19. Jahrhundert, das Deutsche Kaiserreich und die Weimarer Republik noch nicht bereit waren. Zu lange hatten sie gebraucht, um auf die neuen sozialen Fragen zu reagieren, zu schwach waren ihre Antworten gewesen. Zu stark hingegen war vor dem Ersten wie vor dem Zweiten Weltkrieg der Kriegsdruck des militärisch-industriellen Komplexes, zu groß die nationalistische und autoritäre Führer-Sehnsucht in großen Teilen der Bevölkerung. Das haben die Alliierten 1945 korrigiert. So wurden die Exzesse von Kapitalismus, Industrialisierung und Nationalismus fürs Erste gebannt.

Nach den Weltkriegen beginnt das Zeitalter der Globalisierung im modernen Sinne des 20. Jahrhunderts. Rasant wächst in den 1950er- und 1960er-Jahren der internationale Flugverkehr. Vor allem amerikanische Firmen internationalisieren sich. Heute bekommt man Coca-Cola in allen Ländern mit Ausnahme von Kuba und Nordkorea, und gegen Touristen-Dollar auch dort. 1962 gibt John F. Kennedy die Losung aus, innerhalb eines Jahrzehnts zum Mond zu fliegen. Einer Anekdote zufolge hat Kennedy im selben Jahr bei einem Besuch des NASA Space Center einen Hausmeister mit einem Besen in der Hand gefragt, was er tue. Die Antwort: »Mr President, ich helfe mit, einen Mann zum Mond zu bringen.« Deutlicher lässt sich die erfolgreiche Mobilisierung der amerikanischen Gesellschaft nicht beschreiben. Noch heute spricht man in der Technologiedebatte von »Moonshoot Projects«, wenn ambitionierte technologische Großprojekte gemeint sind, die eine Sogwirkung und Aufbruchsstimmung entfalten sollen. Den Amerikanern ist das in den 1960er-Jahren gelungen. Verrückterweise sind sie schon 1969 auf dem Mond.

Jetzt ist es so weit: Der technologische Fortschritt geht in die exponentielle Beschleunigung, Stichwort Moore'sches Gesetz. Das führen auch die Kurven der Geschwindigkeit vor Augen, mit der sich der Mensch fortbewegt. Lange Zeit maximal auf die 60 km/h eines galoppierenden Pferdes beschränkt, überbietet die Eisenbahn diese Geschwindigkeit Mitte des 19. Jahrhunderts, Flugzeug und Auto folgen zu Beginn des 20. Jahrhunderts, schon 1941 ist das Flugzeug schneller als 1000 km/h.

Ist diese Entwicklung disruptiv? Nein. Sie ist inkrementell par excellence. Denn die technischen Innovationen der Nachkriegszeit sind meist Weiterentwicklungen von Vorkriegserfindungen. Bei der NASA (National Aeronautics and Space Administration) und DARPA (Defense Advanced Research Projects

Agency) – zwei staatlichen Behörden, wohlgemerkt! – arbeiten Heerscharen von international rekrutierten Wissenschaftlern an der Verbesserung der Kriegsraketentechnik. Das ist ins Gigantische getriebener Inkrementalismus. Auch in Großbritannien, Frankreich und Westdeutschland gibt es halbstaatliche Technologieunternehmen, die technische Höchstleistungen vollbringen, etwa Messerschmitt-Bölkow-Blohm in Ottobrunn bei München. Man forscht zu Drehflüglern und entwickelt die Magnetschwebebahn. Klingt ein bisschen nach dem Zukunftslabor aus einem James-Bond-Film, war aber damals nichts anderes als State of the Art.

Ebenfalls nicht disruptiv gestalten sich die sozialen Verhältnisse. Der Lebensstandard wächst bei den meisten Amerikanern und Europäern, und selbst den Armen geht es in den Nachkriegsjahren besser als je zuvor in der Geschichte der Menschheit.

Gestützt wird der kontinuierliche Fortschritt in der westlichen Welt durch eine keynesianische Nachfragepolitik – auch in den USA, wo man auf diese Weise der kommunistischen Konkurrenz die Show stehlen will. Man bemüht sich um sozialen Ausgleich, geht konsequent gegen Kartelle und Monopolstrukturen vor, zerschlägt oder reguliert sie. Es ist die Hochzeit des starken Staates. In den USA investiert die Regierung nach heutigen Maßstäben hohe dreistellige Milliardenbeträge in die Wettrüstungs- und Raumfahrtindustrie von Los Alamos und Cape Canaveral. In den beiden Nachkriegsjahrzehnten ist die amerikanische Regierung die Speerspitze des technologischen Fortschritts in der westlichen Welt, jenseits des Eisernen Vorhangs ist es die sowjetische.

In den Siebzigerjahren kommt es mit Einführung des Personal Computing zu einem Bruch. Das ist Disruption, wie sie der bereits erwähnte Clayton M. Christensen 1997 beschrieben hat.

Microsoft und Apple sind Garagengründungen von jungen enthusiastischen Tüftlern mit ein paar Hundert Dollar Startkapital. 1943 soll der IBM-Vorstandsvorsitzende Thomas J. Watson von einem Weltmarkt für »vielleicht fünf Computer« gesprochen haben, jetzt rollen Bill Gates und Steve Jobs aus ihren Garagen-Nischen heraus innerhalb weniger Jahre einen Markt für Millionen von Personal Computern aus.

Die digitale Revolution beginnt. Sie bestimmt heute unsere Gegenwart wie keine andere technologische Entwicklung. Wieder gehen technologischer und ökonomischer – wenn man so will: kapitalistischer – Fortschritt Hand in Hand. Denn bei der Finanzierung junger Unternehmen auf dem entstehenden Personal-Computing-Markt spielt erstmals privates Wagniskapital, englisch »venture capital«, eine zentrale Rolle.

Das Prinzip des Venturecapital, ursprünglich kurz nach dem Zweiten Weltkrieg im Umkreis der Harvard University aufgekommen, besteht darin, dass ein Wagniskapitalfonds Firmenanteile an mehreren innovativen, aber auch spekulativen, also hochriskanten Unternehmen erwirbt. Das Risiko eines einzelnen Totalausfalls wird dabei einkalkuliert und durch Streuung auf viele Unternehmen kompensiert. So geschieht es in den Siebzigerjahren im Umkreis der Stanford University. Das Silicon Valley heutiger Prägung entsteht.

Zugleich erlebt wirtschaftspolitisch die sogenannte Chicagoer Schule eine Renaissance. Jetzt geben statt John Maynard Keynes die Lehren von Friedrich Hayek und Milton Friedman den Ton an. Die Regierung setzt nicht mehr auf Nachfrage-, sondern auf Angebotspolitik. Neoliberales Denken, wie es zuletzt vor der Wirtschaftskrise 1928/29 populär war, wird wieder Mainstream. In den USA beginnen die Reaganomics, in Großbritannien der Thatcherismus. Es kommt zum Börsenboom der Achtzigerjahre.

Wieder zeigt sich, wie eng Technologie und Marktgeschehen verflochten sind. Denn es sind die neuen Informationstechnologien – Computer-Trading, Chartanalysen, automatische Stop-Kurse –, die jetzt das Wachstum an der Börse befeuern. 1981 legt Michael Bloomberg mit dem »Bloomberg Terminal«, einem bis heute an den Börsen genutzten Datenmonitor, den Grundstein zu seinem Milliardenvermögen.

In den Siebziger- und Achtzigerjahren beschleunigt der Computerhandel die Globalisierung der Finanzmärkte. Steuersenkungen und Deregulierung scheinen sich auszuzahlen, zumindest die Börse brummt. Das geht so bis zum 19. Oktober 1987. An diesem sogenannten Schwarzen Montag kommt es zum ersten IT-Börsencrash überhaupt. Innerhalb weniger Stunden wächst er sich zum größten Crash seit Ende des Krieges aus, 500 Milliarden Dollar Marktkapitalisierung lösen sich in Luft auf.

Niemand verkörpert den Geist der Börsenboom-Jahre so perfekt wie der von Michael Douglas gespielte Gordon Gekko im Film *Wall Street*. Haare zurückgegelt, mit Hosenträgern und weißem Kragen, predigt er »Gier ist gut«. Sozialdarwinismus ist auf einmal sexy und der Finanzmarkt so cool wie heute »Tech«. Man glaubt an Markt, Technologie und Shareholder Value, und schon steigen die Kurse.

Anfang der Achtziger wird der Begriff »Globalisierung« populär. Eine zentrale Rolle spielt er in John Naisbitts Buch *Megatrends*, Theodore Levitts *Globalization of Markets* hebt ihn sogar in den Titel. Mit dem damals noch typischen Zeitverzug von ein paar Jahren erreicht der Begriff Europa. Ein Jahrzehnt später ist er fester Bestandteil des politischen Vokabulars und flankiert weltweit Freihandelbestrebungen.

In Europa wird Ende der Achtzigerjahre der EU-Binnenmarkt erdacht und Anfang der Neunzigerjahre eingeführt. Bis heute ist er auf die Industrie ausgelegt, aber nicht auf Dienstleistung und IT. Das Nordamerikanische Freihandelsabkommen NAFTA kommt 1994, ein Jahr darauf die World Trade Organization WTO. Nicht zufällig ist Freihandel die Losung des Jahrzehnts, das Ende des Kalten Kriegs verbucht man symbolisch als Sieg des Kapitalismus. Die Gleichung lautet: Kapitalismus plus Freiheit ist Freihandel. *Capitalism rules*, da interessieren die *rules of capitalism* nicht so sehr. In den Neunzigerjahren und auch noch im Jahrzehnt darauf erreicht die Weltwirtschaft Osteuropa und die Schwellenländer, vor allem in Asien. Die ganze Welt glaubt jetzt an das Dogma von freien Märkten, freiem Handel und Wohlstand für alle. Doch selbst wenn es ökonomisch richtig erscheint, kann man kulturell und ökologisch daran zweifeln. Die Welt ist kein Pareto-optimiertes Modell, das heißt ein ökonomisches Modell, in dem alle profitieren. Doch das fällt den meisten nicht auf. Im Enthusiasmus nach dem Ende des Kalten Kriegs fehlt dem Kapitalismus ganz einfach ein Regulativ.

Das wird in der Finanzkrise von 2008 klar, als es zum Meltdown kommt. Großbanken gehen pleite, große Versicherungen straucheln, der Staat springt ein. Wenngleich kurzfristig effektiv, kommt die staatliche Bankenrettung mittelfristig nicht gut an. Denn der Einsatz von Steuergeld gilt »systemrelevanten« Finanzunternehmen, und so entsteht der Eindruck, dass der Staat erpressbar sei. Die systemrelevanten Unternehmen privatisieren ihre Hochrisiko-Gewinne, die Verluste und Totalausfälle hingegen werden vom Steuerzahler aufgefangen.

So verlieren die Menschen ihr Vertrauen in das, was heute immer öfter misstrauisch, ja verschwörerisch, als »das System« bezeichnet wird. Die aus der US-Finanzkrise folgende Eurokrise, die sich über die nächsten Jahre hinzieht – Stichwort Griechenland –, blockiert eine nach vorne gerichtete Agenda Europas.

Die politische Vertrauenskrise verschärft sich, bis sie dann 2016 mit dem Referendum der Briten und der Wahlentscheidung der US-Amerikaner die Verhältnisse grundlegend verändert.

Während ich in den Neunzigerjahren noch in meinem Betongymnasium sitze, zeichnen sich ökonomisch drei Trends ab: Ausweitung des Freihandels, Aufstieg der Informationstechnologie – Mobilfunk, Internet und beginnender E-Commerce beschleunigen Kommunikation und Handel – sowie konsequentes Outsourcing. Mitte der Achtziger war bereits das erste große Leder- und Textil-Outsourcing von Deutschland an die Ränder der EU erfolgt, insbesondere in die neuen Mitgliedsstaaten Portugal und Spanien. Zehn Jahre später geht es global weiter in Richtung Bangladesch oder Vietnam, die europäische Peripherie ist zu teuer geworden.

In Europa schrumpfen die Distanzen immer weiter, insbesondere der Bezugsrahmen für junge Leute wird größer. In den Nullerjahren etabliert sich die »Generation Easyjet«. Billigflieger machen Fliegen endgültig zur Commodity. Studierende besuchen sich übers Wochenende gegenseitig an ihren Erasmus-Studienorten, kostet ja weniger als eine Bahnfahrt nach Hause und bringt viel mehr Spaß. Zur selben Zeit redet man von der »Generation Praktikum«, die sich mit Elternunterstützung durch die katastrophal schlecht bezahlten ersten Berufsjahre volontiert. Das ist kein Zufall. Denn Easyjet und Dauerpraktikum sind zwei Seiten ein und derselben Medaille: nämlich der Globalisierung.

So sieht es jetzt aus: Die Globalisierung hebt ihr Haupt und wendet uns auf einmal eine Fratze zu. Der Lohndruck wächst, die Lohnstückkosten sind zu hoch, Sozialabgaben und Lohnnebenkosten auch, denn man steht weltweit im Wettbewerb. Europäische Länder mit Sozialstaatstradition sehen sich zu schmerzhaften Reformen gezwungen, um im schärferen globalen Wettbewerb mitzuhalten. In Deutschland stellt die Agenda 2010 die regierende SPD vor eine Zerreißprobe. Reagan und Thatcher hingegen, unbeschwert von Sozialstaatstraditionen, hatten ihre Reformen schon Anfang der Achtzigerjahre erledigt.

Die Globalisierung bringt es mit sich, dass die Politik immer stärker den Marktregeln folgt und damit den Primat des Politischen aus der Hand gibt. Es kommt, auch in der EU, zu einem ruinösen Steuerunterbietungswettbewerb. Firmen erpressen Staaten, und die spielen mit, so etwa Irland und Luxemburg bei ihrem Werben um die »GAFA«-Unternehmen Google, Apple, Facebook und Amazon. Ist das Kapital erst einmal global unterwegs, kann es sich aussuchen, wo es sich kurzfristig niederlässt.

Dem amerikanischen Präsidenten Donald Trump kann man vieles vorwerfen. Er agiert erratisch und demokratiefeindlich. Und doch hat keine politische Führungsfigur des Westens in den letzten Jahren so obsessiv versucht, den Primat des Politischen über die globale Wirtschaft zurückzugewinnen. Gerade als Unternehmer will er der Berufspolitiker-Welt zeigen, wie sich Politik gegenüber globalen Märkten und Unternehmen behaupten kann.

Am Ende der langen Geschichte vom technischen Fortschritt gibt uns eines zu denken: Fast alle Unternehmen, die heute die Wirtschaft dominieren, sind in den ersten Jahren nach der Öffnung des World Wide Web 1993 entstanden: Amazon 1994, Google 1998, Alibaba 1999 und Facebook 2004. Die ersten drei sind Twens, erst seit ein paar Jahren volljährig, Facebook sogar noch ein Teenager, der sich bis zu seinem 16. Geburtstag im Juli 2020 in den USA nicht einmal ein Bier und ein paar Zigaretten kaufen dürfte. Vor allem aber sind die Firmen keine Hersteller von Produkten, sie sind Plattformen. Genau umgekehrt liegen die Dinge im deutschen DAX: Alle seine Unternehmen stehen für Produkte, und das Durchschnittsalter der Unternehmen liegt bei knapp 130 Jahren.

Was wir sehen, ist ein Traditionsbruch. Oder, wie es der Journalist Gabor Steingart am 11. Januar 2020 gegenüber der 240 Jahre alten *Neuen Zürcher Zeitung* formuliert hat: »Aus der Tradition ergibt sich heute gar nichts. Manchmal ist sie auch nur ein Problem und Erfahrungsschatz ein anderes Wort für Sondermüll.«

Dieser Traditionsbruch ist Ausdruck der großen Disruption unserer Gegenwart. Dazu kam es durch die technologische Beschleunigung und die Vernetzung von IT und Handel. Die Globalisierung verschaffte dem Kapital die freie Wahl. Als Venturecapital befeuerte es Tech-Start-ups, bald folgten, durch die Selbstverstärkung des Digitalen noch weiter beschleunigt, ihre Börsengänge.

Was zeichnet unsere disruptive Zeit aus? Das Netz, werden wahrscheinlich die meisten antworten. Sie haben recht. »Online« war der große Durchbruch. Jeder vernetzt sich mit jedem, alles mit allem. Wissensressourcen und Kundenzugänge werden global, Markteintrittsschwellen für Start-ups sind niedrig wie nie zuvor. Deshalb kommt es zur Gründungswelle. Die Ansprache von Kunden und Usern ist auf digitalem Wege so einfach wie nie. Ob im Büro nebenan oder auf der anderen Seite des Globus, alle sind immer erreichbar.

Mit dem Smartphone wird das Netz portabel und mobil. Jetzt ist immer alles zur Hand. Nicht nur *alle* User lassen sich erreichen, sondern alle User *immer*, in Echtzeit. Das wird zum Uber-Geschäftsmodell. Egal wann: Wer gerade Auto fährt, lässt sich buchen. Global und dereguliert, wie die Märkte sind, breiten sich Plattformen und Produkte augenblicklich weltweit aus – mit

Ausnahme von China, Russland und ein paar anderen Ländern wie dem Iran.

Am Ende der technologischen Entwicklung schlagen die Raumüberwindung und Beschleunigung der Plattformen um in Allgegenwart und Permanenz. Im disruptiven Zeitalter ist alles gleichzeitig: Alles ist immer überall.

3 UNSER DIGITALES LEBEN. ALLES IST IMMER ÜBERALL

Schaue ich aus meinem Großstadt-Eckfenster hinab auf die Straße, sehe ich, wie eine junge Frau mit dem Smartphone das gerade geortete Sharing-Auto öffnet. Sie steigt ein, Sekunden später fährt sie los, ein paar Kilometer weiter wird sie den Wagen abstellen, per App verschließen und weitergehen. Der Nächste, bitte. Bloß nichts im Wagen vergessen! Er gehört einem ja nur für ein paar Minuten. Das Gute daran: Nicht jeder braucht ein eigenes Auto. Heute teilen wir nicht nur die Straßen, sondern auch die Autos.

Persönliche Beziehungen zum Auto haben wir nicht mehr, auch keine sentimentalen. Keine halb ironische Sankt-Christophorus-Plakette auf dem Armaturenbrett, kein Kleingeld für den Parkschein oder ein Eis im Mittelkonsolen-Aschenbecher, keine Hundedecke auf der Rückbank. Null Auto-Romantik. Aber wie praktisch! Reparaturen und Radwechsel kümmern uns nicht, Scheibenputzen ist passé, und anders als früher fahren wir nicht mehr bis in die Vorweihnachtszeit mit Sommerreifen und schlechtem Gewissen herum. Für den Baumarkt nehmen wir uns einen Kombi, für die Ostsee ein Klappdach, für märkische Matsche Allrad. Der umhäkelten Klorolle und dem Wackeldackel auf der Hutablage trauert niemand hinterher.

Ein Touristen-Pärchen – Schweden, tippe ich – zieht über das Kopfsteinpflaster Rollkoffer hinter sich her und sucht mit dem Smartphone die Wohnung, die es gerade mit einem Klick gebucht hat. Airbnb, zu Hause auf der ganzen Welt! Das Gefühl dazu hat sogar einen Namen: »Belonging«. Persönliche Designatmosphäre statt Ferienwohnungssterilität, das Gefühl von Heimat auf Zeit. Hier gehöre ich hin, hier bin ich dabei! Jetzt besuche ich New York oder L.A. nicht mehr als Tourist, sondern bin gleich cool und einheimisch. Auf den Kykladen öffnen sich mir Haustüren und griechische Olivenhaine, die mir sonst verschlossen geblieben wären. Ihre Besitzer lassen mich von Athen aus hinein. Ist doch lässiger, als es die Achtziger- und Neunzigerjahre-Ferienwohnungen in Tirol oder Portugal waren.

Das schwedische Paar hat per Code den Schlüsselkasten entsperrt und bezieht seine Berliner Heimat-für-drei-Tage. Bald werden sie Wohnung und Host bewerten, das gehört zum guten Ton der Airbnb-Community. Lust dazu haben sie eigentlich keine, die Wohnung ist laut und stickig, der Wasserdruck mau. Dennoch räumen sie auf und fegen ein bisschen, der bezahlten Endreinigung zum Trotz. Danken dann herzenswarm ihrem Host, macht man halt so. Man soll ja auch bei Ikea alle Barcodes nach vorne legen, damit das Scannen schneller geht – für alle besser, behauptet Ikea, tatsächlich nur für den Laden, der auf diese Weise Kassenpersonal spart. Eine Hand wäscht die andere: Man hilft dem Host auf dem Weg zum Super-Host und sich selbst bei der nächsten Anmietung. Funktioniert so ähnlich wie das Sozial-Kreditsystem zur Bürgerüberwachung in China, ist aber natürlich total freiwillig. Man ist ja kein Spielverderber.

Zwei Paketboten huschen durchs Bild, der eine schiebt eine mit Paketen vollgetürmte Sackkarre in den Späti, der andere eilt mit einem Paket in der Hand auf das Klingelschild unter mir zu. Ob er bei mir klingelt? Meine Druckerpatrone ist alle, ich habe sie nachbestellt: zwei Klicks. Gestern habe ich mit dem goldene Turnschuhe tragenden russischen Hermes-Boten geplauscht.

Kurz, aber lustig. Er war wahnsinnig gehetzt und hat sich übers Trinkgeld gefreut – kleiner Trost für vier Stockwerke rauf und runter unter Amazon-Prime-Dauerstress.

Blicke ich nach links Richtung Tramhaltestelle, sehe ich einen Enddreißiger in taubenblauem Anzug, die Haare noch nass, den Nacken gebeugt, mit dem Daumen eine WhatsApp-Nachricht aufs Display tippen. Dann ändert sich die Bewegung, jetzt flitscht er den Daumen rhythmisch von unten nach oben. Wohnungssuche bei ImmoScout? Das Netz bietet Transparenz: Vergleichsplattformen *en masse*. So ist der Überblick, den wir uns auf dem morgendlichen Weg zur Arbeit verschaffen, besser als alles, was je ein Makler zusammentragen konnte. Aber das ständige Selbersuchen kostet Zeit. Und überhaupt, wo bleibt sie eigentlich, die Zeit? Merkwürdig: Wir können sie effizienter nutzen als je zuvor und haben doch immer weniger davon.

Vielleicht liegt das ja daran, dass heute jeder alles und jeden anderen bewerten kann, Menschen, Dienstleistungen, Produkte und »Erlebnisse«? Für jede Onlinebestellung gibt es ein Follow-up, in der Telefonwarteschleife wird man zum x-ten Mal gefragt, ob man nicht nach dem Gespräch bei einer Befragung über das Gespräch mitmachen möchte. Will man nicht! Es sei denn, man kriegt dann endlich das Gespräch, auf das man schon eine Viertelstunde wartet. Besonders in den USA wird man in jeder noch so absurden Situation gefragt: »Wollen Sie Ihr Erlebnis teilen?« Warum sollte ich? Oder drohen mir sonst Nachteile? Manchmal denke ich, »Erlebnis« und »teilen« sind Wörter, deren Brutalität wir einfach noch nicht durchschaut haben. Der US-Comedian Bill Maher hat vorgeschlagen, wir sollten als Kunden einfach sagen: Gib mir deine Glühlampen, ich geb dir mein Geld, und dann machen wir beide weiter mit unserem Leben.

Müssen wir denn wirklich alles beurteilen? Sind wir vielleicht

Sadisten, die das Vergnügen genießen, andere mit einer Bewertung grundlos runterzuschreiben? Jedenfalls scheinen wir dabei Selbstwirksamkeit zu spüren – und sind doch tatsächlich nur willige Helfer der Rating-Ökonomie. Dabei bleiben wir auch hier in der digitalen Komfortzone. Statt dem Fahrer zu sagen, dass er rumpelig fährt und dass es im Auto müffelt, kriegt er nur einen Stern in der App. Ha, dem haben wir's jetzt aber gezeigt! Und das ganz bequem: Denn wir haben über einen anderen geurteilt, ihn vielleicht sogar verurteilt, ohne uns dabei selbst angreifbar zu machen. Eigentlich haben wir unserem Fahrer den einen Stern von hinten in den Rücken gestochen. Früher war das feige, heute nennt man das Bewertung.

Unten auf der Straße läuft ein Mann mit Kinderwagen durch das Bild, ich folge ihm mit dem Blick. Er geht in den Smoothie-Laden, wo noch vorletztes Jahr die Metzgerei war. Klar, so ein grüner Smoothie mit Weizengras-Shot schiebt ganz schön an für den Tag, während der Leberkäse im Kümmelbrötchen, einmal eingesunken in den Magen, sofort nach Mittagsschläfchen rief. Fotogen war die Fleischscheibe auch nicht gerade, da ist der Smoothie-Laden kaum zu toppen. Die Farben! Sehen schon ohne Filter gut aus: #nofilter. Millennials und Snowflakes treffen sich hier zum Posieren für Instagram, schlürfen Antioxidantien durch essbare Strohhalme und unterhalten sich manchmal ein bisschen. So kann man nicht nur zeigen, wie gut man aussieht, sondern auch noch darüber reden.

Der Daddy mit dem Kinderwagen, Berliner Start-up-Look und entsprechend geschäftig, passiert das kollektive Fotoshooting, das Baby scheint zu schlafen. Er spricht in kurzen Sequenzen in sein Kopfhörermikrofon und unterbricht sich immer wieder, um aufs Display zu schauen. Drei-, viermal tippt er drauf, dann spricht er wieder. Verschickt er Sprachnachrichten? Eine

Unterhaltung ist das nicht. Was für eine Taktung, was für eine Optimierung! Während er mit dem Baby spazieren geht, arbeitet er seine To-do-Liste ab. Bisschen Business-Kram, bisschen Schwiegereltern, muss ja erledigt werden. Das »Simsen« hat er schon lange aufgegeben, er »textet« jetzt auch weniger, am liebsten sind ihm Voice Messages. Da ist er ganz raffiniert: Mit der Voice Message simuliert er Bereitschaft zum Dialog, obwohl er ihm tatsächlich ausweicht. Die Sprachnachricht ist Nachricht, aber nicht Gespräch.

Mein Blick schweift weiter, und ich beobachte: Andere Frucht- und Gräserfreunde sehen das ganz ähnlich. Das Reden ohne Gegenüber ist normal geworden. Eine Mittzwanzigerin spricht in die filmende Kamera, die sie selbst hält, superprofessioneller Gesichtsausdruck, vielleicht ist sie YouTuberin. Ich finde es merkwürdig, sie nicht. Muss ich mich wohl noch dran gewöhnen, so wie sich meine Eltern vor Jahren an den Anblick von wild gestikulierenden und dramatisch zu laut redenden Mobiltelefonierern gewöhnen mussten und sich vielleicht vorgestellt haben, wer am anderen Ende der Leitung sein mochte. Heute wissen wir, dass da häufig gar niemand zuhört, sondern das Gesprochene gleich in der Konserve landet. Unendlich oft abhörbar, eine Botschaft im Wartestand, möglich, aber nicht wirklich – privates Pendant zum Podcast, der mehr oder weniger professionellen Sprachnachricht in Langform. Nicht das Radio bestimmt ja heute, was wir hören und wann, sondern wir. Stellen den Podcast an, stellen ihn aus, wechseln zum nächsten. Sind dabei, müssen aber nichts sagen.

Jetzt mal runter auf die Straße. Ah! Einen Moment … Kriege gerade eine *notification* für Facebook angezeigt, bin anscheinend in dem Post markiert. Kurze Stressattacke, ach ja, Carina wieder, eine gute Freundin … Muss sie denn immer alle möglichen

Freunde markieren, damit möglichst viele Leute ihre Londoner Galerie-Posts sehen? Das nervt doch.

Blick in den Spiegel, Smartphone eingesteckt, Tür hinter mir zu, Treppen runter und raus. Es wird doch nicht regnen? Obacht, Hundehaufen! Kaum hat man die digitale Komfortzone hinter sich gelassen, steckt man schon drin im Schmutz der Gosse. Dagegen unsere schöne neue Insta-Welt! Alles ist sauber, nichts müffelt, niemand erwischt uns auf dem falschen Fuß oder mit verrutschter Garderobe. Auf Instagram ist alles immer schön! Der digitale Kokon: bequem und konfliktfrei, ästhetisch und optimiert, einfach und aufgeräumt. Virtuelles Neo-Biedermeier: filterbereinigter Rückzugsraum empfindsamer Millennials, in deren digitalem Salon sich die wilde hässliche Welt schöngefiltert abbildet, ohne dass sie uns etwas anhaben kann.

Bei Facebook ist es auch so. Man erfährt was von der Welt da draußen, kann mitreden, Face-to-face-Kontakt braucht es dafür nicht. Ist das angenehm! Oder gefährlich? Jedenfalls kann man online mittelalt und ungeduscht mit jungen, sauberen Studenten flirten, Commitment beschwören und zugleich der Verantwortung entgehen, die körperliche Anwesenheit mit sich bringt. Nachträglich kluge Tipps geben und schwierige Augenblicksentscheidungen meiden.

Doch das Texten, Posten und Sprachnachrichten-Versenden, das permanente Auf-Distanz-Bleiben zu anderen, hat Folgen. Am Ende sind wir konfliktunfähig, überempfindlich und so leicht verwundbar, dass wir fast ständig verletzt sind. Unsere Psyche kompensiert die Entfernung von der Welt durch immer höhere Sensibilität, Hypersensibilität. Wir müssen immer feiner filtern, immer tiefer hinein in die Echokammern der Gleichgesinnten.

Endlich! Ich sitze unten im Café. Da kommt ein sportlicher Vater mit zwei lockigen Burschen aus dem Haus, etwa neun und elf Jahre alt. Sie engagieren sich bei der Diskussion, welches Auto sie sich jetzt in der App zur Kurzmiete aussuchen sollen. Die Jungs sind für ein Cabrio, nee, sagt der Vater, ich hab vorhin schon einen elektrischen BMW reserviert, den hatten wir doch so lange nicht. Die beiden Jungs erörtern noch ein bisschen Für und Wider, halten sich im automobil Möglichen auf, bevor ihr Vater Tatsachen schafft: Mini Cooper S, 190 PS, aber festes Dach.

Berlin 2020. Übers Smartphone verwalten, übers Smartphone gestalten wir unser Leben. Nicht nur Musik und Messages und den sonstigen Digitalkram, sondern unser gesamtes Leben. Wir haben es immer in der Tasche, immer dabei: unser Smartphone, unser Leben. Und so geht es nicht nur uns, sondern auch den Menschen in Madrid und Madras, Mumbai und Moskau.

Im digitalen Zeitalter ist alles immer überall. Und mit dem Smartphone haben wir zugleich immer alles in der Hand, im buchstäblichen wie im übertragenen Sinne. Alles ist immer überall – und uns zugleich supernah: hier vorne auf dem Smartphone-Display, 30 Zentimeter unter unserer Nasen- und zwei Millimeter unter unserer Fingerspitze. Zu nah vielleicht? Können wir so viel Nähe, die Nähe von allem zugleich, überhaupt ertragen? Oder umstellt sie uns, engt sie uns ein, erdrückt sie uns? Fühlen wir uns nicht überfordert, wenn nicht nur alles vorhanden, sondern immer zuhanden ist? Haben wir vielleicht deshalb häufig das Gefühl, nicht mehr »mitzukommen«? Haben wir im mobilen Zeitalter einen digitalen Stress, den es früher nicht gab? Und wenn es so wäre: Läge das dann an der Digitalisierung? Am Netz? Oder am Smartphone selbst?

Die Antwort lautet jedes Mal: ja. Dabei müssen wir allerdings »Digitalisierung«, »Netz« und »Smartphone« differenzieren. Denn genau genommen ist »Digitalisierung« der Überbegriff, der sich wiederum in drei historische Phasen unterteilen lässt.

Sie entsprechen dem Aufstieg bestimmter technischer Entwicklungen: die Informationstechnologie, wie sie sich in den Siebziger- und Achtzigerjahren mit den Personal Computern etabliert, das Netz, das im darauf folgenden Jahrzehnt »online« geht, und schließlich das Smartphone mit seinen Apps, die das Netz mobil gemacht haben – jetzt erst ist es überall, immer zur Hand. Und damit erst beginnt das disruptive Zeitalter des sogenannten *ubiquitous computing*, um das es mir hier geht.

Heute hat das Smartphone jeden erreicht, sogar unsere Eltern. 2007 war es *cutting edge*, heute ist es Commodity für Senioren. Die großen Disruptionen sind seit Jahren schon post-Smartphone. Im Internet der Dinge ist bald schon jeder Kühlschrank smart. Ist die Milch alle, sagt er im Edeka Bescheid. Unsere Wearables checken Herzratenvariabilität, Temperatur und Gehirnströme. Unterwäsche und Basecap sind vernetzt und kümmern sich um Dateienabgleich mit dem Rest der Welt. Das fehlende Vitamin wird am Abend zugestellt. Während wir am iPhone spielen, fahren Autos schon autonom. In der Hotline sprechen wir mit einer Servicekraft, von der wir nicht wissen, ob sie Mensch oder von Artificial Intelligence gesteuerte Maschine ist.

An die digitale Steinzeit erinnere ich mich aus Kindertagen. In den Achtzigern kamen Videorekorder und CD-Player, Autotelefon und Fax auf den Markt. Unser Fernseher bekam endlich Farbe. Das geschah spät, 1986, weil meine Eltern ökobewegt und prinzipiell technologieskeptisch waren. Dabei hatte Willy Brandt schon 1967, wie man damals sagte, »den Startschuss« fürs Farbfernsehen gegeben! Doch nicht einmal meinen technologisch avancierten Klassenkameraden fiel auf, wie zurückgeblieben wir waren. Denn die Verbreitung neuer Technologien dauerte im analogen Zeitalter viel länger als heute. Sehr lang. Unglaublich lang. Wenn man mit derselben Verspätung, mit der das Farbfernsehen meine Familie erreichte, das Smartphone in die Hand bekäme, dann müsste man noch bis zum Jahr 2026 darauf warten.

Die ersten Bilder vom Tschernobyl-GAU hätten wir schon in Farbe sehen können, sie waren aber grau in grau. Vor allem kamen sie Tage zu spät, weil die Sowjets sie geheim gehalten hatten. Die radioaktive Wolke war schneller bei uns als die Bilder aus dem Block 4. So groß war noch die Welt, so lange brauchten noch die Nachrichten vom Rande Europas jenseits des Eisernen Vorhangs, bis sie bei uns waren. Niemand hat die Bilder gepostet, niemand hat sie gestreamt. Noch hatten Staaten und Territorien die Nachrichtenhoheit, der Raum war groß, aber unser Bezugsrahmen klein.

In den Achtzigerjahren kam die CD auf den Markt. Ich war da noch ein Vinyl-Kind, mein großer Bruder überspielte mir meinen ersten Plattenkauf auf Kassette, Michael Jacksons »Bad«. Anfang der Neunziger waren die CDs auch bei mir angekommen. Die besten waren sogar DDD: digital aufgenommen, digital gemischt und digital gemastert – so viel »digital«! Nach einem Jahrhundert schwarzer Schallplatte mit dem Durchmesser eines Herrenzylinders jetzt also handtellergroße Silberscheiben. Sie kamen nicht mehr in Papier-, sondern in Plastikhüllen, die an den Scharnieren schnell splitterten. Sie klangen cleaner als Vinyl, und man konnte sich darin spiegeln. Im Farbfernsehen sah man, dass Boris Becker auf dem Kopf rote Haare und in Wimbledon grüne Knie hatte, und während Frank Elstner immer noch in Grau und Beige auftrat, warf sich sein Nachfolger Thomas Gottschalk der »neuen« Technik in die Arme, indem er die Garderobe bunter würfelte als die Gäste. Na sowas! Jetzt war das ZDF schon fast so bunt wie die MTV-Musikvideos, die hinten in der Stehpizzabude am Bahnhof liefen.

Und das Autotelefon? War, genau betrachtet, eine Art Feldtelefon zum Herumfahren. Aus dem Auto herausnehmen konnte man es nicht, es hing mit demselben Spiralkabel fest an der Mittelkonsole wie der Elektrorasierer meines Vaters am Spiegelschrank im Bad. Rumlaufen beim Telefonieren oder Rasieren? Nicht zu machen. Abgesehen davon konnte sich kaum jemand ein Autotelefon leisten, es war das Privileg von Generaldirektoren und Sparkassenvorständen.

Die Neunziger waren dann schon digitaler als die Achtziger, sogar ansatzweise digital im heutigen Sinne. Man ging »online« oder »in das Internet«! Die E-Mail setzte sich durch, zunächst im Büro, dann auch privat. Ende der Neunziger besuchte man Internetcafés. Oder man steckte zu Hause ein Modem in die Telefondose. Das irgendwie extraterrestrisch piepende und rauschende Verbindungsgeräusch kündigte dann eine Telefonpause für alle an, die kein ISDN hatten. Das war natürlich schlecht, wenn man wie ich auf den Anruf der ersten Freundin wartete. Freundin und Internet, das waren telefontechnisch damals noch Konkurrenten.

Tempi passati! Wer jetzt noch analog ist, wird es immer bleiben, und Single sowieso. Beziehungen gibt es heute nur noch digital. Egal, ob wir auf Reisen sind oder in eine neue Stadt umziehen: Die gesamte Kommunikation, das ganze Ankommen läuft digital. Ich checke abends in Venedig ein und bemerke, dass sich drei Ecken weiter eine Facebook-Entdeckung aufhält. Eigentlich lebt sie in Barcelona, kennt aber entfernte Bekannte von mir, hab ich im Facebook-Feed gesehen und gleich abgecheckt. Irgendwann wurde sie mir von Facebook »vorgeschlagen«, meine Anfrage hat sie angenommen. Jetzt sind wir »Freunde«, ohne uns zu kennen. Oder kennen wir uns? Oder lernen wir uns hier in Venedig kennen?

Ich hänge meinen Gedanken nach und beginne von einer Frau zu träumen, die ich noch nie gesehen habe. Früher, in den

Mantel-und-Degen-Romanen, erhaschte der Prinz vor dem Dom einen flüchtigen Blick auf die schöne verschleierte Jungfrau, der er dann wochenlang obsessiv nachspürte. Eine Golddublone für den narbengesichtigen Dienstboten hier, ein Handgeld für die verschlagene Zofe dort. Mit Facebook können wir uns solche Bestechungen sparen.

Regeln gibt es allerdings auch auf Facebook. Je mehr gemeinsame Freunde, desto besser. Unbefreundet sollten wir dem Gegenüber gar keine Nachricht schicken. Der digitale Bodyguard Facebook weiß das zu verhindern, allenfalls eine E-Mail-Notification lässt er durch – kommt auf die Einstellungen an, die technischen, wohlgemerkt. Aber Glück gehabt! Barcelona und ich sind ja schon befreundet. Ich schicke ihr eine Nachricht und schaue aus dem Bogenfenster auf den Kanal. Ob ich es mit meiner romantischen Social-Media-Fantasie bis zu einem *caffè* in Venedig bringe, steht in den Sternen über der Lagune.

Natürlich, ich könnte jetzt einfach in eine Bar gehen und schauen, ob ich da jemanden kennenlerne. Stattdessen warte ich auf eine Facebook-Nachricht von meiner spanischen Venedig-Fantasie. Die digitale Möglichkeit hält mich von der analogen Wirklichkeit fern. Ist mir denn Möglichkeit lieber als Wirklichkeit? Barcelona kenne ich immerhin schon über Facebook. Freunde, Feed und Filter haben sie validiert. Anders in der Bar, da muss man direkt ran. Nichts ist vorgeordnet, nichts ist kuratiert. Die analoge Welt hat keine Filter.

Das ist ja der Trick der digitalen Plattformen. Erst überfordern sie uns mit ihrem Überangebot, der totalen Nähe des Alles-ist-immer-nur-einen-Klick-entfernt, und dann helfen sie uns großzügig mit ihren Algorithmen und Filtern aus der Patsche. Schaut her, sagen sie, wir greifen euch mit unseren Algorithmen unter die Arme, dabei braucht ihr gar nicht zu wissen, wie sie genau funktionieren. Und mit unseren Filtern bieten wir euch sogar Hilfe zur Selbsthilfe! Keine Angst vor der Überforderung! Gemeinsam kriegen wir dein Leben schon in den Griff, lieber User, wir ordnen für dich, reduzieren, und am Ende darfst du sogar selbst noch ein bisschen mitkuratieren!

Ein Schelm, wer Böses dabei denkt? Ganz sicher nicht. Denn bei unserer Überforderung sind die Plattformen Brandstifter und Feuerwehr zugleich.

In der Systemtheorie heißt das, worauf die Algorithmen und Filter zielen, »Komplexitätsreduktion«. Dem Bielefelder Systemtheoretiker Niklas Luhmann zufolge brauchen wir sie, um überhaupt miteinander zu reden. Luhmann glaubt nämlich, Kommunikation sei »unwahrscheinlich«. So sagt er es in einem Aufsatz mit dem Titel »Die Unwahrscheinlichkeit der Kommunikation«. Ich finde, das ist eine komische These, habe aber trotzdem versucht, sie mir zu erklären. Mit jedem einzelnen Wort, das wir benutzen, treffen wir eine Wahl. Wir entscheiden uns für dieses eine Wort und damit zugleich gegen ein paar andere Wörter, die uns für denselben Sachverhalt auch eingefallen wären. Ich finde zum Beispiel Luhmanns These nicht nur »komisch«, sondern auch »kontraintuitiv« und »weird«. Aber wie viel schwieriger ist die Auswahl im digitalen Zeitalter! In der digitalen Vernetzung ist ja Kommunikation nicht bloß unwahrscheinlich, sondern geradezu unmöglich. Bei Facebook müssen wir nicht zwischen ein paar Synonymen entscheiden, die unser Wortschatz hergibt, sondern zwischen Millionen Posts und Threads und Usern und potenziellen Friends. Natürlich lässt sich eine solche allenfalls virtuell vorstellbare Menge überhaupt nicht bewältigen. Sie muss auf eine überschaubare Zahl von vorstellbaren Optionen reduziert werden, diese wiederum auf einige handhabbare Möglichkeiten, und von diesen kann man dann vielleicht eine einzelne verwirklichen. Wer weiß, am Ende klappt's vielleicht doch mit Barcelona.

Zu Hause in Regensburg hatte ich Ende der Neunziger die Einrichtung von ISDN durchgesetzt. Zur Jahrtausendwende war dann Boris Becker wieder da: »Ich bin drin«, verkündete er halb schelmisch, halb dämlich im Besenkammer-Jahr 2000, *Bild* erfand den »Samenraub«, und »drin« in jedem Briefkasten war auch die AOL-CD. Für die, die sich nicht mehr daran erinnern: AOL wurde Anfang der Nullerjahre so gefeiert, wie Google heute verehrt und gehasst wird. Damals war man in Digitaldingen frisch und fromm und fröhlich frei. Was neu war, fand man toll und aufregend. Der Neue Markt ließ frische Aktien in zwei- und dreistelliger Millionenhöhe in ihre Marktkapitalisierung rauschen – viel Geld für Firmen, die eigentlich nur Webseiten bauten.

Heute gibt uns die digitale Archäologie Auskunft, wer sich wann eine E-Mail-Adresse eingerichtet hat. aol.com: Lehrer, Mitte Neunzigerjahre, männlich, mit Aktiendepot. yahoo: Jahrtausendwende, männlich oder weiblich, vermutlich kein Boris-Becker-Fan. web.de und gmx.de: Rot-Grün-Studenten zu Zeiten von Schröder-Hochwasser und Irakkrieg. gmail und googlemail: Alles, was später kam, bis heute.

Ein Kuriosum der Neunziger ist die SMS. Sie war, nach heutigem Maßstab gegen jede Regel kundenzentrierter Produktentwicklung, ein Bürokratie-Experiment, das sich die Deutsche Bundespost gemeinsam mit französischen Kollegen erdacht hatte. Mit dem gigantischen Erfolg der SMS hatte niemand gerechnet. Nie zuvor in der Geschichte der Menschheit ist je so viel geschrieben worden wie jetzt, wo man plötzlich »simst«.

Ein eigener Code entwickelt sich. Supersparsame, mehr oder weniger lässige englische Abkürzungen wie »4u« (for you) und »cul« (see you later) kommen auf, die hausbackene Alternative ist »hdgdl« (hab dich ganz doll lieb), die Evolution der Emojis beginnt. Noch bestehen sie nur aus Buchstaben und Sonderzeichen, die SMS lässt die Kreativität blühen. Die strikte Begrenzung auf 160 Zeichen und die ziemlich hohen Kosten helfen dabei, jetzt endlich dem alten Imperativ »Fasse dich kurz!« zu gehorchen, wie er früher auf einem Emailleschild neben dem öffentlichen Fernsprecher hing.

Ein bisschen digital war das Leben Anfang der Nullerjahre also schon, aber längst nicht so digital wie heute. Denn es war noch nicht mobil. E-Mails checkte man privat höchstens ein-, zweimal am Tag, und die meiste Zeit verbrachte man ohnehin noch ganz analog, zumal auf Reisen. Ich erinnere mich an Urlaube um die Jahrtausendwende. Mit einem Tag oder zwei Tagen Verspätung sprang einem in den *Bild*-Blockbuchstaben am Kiosk entgegen, was in der Heimat los war. Mallorca 2000: Schröders Benzinpreiserhöhung, die als »Öko«-Steuer hart umkämpft war, die *Bild* kampagnisierte. Paros 2003: Ronald Schills Versuch, Ole von Beust mit seiner Homosexualität zu erpressen. Beide Debatten sind heute glücklicherweise nicht mehr denkbar, und die *Bild*-Kioskfront tut nichts mehr zur Sache für mein Weltverständnis. Vor allem aber: Beide Schlagzeilen waren nationale Nachrichten, Neuigkeiten aus einer Zeit, in der unser Bezugsrahmen viel kleiner war als heute. In der der bayerische Ministerpräsident seine Gattin »Muschi« nannte. Rudolf Scharping um ein Haar als Verteidigungsminister zurücktreten musste, weil ihn der oberste Klatschreporter der Republik für ein Liebesbild in den Pool gequatscht hatte. Neuigkeiten aus einer Zeit, in der noch der Bundeskanzler den Deutschen die Debatten setzte.

Oh! Kurze Schreibpause, Eilmeldung auf dem Smartphone, »US drone strike ordered by Trump kills top Iranian commander in Baghdad«. Ja, andere Zeiten. Und andere Debatten, auch in der

Form. Statt der Einzelschlachten *Bild* gegen Schröder und Schill gegen Beust schlagen sich heute parallel auf Twitter Tausende die Köpfe ein – öffentlich und hitzig, aber auch unübersichtlich: All den Zoff kann man ja gar nicht abonnieren. Heute gibt es so viele Bezugsrahmen, dass man den Überblick verliert. Jeder Hashtag öffnet einen neuen.

Was war das früher einfach! Die Zeitungen rahmten ihren Lesern die Welt, und die *Welt* hieß sogar so. Heute sind am Kiosk um die Ecke und an den meisten internationalen Zeitungsständen die Printausgaben der deutschen Tagespresse verschwunden. Wozu noch Papier-Zeitung lesen? Nur wo die deutsche Urlauberkohorte so homogen aus silberhaarigen Best Agern besteht wie in der Toskana, findet man in der *tabaccheria* noch die *FAZ* auf Papier. Auf Sardinien, Mykonos und Hvar sind die Papierfresser, die auf ihre Nachrichten warten können, schon ausgestorben. *Digital natives* und digital Transformierte haben übernommen.

Zeitungen auf Papier stimmen uns heute nostalgisch. Ein bisschen so, wie wenn einem die Eltern einen Zeitungsausschnitt von vorletzter Woche per Post schicken. Haptisch und anrührend, verwandelt sich das Stückchen Papier in unserer Hand in ein kostbares ästhetisches Objekt – Flaschenpost aus einer vergangenen Zeit.

Nein, das Leben Anfang der Nullerjahre war längst noch nicht der Alltag, in dem wir heute leben. »Online« und »digital« waren ein Extra hier, ein Gimmick dort. Eine spannende Spielerei für Berufseinsteiger und Studierende, wenn sie es sich leisten konnten.

2001 schlägt mit dem ersten iPod die Stunde des Steve Jobs. Er präsentiert einen neuen, besseren Walkman – aber ohne Tonträger. Die Kassette ist out, der Discman war ohnehin Mist. Jetzt ist der iPod da, auf den mehr CDs passen als in die Schrankwand der Eltern. Über Nacht geht es der alten Musikindustrie an den Kragen. Die Kassette ist tot, die CD sieht ihrem Ende entgegen. Das Geschäft mit aufwendig produzierten Musikvideos bricht innerhalb von Monaten zusammen.

Zugleich beginnen die Early Adopters, Bücher bei Amazon zu bestellen, und wundern sich, dass das trotz ewig roter Zahlen beim Absender so gut klappt. Dass Amazon-Gründer Jeff Bezos fünfzehn Jahre später der reichste Mann der Welt sein wird und zum Mond fliegen will, ahnt noch niemand von uns Bücherbestellern. Familien und andere Not-so-early-Adopters entrümpeln ihre Keller und Garagen über eBay. Auf einmal ist Deutschland aufgeräumt und feiert so auch sein Sommermärchen zur Fußballweltmeisterschaft. Schwarz-rot-goldene Polyesterüberzieher auf den Außenspiegeln sind total okay. Sogar die Grünen sind damit einverstanden. 2006 ist das Jahr, in dem Menschen aus der ganzen Welt die Deutschen offen, sympathisch und im besten Fall sogar lustig finden. Das gab es noch nie, seit Tacitus über die Germanen schrieb. Wenn je die deutsche Einheit erreicht war, dann im Sommer 2006.

2007 kommt mit leisem Auftritt ein großer Knall: das iPhone. »It works like magic«, sagt Steve Jobs, und das Publikum in San Francisco lacht. Aber das iPhone ist epochal. So wie sich die Zeitzeugen des Mauerfalls daran erinnern, wo sie am Abend des 9. November 1989 waren, so weiß man noch, wo man zum ersten Mal das iPhone in der Hand hielt. Und hatte man nicht dabei gleich das Gefühl, einen großen Neuanfang zu bezeugen? Man verstand intuitiv die Logik, alles klappte. Dieser hübsche kleine Monolith! Von einer überirdischen Macht hingestellt wie die schwarze Granit-Stele zu Beginn von Stanley Kubricks *2001 – Odyssee im Weltraum*, bei deren Anblick sich die Affen zu Menschen verwandeln. Gigantisch und göttlich, nur jetzt in menschenfreundlichem iPhone-Maß, handhabbar, ein Objekt von anthroposophischer Freundlichkeit. Spiegelnd und durchsichtig zugleich, hart und glatt in der Hand und doch mit weich und schmeichelnd gerundeten Kanten. Von diesem Apfel dürfen alle kosten, die sich den Eintritt ins Apple-Paradies leisten können, und wenn man ihn in der Tasche mit sich trägt, hängt man immer am virtuellen Baum der Erkenntnis.

Glaubt man dem Apple-Geniekult um Steve Jobs, dann hat er das iPhone erfunden. Vielleicht ist das auch so. Möglich wurde das Smartphone jedoch erst durch eine Reihe von Einzelfortschritten der Computer-Hardware – insbesondere bei Prozessorleistung, Batteriekapazität, Speichergröße und interaktiven Displays – und die rasant wachsende digitale Vernetzung der »smarten Handys«, die es schon gab, bevor sie »Smartphone« hießen.

Warum ist das iPhone 2007 so erfolgreich? Es macht alles besser als seine Vorgänger, und schöner sowieso. Außerdem verbindet es Zukunftstechnologie und Lifestyle. Das ist neu. Das iPhone ist der Durchbruch zur Apple-Ära, die sich bereits mit dem iPod angekündigt hatte, der Einstieg in jenes Jahrzehnt, das der Spottspruch »I'll buy anything if it's shiny and made by Apple« charakterisiert. Die Käufer campieren vor den Geschäften, die Stores sind moderne Gotteshäuser, Glasarchitektur gewordene Transzendenz, Tempel wiedergefundener Spiritualität. Steve Jobs ist der messianisch gefeierte Prophet des neuen Zeitalters, niemand außer Bill Gates stört sich an seinem charismatischen Pathos. Jobs' geniale Auftritte sind voll von »values« und »belief«. Das Heil der Menschheit ist digital.

Und gut sieht es aus! Das iPhone tritt uns entgegen in der Eleganz des kleinen Schwarzen. Doch innere Werte hat es auch. Denn Apple setzt auf kleine spezialisierte Programme, die Apps.

Die gab es zwar, genau genommen, schon vor dem iPhone. Jetzt aber können Dritte sie im App Store bereitstellen. Damit eröffnet Apple ein Universum, das sich rasend schnell ausbreitet: auf der einen Seite für die Entwickler und Unternehmer, auf der anderen für die User. Zugleich bindet Apple alle zusammen an seine iOS-Plattform. Das ist der entscheidende Schritt auf dem Weg in die digitale Plattform-Ökonomie, die heute unsere Welt bestimmt.

Spektakulär bei der Einführung und ebenfalls bald Smartphone-Standard sind die Knopflosigkeit und Fullscreenhaftigkeit des iPhone. Seine Glätte will nicht gedrückt, sondern gestrichen und gestreichelt werden. So nahe ist uns das Smartphone physisch, haptisch und kommunikativ, dass wir mit keinem Menschen so viel Zeit verbringen wie mit ihm. Tatsächlich lieben wir es auf vielfältigere Weise als irgendeinen Menschen: erotisch, wenn wir es streicheln (und es doch zwei Jahre später für ein jüngeres Modell verlassen), elterlich sorgend, wenn wir es mit Strom laden, uns um ein Back-up kümmern oder seine Kratzwunden und Brüche versorgen, kindisch, wenn wir es in eine Handyhülle mit Hasenöhrchen stecken.

Das Smartphone ist permanent zur Hand und ändert dadurch n Bezug zur Welt. Was fern war, ist plötzlich nah, und das n nun an ist alles nah. Über Facetime oder WhatsApp onieren wir aus dem WLAN heraus eben mal kosten- mit einem Freund in New York, Delhi, im australischen Outback oder im ICE nach Wolfsburg. Um vor über zwanzig Jahren von einer Sprachreise in Frankreich meine Freundin anzurufen, habe ich stundenlang bei eisigem Wind im Dunkeln vor einer Telefonzelle gewartet. Wenn ich dran war, war sie nicht zu Hause. Und wenn sie ranging, hörte man beim Reden im Hintergrund die teuren Telefonkarten durchrauschen wie die Pokerkarten in den Händen von Profispielern.

Doch wie uns das Smartphone die Ferne nahe bringt, so entfernt es uns umgekehrt die Nähe. In der U-Bahn schauen wir
Display, aber nicht in die Gesichter um uns herum. Wenn
eine Adresse suchen, fragen wir Google Maps, aber nicht e
Anwohner hinter dem nächsten Gartenzaun. Das Restaura
Venedig empfiehlt uns tripadvisor, und schon wieder ent
uns das Gespräch mit einem Einheimischen. Wir befragen
Maschine, die wir nicht sehen, statt einen Menschen, den
in die Augen schauen könnten. Ist das Smartphone in der
nicht das Brett vor dem Kopf, das sich zwischen uns und u
nächste Umwelt schiebt? Nichts anderes sagt ja die Definitio
»Mediums«, das zwei Dinge vermittelt, indem es in der »Mitte«
dazwischensteht.

Unmittelbarkeit kann man sich vom Smartphone also nicht
versprechen. Im Gegenteil. Es übersetzt Wirklichkeit in Möglichkeit, Körperlichkeit in Virtualität. Wir sprechen Tausende Face-
book-Freunde auf der ganzen Welt mit unseren Posts an und
sammeln Matches auf einer Dating-App wie Tinder, fragen die
Blonde mit den Gummistiefeln aus dem vierten Stock aber nicht,
ob sie Zeit für einen Kaffee hat. Ob ich sie auf Tinder finde? Und
wird sie, wenn ich »Lass uns treffen« schreibe, wie eine andere
Frau neulich »Wir können uns auf Instagram sehen« antworten, um aufs Neue ein Treffen *face to face* oder *tête-à-tête* auf-
zuschieben, den Abstand zu wahren? Dieses Verhalten hat auch
der Tinder-Europa-Chef Lennart Schirmer in einem *Spiegel*-Inter-
view (38/2019) beschrieben: »Die Gen Z findet die Vorstellung, jemanden anzusprechen, den sie nicht kennt, offenbar komisch.«

Das ist die Tinder-Wirklichkeit im Jahr 2020. Mit Millen-
nial-optimierten rhetorischen Anstrengungen bringt man den
anderen nicht zum Schmelzen, sondern allenfalls zum Vorstel-
lungsgespräch ins Café. Achtung, Realitäts-Check: Wie sieht das

Gegenüber aus, wenn man Profipose und Bildbearbeitung subtrahiert? Passt es zum Versprechen seiner virtuellen Inszenierung? Zähne okay? Lächeln sympathisch? Früher trafen wir jemanden, redeten und machten uns ein Bild von der Person. Heute haben wir das Tinder-Bild, bevor wir uns treffen und reden, und genau genommen ist es nicht *ein* Bild, sondern bloß eines von Tausenden, jedes nur einen Wisch entfernt.

Das Smartphone mit seinem App-Universum, das liegt auf der Hand, ist *die* technologische Grundvoraussetzung für die soziale, ökonomische und kulturelle Gegenwart, in der wir leben: Filter, Sprachrohr, Organizer, Übersetzer, Reiseführer und -partner zugleich. Unser Konsumkanal für Videos, Musik und Sprache. Job- und Partnerbörse. Organisator von Übernachteinkäufen und an die Wohnungstür geliefertem Abendessen.

Dabei sind die meisten von uns schon täglich mehrfach in Kontakt mit künstlicher Intelligenz. Sie steckt hinter Amazons Alexa, Googles Translate oder Facebooks Empfehlungen von Freunden.

Wie gesagt, das Digitale ermöglicht Kontakt ohne Körper: Tinder statt Disco, Familien-Gruppe auf WhatsApp statt Diaabend vor der Schrankwand, Facebook statt Weihnachtsbrief, LinkedIn statt Bewerbungsmappe, die man mal eben im Office noch vorbeibringt. Das alles erscheint uns bequem und von Vorteil. Ist doch toll, wenn uns die Welt nie mehr mit Pickeln und roter Nase sieht, sondern nur noch so, wie wir wirklich sind! Oder gerne wären. Die Bildbearbeitung macht es möglich, und wenn wir wollen, sind unsere Körper so glatt wie ein Smartphone-Display.

Dann wiederum erzeugen die Möglichkeiten, die uns das digitale Leben eröffnet, ihren eigenen Stress. So hübsch wie die Instagram-Schausteller kann uns selbst das iPhone nicht machen. Und überhaupt ist die Welt, wo immer wir auch hinkommen, nie ganz so adrett wie das Instagram-Lifestyle-Ambiente mit ayur-vedisch dekoriertem Superfood im stylischen Kaktusgarten.

Achtung, Stress!, warnen die Psychologen. Allein die Häk-chenrangelei bei WhatsApp. Gerade habe ich unvorsichtiger-weise eine Nachricht gelesen, kompliziert und fordernd, ich habe jetzt gar keine Lust zu antworten – und schon sieht der Absen-der an zwei blauen Häkchen, dass ich seine Message geöffnet habe: Muss ich mich jetzt melden? Ja, gibt's denn hier eine Re-aktionspflicht?

Überhaupt all die Möglichkeiten. Wie kann man eigentlich, wenn man jeden Moment so viel tun könnte, einen Augenblick mal nichts tun? Nie tun wir nichts. Alles ist immer überall. In dem Moment, in dem sich die Türen vor uns schließen und wir einen Bus verpassen, greifen wir zum Smartphone. Auf diese Weise vertreiben wir schon wenige Sekunden drohender Langeweile. »Fomo« heißt die Diagnose, *Fear of missing out.* »Alle Freunde erleben dauernd so tolle Dinge, nur ich nicht!«, denken wir, und weil wir nichts von dem verpassen wollen, was da alles in der Welt passiert, bekommen wir nicht mehr mit, was vor unseren Füßen geschieht. Wir langweilen uns nicht mehr in der U-Bahn, träumen nicht mehr vor uns hin und kommen auch nicht mehr zufällig ins Gespräch mit unserem Sitznachbarn, weil der Feed nie Pause macht und das weltweite Netz schon gar nicht.

Always on! ist Versprechen und Drohung zugleich. Es gibt keine Ladenschlusszeiten mehr, für nichts und niemanden. An-schauen und bestellen kann man immer. Am Dienstagvormit-tag sehe ich bei Tinder Hunderte Suchende mit Entfernungsan-gaben innerhalb von fünf E-Roller-Minuten. Wie soll ich mich da auf die Arbeit konzentrieren, wenn ich ständig zum Smartphone greifen muss wie der Alkoholiker zur Flasche?

Digitale Flasche ist das Stichwort. Hängen wir nicht alle dran?

Wenn unser Fusel nicht Instagram, Facebook oder Tinder heißt, dann doch zumindest Google oder YouTube. Wir alle saufen das digitale Zeug, dauernd – und schlucken damit die von ihm transportierten »Werte«, sein Design, seine Icons, seine Kommunikationsregeln. Wir sind von Google, Facebook und Co abhängig: von ihrem Geschäftsmodell und ihren Normen. Sie sind übermächtig. Mit Facebooks Geist aus der Flasche überrollen amerikanische Vorstellungen von Gewalt (liberal) und Nacktheit (restriktiv) die ganze Welt. Aber was heißt das? Laufen wir jetzt auf eine kulturelle Gleichschaltung zu? Schwierig zu sagen. Jedenfalls hatte schon Nietzsche erkannt: Nicht nur wir Menschen formen unsere Medien, sondern auch die Medien uns.

Übrigens auch chinesische. Denn obgleich es in diesem Buch vor allem um Facebook und andere westliche soziale Netzwerke geht, ist das chinesische TikTok doch die Social-Media-App, die am schnellsten wächst. China ist längst nicht nur Nach- und Mitläufer westlicher Trends, sondern seit Jahren schon ihr größter Beschleuniger. Das zeigt sich auch in der Smartphone-Nutzung. Denn in China gibt es mehr User als in der EU und den USA zusammengenommen.

Mein Osteopath Ramón hat neulich erzählt, dass immer mehr Menschen am Tinder-Daumen leiden. Unser Daumen ist evolutionär einfach nicht ausgelegt fürs permanente Wegwischen. Egal, ob wir Nachrichten oder Bilder, Gebrauchtwagen oder Partner über das Display bewegen, es entstehen Verspannungen in der Hand, die sich vom Daumen körperaufwärts ausbreiten und schließlich auf Schultern, Nacken und Kiefergelenk übergreifen.

Unsere Ruhe ist hin. Und am Ende schlafen wir selbst dann schlecht, wenn wir – noch ein digitales Paradox! – vor dem Schlafengehen bei Calm, der Ruhe-App, Einschlafklänge hören.

4 DIGITALE ÖKONOMIE

Am nächsten Morgen schaue ich wieder aus dem Fenster. Ein anderes Bild! Die Welt dort unten ist ruhig – Wochenende. Kein Berufsverkehr, keine Schulkinder sind unterwegs. Ein paar Reste aus der Freitagnacht stehen noch rum: Bierflaschen vor allem, auch noch Bierflaschentrinker. Sachte schwanken sie in der kühlen Morgenluft. Hoffentlich stolpern sie nicht über die Elektroroller, die kreuz und quer hingestreckt auf dem Bürgersteig liegen. Auch sie Überbleibsel der Nacht.

Die Stadtverwaltung hat das Rollerdurcheinander erkannt und will sich drum kümmern. Gerade denkt man darüber nach, wie die Scooter am besten geparkt werden sollen, doch die Verhandlungen mit den Start-ups verlaufen zäh. Während die Stadt noch im Modus des Man-müsste-was-regulieren-aber-bloß-was? diskutiert, ist das Rennen zwischen den sechs oder sieben Scooter-Anbietern, alle mit zweistelligen Millionensummen finanziert, in vollem Gange. Ökonomischer Test-Darwinismus! Mal reinwerfen in den Markt, denken sich die Venturecapital-finanzierten Roller-Rowdys und schauen, ob sich die Innovation durchsetzt, und, wenn ja: wer das Rennen macht. Genauso haben es ja die Anbieter von Leihrädern und Essensbringdiensten getan.

Apropos: Wo sind sie eigentlich geblieben, die je nach Firmenzugehörigkeit in türkis- oder magentafarbene Tour-de-France-Pellen gezwängten Rad-Vasallen, die neulich noch mit ihren eckigen Styropor-Rucksäcken durch die Stadt strampelten? Kam mir immer vor wie ein Rennen ohne Richtung, sieben Tage die Woche, rund um die Uhr, nur eben mit der Warmhaltekiste auf dem Rücken, damit das labbrige Essen wenigstens noch lauwarm ankommt.

Team Türkis und Team Magenta radeln nicht mehr! So schnell konsolidiert sich der Markt, am Ende überlebt meist nur ein Anbieter. Die Essensbringdienste haben Europa unter sich aufgeteilt. Tatsächlich ist es für alle Unternehmen besser, in einem Markt gut zu laufen, statt in mehreren Verluste zu sammeln und weiterzustrampeln. Der Grund: Nur wenn das Geld, das Venturecapital-Geldgeber über alle Anbieter hinweg gestreut investiert haben, über den Sieger des Rennens mehr als zurückverdient worden ist, geht die Rechnung auf. Und nur dann kann morgen nach demselben Prinzip wieder Venturecapital in neue Ideen fließen. So funktioniert das Spiel.

Türkis, denke ich oben am Fenster, hat sich also komplett aus dem Radrennen in Deutschland zurückgezogen, und Magenta wurde von einem anderen Team übernommen. Man trägt jetzt Orange. Oder genauer: Alle tragen jetzt Lieferando-Orange. Das ist ja auch gut für die Onlinewerbung. Die kostet jetzt nur noch die Hälfte, weil nicht mehrere Anbieter die Preise für dieselben Suchbegriffe bei Google hochtreiben.

Wie im Vollkontaktkampf geht es bei Start-ups um den K.-o.-Erfolg. Start-ups sind unkonventionell und unideologisch, sie reizen nicht nur die Grenzen des Erlaubten voll aus, sie übertreten sie auch. Regelbrüche und Strafen sind Teil der Risikoabwägung, schließlich will man ja den Markt verändern. Lieber stirbt man einen schnellen Tod, als Risiken zu vermeiden und langsam dahinzukränkeln.

Manchmal muss man sich zurückziehen. Aber angreifen

muss man immer. Martialisch, aber wahr: Start-ups sind per definitionem aggressiv – »Avantgarde« eben, das heißt ursprünglich »militärische Vorhut«. Deshalb ist die Start-up-Rhetorik kriegerisch, um Political Correctness schert man sich nicht. Man führt »Blitzkriege« oder täuscht den Gegner und Kunden mithilfe eines »Trojanischen Pferds« – Motto: Erst mal Daten sammeln, dann schauen wir weiter.

Man muss schneller und härter sein als die Konkurrenz. Kein Wunder also, dass dieses Fightclub-Spiel gerade junge Männer anzieht. Die Maxime, könnte man mit Samuel Beckett sagen, heißt: »Ever tried. Ever failed. No matter. Try again. Fail again. Fail better.« Erinnert natürlich auch an das Liebesleben von Männern in ihren Zwanzigern und Dreißigern. Wie praktisch, da kann Mann mit ein und derselben Einstellung das ganze Leben bespielen.

Weil es so kriegerisch zugeht in der Start-up-Welt, reüssieren hier vor allem die aggressiven Extremtypen – ganz ähnlich wie bei den Galapagosfinken die Dick- und die Langschnäbel. Travis Kalanick zum Beispiel, der Gründer von Uber, hat so nette Dinge gesagt wie: »Wir befinden uns in einer politischen Kampagne, in der der Kandidat Uber heißt und der Gegner ein Arschloch namens Taxi ist.« Mit seinen größenwahnsinnigen Welteroberungsplänen führte Kalanick Uber zu zweistelligen Milliardenbewertungen. Als jedoch der Börsengang anstand, wurde Kalanicks aggressiver Sexismus zum Problem, das Image der Firma litt, ihr Wachstum war in Gefahr, Kalanick musste gehen. Adam Neumann, der Gründer und CEO des Coworking-Space-Anbieters WeWork, kam lange Zeit mit einem ähnlichen Benehmen durch. Erst nach dem Börsengang erwischte es ihn. Beide Unternehmen, Uber und WeWork, zeigen, welchen Einfluss der manische Narzissmus charismatischer und notorisch übertreibender

Gründer auf den Börsengang ihrer Unternehmen hat, ja, dass sie ökonomisch sogar von einer Firmenkultur profitieren, die sexualisierte Aggressivität duldet. Ist die Firma einmal groß geworden, kippen die Dinge allerdings. Plötzlich findet Uber, es sei an der Zeit, den Gründer zu feuern und groß »Diversity« in den Börsenprospekt zu schreiben. So funktioniert sie, die Doppelmoral unserer Zeit, bis sie im Spagat zwischen Digitalkapitalismus und #MeToo-Correctness ganz flöten geht.

Google und Facebook waren da klüger und haben ihren Gründern frühzeitig *watch dogs* an die Seite gestellt: Eric Schmidt hatte bei Google ein Auge auf Sergey Brin und Larry Page, Sheryl Sandberg bei Facebook auf Mark Zuckerberg. Will sagen: Mit Freibeutern und Fremdenlegionären gewinnt man die erste große Schlacht, den Krieg aber gewinnt man mit ihnen nicht – und schon gar nicht den Frieden. Den gewinnt man mit den Köpfen, mit denen sich dann auch Staat machen lässt.

Klingt brutal und krass nach Krieg? Stimmt. Für uns Kunden aber sieht es gar nicht so schlimm aus. Schaut her! Wie herrlich bunt ist diese neue App, und die »Vision« dazu ist schön groß und amerikanisch, gesellschaftlicher »Impact« und so, fühlt sich doch richtig gut an. Aber lassen wir uns nicht täuschen. Gründer und ihre ersten Mitstreiter sind immer die ökonomische Avantgarde, und die hat, wie gesagt, eine militärische Tradition.

Wer aber rüstet sie auf, und wer finanziert diese militärische Aggressivität? Das Venturecapital, und »venture« heißt nicht von ungefähr »Wagnis« oder »Abenteuer«. Schon im Mittelalter suchten die Ritter Kampf und Bewährung in der »Âventiure«. Warum aber investiert das Venturecapital in riskante Start-ups? Weil es, salopp gesagt, auf die Weltherrschaft wettet, mindestens aber auf die Marktherrschaft. Denn manchmal, insbesondere bei stark regulierten, großen Märkten wie dem Finanz- oder

Gesundheitsmarkt, reicht noch die nationale Dominanz zum Erfolg. In jedem Fall zielt das von Christensen beschriebene Angreifer-Prinzip der disruptiven Start-ups auf Dominanz. So gering die Chancen sind, dass sich ein Start-up am Markt durchsetzt: Falls es gelingt, winkt die Alleinherrschaft.

So funktioniert Venturecapital: Früher schlüpften aus hundert Eiern ein paar Dutzend Küken, und wenn sich eine Handvoll von ihnen zusammenschloss, konnten sie als erwachsene Hähne die anderen im Hühnerhof dominieren. Heute schlüpfen die Küken, und eines von ihnen – man muss ihm nur rasend schnell Riesenmengen Kapital-Futter in den Schnabel stopfen – wächst sich nicht bloß zu Hahn oder Henne aus, sondern zu einem T-Rex der Hühnerwelt. Die Folgen für die Geflügel-Peergroup liegen auf der Hand: Man wird in den Boden gestampft und stirbt, oder man wird geschluckt. Das Märchen vom hässlichen Entlein, Jurassic-Park-mäßig reloaded: Das ist die digitale Start-up-Ökonomie von heute.

Zugegeben: Das Bild von den angeschlagenen Hähnchen, die im Maul des Winner-takes-it-all-Start-ups verschwinden, ist schief. Denn gefressen zu werden heißt, sein eigenes hoffnungsvolles Start-up für ein paar Millionen an den dominanten Wettbewerber zu verkaufen. Die Start-up-Welt unterscheidet sich also insofern von der Biologie, als »Gefressenwerden« hier nicht »Sterben« bedeutet, sondern Cash-out.

Christensens Theorie zur Disruption besagt: sofort starten, viel testen, schnell und billig scheitern. Oder, anders gesagt, auch wenig ausgereifte Produkte schnell auf den Markt werfen, schnell scheitern, schnell lernen, weitermachen. Eier ausbrüten und schauen, ob sich die Chance auf ein neues Superhuhn ergibt.

Schlüpft tatsächlich eine Start-up-Idee mit T-Rex-Potenzial, heißt es füttern, füttern, füttern. Gänsestopfleber nichts dagegen.

Hauptsache, man kriegt immer mehr Risikokapital rein in den Schnabel, dann raus aus dem Geflügelhof und rein in die Welt. Genau darum geht es beim Venturecapital: mit T-Rex-Wetten Geld verdienen. So sind Google, Amazon, Facebook und Alibaba, aber auch Airbnb, Uber und viele andere entstanden.

Das Risikokapital ist der Kraftstoff dieser Entwicklung. Dabei sind besonders die großen, so gut wie ausschließlich US-amerikanischen Venturecapital-Fonds nur an Unternehmen mit Milliardenpotenzial interessiert. Kleinvieh macht nur Arbeit und hält einen von möglichen T-Rex-Unternehmen ab. Mehr denn je gilt das alte, aus *Jurassic Park* und *Godzilla* bekannte Prinzip »size matters«, »auf die Größe kommt es an«. Kurioserweise hat die Start-up-Welt dieses Prinzip jedoch nicht nach dem Tyrannosaurus Rex oder einem verstrahlten japanischen Tiefseemonster benannt, sondern nach einem Kinderzimmer-kompatiblen Fabelwesen: dem Einhorn. »Einhörner«, englisch »unicorns«, sind Start-ups, die mehr als eine Milliarde Dollar wert sind. Wenn man sie anfangs, solange sie noch klein sind, mit Venturecapital päppelt, kann eines von ihnen ruck, zuck riesengroß werden. Aus eigener Erfahrung weiß ich, dass das harte Arbeit ist, aber auch Spaß macht.

Ja, mir ist klar, in den Ohren von vielen Menschen klingt diese Venturecapital-Logik unsympathisch. Aber so entsteht nun einmal Fortschritt. Seine Logik muss man verstehen, wenn er auch bei uns stattfinden soll. Dass es dabei Fehlentwicklungen und Exzesse gibt, ist keine Frage. Und auch, dass man sie ansprechen muss.

Wagniskapital bedeutet: Der exponentielle Erfolg eines einzigen Unternehmens macht die Misserfolge aller anderen, in die man Geld gesteckt hat, mehr als wett. Je früher man als Investor einsteigt, desto größer ist das Verlustrisiko oder gar ein Totalausfall – aber desto höher auch die Chance auf die größte Wertsteigerung. Genau diese Abwägung spiegelt die Bewertung eines Unternehmens wider.

Ein Beispiel: Wer wie Peter Thiel gleich zu Beginn bei Facebook mit einer halben Million Dollar eingestiegen ist, bekommt am Ende mehr Milliarden raus als ein Investor wie Greylock, der zwar ein Vielfaches investiert hat, allerdings erst zu einem späteren Zeitpunkt, als Facebook schon viel höher bewertet war. Mit dem Investitionsrisiko nimmt also die Aussicht auf maximale Gewinne ab. Nur wer früh dran ist, geht mit »10x« raus, wie Wagniskapitalgeber das nennen, also mit dem Zehnfachen vom ursprünglichen Einsatz. Dabei heißt »Gewinn« im Venturecapital am Ende immer »Exit«, also Verkauf oder Börsengang. Nur so kann der Fonds seinen Geldgebern, den »Limited Partners«, nach Laufzeitende eines Fonds ihren Einsatz zurück- und obendrauf eine hohe Rendite zahlen.

Dem Datenanalyse-Dienst CB Insights zufolge sind weltweit 1000 Milliarden US-Dollar als Wagniskapital investiert. Das ist mehr als die jährliche Wirtschaftsleistung der Niederlande. Doch während man ungefähr weiß oder jedenfalls leicht rausfinden kann, was die Niederlande so wollen, planen und tun, weiß man kaum etwas über die Funktionsweise und Entscheidungsmechanismen des ominösen Risikokapitals. »Venturecapital«, das klingt ein bisschen nach Aliens von einem fremden Stern, die geheimnisvoll im Untergrund der Erde unsere Geschicke lenken. Will sagen: Venturecapital trifft wesentliche Vorentscheidungen über die Technologien unserer Zukunft, und im Venturecapital-Markt sind in den letzten Jahren die höchsten Renditen erzielt worden. Dennoch haben die meisten Menschen kaum davon gehört, geschweige denn davon profitiert.

Noch ein Zahlenbeispiel von CB Insights. Seit 2013 haben sich die sogenannten Unicorns – wie gesagt, Technologie-Start-ups mit einer derzeitigen Bewertung von mehr als einer Milliarde Dollar – mehr als verzehnfacht. Ende 2019 gab es rund 430 Einhörner auf der Welt. Als Start-ups mit Tyrannosaurus-Potenzial verbinden die Kapitalgeber mit ihnen die Hoffnungen auf absoluten Markterfolg, Monopol, Winner-takes-it-all-Erträge – und am Ende auf den zwanzig- oder gar fünfzigfachen Ertrag des Kapitaleinsatzes.

So funktioniert die Unicorn-Ökonomie: Starke Gründer bringen eine gute Idee zu ersten Markterfolgen, namhafte Wagniskapitalgeber werden darauf aufmerksam und investieren, andere ziehen nach, es kommt zur Selbstverstärkung. Investoren validieren das Unternehmen positiv, Presse und Social Media berichten, die besten Talente wollen beim Unternehmen arbeiten. Der ökonomische Sog wirkt jetzt auch psychologisch, immer mehr Kunden folgen. Klingt wie ein Märchen, darum heißt es ja auch »Einhorn«, funktioniert aber in der Wirklichkeit. Peter Thiel, ein mächtiger Unicorn-Macher, hat am 19. Juni 2018 in der *Weltwoche* festgestellt: »Technologie ist schwer messbar. Viel eher geht es um Dinge, die in Bewegung sind, um Geschichten.«

Ganz ähnlich argumentiert der Ökonom und Nobelpreisträger Robert J. Shiller in seinem Buch *Narrative Economics*. Populäre Storys, zeigt Shiller, haben Einfluss auf Volkswirtschaften, ihre Krisen- und Boom-Zeiten. Sie können sogar darüber entscheiden, ob sich Technologien durchsetzen oder nicht. Ein Narrativ kann sich derart selbst verstärken, dass es am Ende zur selbst erfüllenden Prophezeiung wird.

Venturecapital-Geber haben Macht. Sie prägen den Lauf der Welt. Sie bestimmen, welcher Technologie, welchem Team, welcher Firma und welchem Standort man eine Chance gibt – und wem nicht. Ihr Votum hat Signalwirkung. Risikokapitalgeber sind die Gatekeeper zur Zukunft.

Als solche haben sie Geld und Rat geliefert, um Google, Facebook, Airbnb und Hunderte andere Milliardenfirmen zu dem zu machen, was sie heute sind. Auch Travis Kalanick und Adam Neumann haben sie mit Geld überschüttet, weil sie sich sicher waren, dass Uber und WeWork das Zeug hatten, den Markt zu dominieren. Und sie haben die Wahrscheinlichkeit, dass es so kommen wird, gepusht, indem sie immer mehr Geld in Kalanicks und Neumanns Start-ups gepumpt haben. Das ist ja die Pointe dieses Geschäfts: Je mehr man in ein Start-up investiert, desto größer das Commitment und damit die Chance, dass man mit seiner Erfolgsprophezeiung richtiglag.

Der 100 Milliarden Dollar schwere Vision Fund des japanischen SoftBank-Konzerns hat dieses Prinzip auf die Spitze getrieben. Das ging allerdings nur kurze Zeit gut und dann, 2019, mit dem Börsenabsturz von WeWork so richtig in die Hose, der Uber-Börsengang war da auch schon nicht so gut gelaufen.

Apropos Uber. Wie die digitale Ökonomie funktioniert, begreift man bei einem Blick in die Geschäftszahlen. Im Geschäftsjahr vor dem Börsengang 2019 hat Uber einen Verlust gemacht, der mehr als 10 Prozent des Umsatzes betrug. Das ist gigantisch, relativ wie absolut. Jeden Tag rauschten bei Uber 10 Millionen Euro in den Gully. Und dennoch: Die Unternehmensbewertung vor dem Börsengang betrug 80 Milliarden Dollar. Zum Vergleich: BMW hat zur selben Zeit Milliardengewinne gemacht, war aber nur gut 50 Milliarden wert.

Jetzt mal eine Rechnung. Wenn die Bayerischen Motorenwerke wie Uber kalkulieren würden, könnten sie auf rund 2000 Euro Gewinn pro Auto verzichten und dazu noch einmal 4000 Verlust pro Auto in Kauf nehmen, das wären dann 6000 Euro Rabatt pro Wagen, die sie ihrer Kundschaft geben könnten. Das würde den Absatz von BMW ganz schön anschieben! Sollte BMW also wie Uber kalkulieren? Natürlich nicht. Die Investoren würden durchdrehen, und der Börsenkurs würde ins Bodenlose stürzen.

Warum? Ganz einfach: BMW ist nicht Uber, Old Economy ist nicht Plattformökonomie, und die Autoindustrie ist kein Winner-takes-it-all-Markt. Das ist der Unterschied. Wer Uber hat, hat die Chance auf den ganzen Markt. BMW, Mercedes, VW oder Toyota können so viel Rabatte geben, wie sie wollen, sie werden ein Anbieter unter mehreren bleiben.

Alte Industrie und neue digitale Logik. Was entsteht aus ihrem Zusammenstoß? Für viele Beschäftigte nichts Gutes, fürchte ich. 130 000 Mitarbeiter hat BMW, Uber wenige Tausend. Bei BMW werden Autos produziert, bei Uber durch Daten vermittelt – »Software is eating the world«, hat das Andreessen Horowitz zugespitzt, einer der mächtigsten Venturecapital-Geber der Welt. Krass: Im Sommer 2019 waren Microsoft und Amazon zusammen mehr wert als alle in Deutschland börsengehandelten Unternehmen.

Die Folgen für die nahe Zukunft zeichnen sich heute schon ab. In jedem Unternehmen werden die Begabtesten und Besten gehen, um den großen Investoren zu den mächtigsten Digitalunternehmen zu folgen. Das sind die Firmen mit den höchsten Gehältern und den besten Renditen. Allerdings brauchen sie nur sehr wenige Mitarbeiter. Der Kampf um die Honigtöpfe wird also immer härter. Ein Beispiel: Schon heute verdient ein Geschäftsführer eines deutschen Mittelständlers im Durchschnitt weniger als ein einfacher Produktmanager ohne Teamverantwortung bei Google in Mountain View.

Früher finanzierten die Industrie- und Mittelstandsunternehmen mit ihren vielen Angestellten den Sozialstaat. Die deutsche Politik scheint zu glauben, das würde immer so bleiben, jedenfalls hält sie am alten Denken fest. Tatsächlich sieht die Welt heute schon anders aus. Heute produzieren immer weniger Arbeitsplätze immer mehr digitale Datendienstleistungen – und damit die höchsten Renditen. Zugleich zahlen die meisten dieser Unternehmen in Deutschland keine Steuern.

Stichwort Renditen. Heute beschweren sich ja viele sparende Normalverdiener über Nullzinsen. Die sind in der Tat ein Problem, wenn man nicht gerade einen Kredit aufgenommen hat – dann sind Nullzinsen natürlich prima. Das eigentliche Problem aber ist ein anderes. Kein Otto Normalverbraucher, wie man im Nachkriegsdeutschland so sagte, hat überhaupt Zugang zur renditestärksten Anlageklasse der letzten Jahre, dem Wagniskapital für Disruptionsgewinner. Normalos können nämlich erst nach dem Börsengang in Start-ups investieren, und da sind die großen Sprünge meist schon gemacht, die Gewinne abgegriffen. Das ist ein struktureller Nachteil für kleine Privatinvestoren. Außerdem kommen die digitalen Stars immer später an die Börse, die Wagniskapital-Farm ist heute einfach angenehmer als das rutschige Börsenparkett.

Während die Kleinanleger in die Röhre gucken, schlägt sich die Old Economy mit der digitalen Disruption herum. Damit man nicht auch noch unter hässlichen Wörtern leidet, nennt man sie euphemistisch »Digitale Transformation«. Das hört sich wenigstens ein bisschen so an, als hätten wir eine Herausforderung angenommen und sie schon deshalb ein kleines bisschen im Griff. Verjüngen wir doch unsere alten CEOs! Ziehen wir ihnen die Krawatte vom Hals und weiße Turnschuhe an die Füße, dann wird man sie schon zu hippen Tech-Konferenzen einladen.

Zugleich entsteht auf den Straßen ein neues Arbeitsprekariat. Es sind die »Juicer«, »Charger« und »Fleet Supporters«, wie auch immer sie heißen, die nachts als Scheinselbstständige sozialversicherungsfrei Elektroscooter einsammeln und wieder aufladen.

Der Online-Essenslieferdienst Deliveroo bezahlte seine mehr als tausend freiberuflichen Fahrer als »Clickworker« auf Basis einzelner Aufträge, für die sie sich jedes Mal neu online bewerben mussten. Als das Deliveroo-Team Türkis im August 2019 aus Deutschland verschwand, bot es seinen Fahrern eine Entschädigung für ein paar Arbeitstage an. Das war's dann, so viel zum Thema »Kündigungsschutz«.

Der Arbeitsmarkt der Zukunft wird sich so polarisieren, wie die Mitarbeiterschaft der erfolgreichsten Tech-Unternehmen heute schon polarisiert ist: hier die Amazon-Programmiererin, dort der Amazon-Lagerarbeiter ohne anständigen Tarifvertrag, hier der Facebook-Produktmanager, dort die schlecht bezahlte Faktencheckerin.

Schöne neue Welt? Kein Wunder, dass die meisten von uns an der alten hängen. Nicht nur die CEOs der Old Economy, sondern auch die Mitarbeiter verteidigen ihre guten alten Erlösstrukturen, ihre Produkte und Prozesse, ihre Kultur. All das war doch immer Grundlage für den Erfolg, für persönlichen Aufstieg und die eigene kulturelle Selbstsicherheit. Wie letzten Winter mein Vermieter meinte, als nach einem Vierteljahrhundert die Heizung ihren Geist aufgegeben hatte: Die kann doch nicht kaputt sein. Die hat doch fünfundzwanzig Jahre funktioniert.

Kaputte Heizungen in Mietwohnungen, Old Economy, Klimawandel und Sexismus haben eines gemeinsam: Sie alle brauchen Druck von außen, damit sich was tut. Ohne diesen Druck ändert sich an der Selbstgewissheit und Gemütlichkeit der Etablierten nichts. Aber klar: Das Neue kommt von den Neuen, nicht von den Alten.

Dabei spielt, Altersdiskriminierung hin oder her, das Alter eine zentrale Rolle. Irgendwann kennen wir uns selbst zu lange als Erfolgsmodell, um daran zu zweifeln, ob wir es noch sind.

Psychologisch wie statistisch tut sich ein Mann über fünfzig mit sechsstelligem Einkommen, Sportwagen und Mallorca-Wochenend-Routine schwerer, den Klimawandel anzuerkennen, als ein weiblicher Teenager, der jeden Tag mit dem Fahrrad zur Schule fährt. Das gilt auch, wenn die Faktenlage für beide gleichermaßen evident ist. Es ist einfach hart, sich einzugestehen, dass plötzlich ein Lebenswandel falsch und reaktionär sein soll, der bis vor Kurzem noch richtig und chic war. So ging es vor den Klimawandel-Leugnern schon dem Adel, den Rassisten und den Frauenunterdrückern. Alte Weisheit: Irren ist menschlich, aber wer irrt, liegt trotzdem falsch.

Und das ist schlecht, nicht nur für uns Deutsche. Denn so wie es den Alten und der alten Industrie geht, so geht es dem ganzen Kontinent »Old Europe«. Von den 430 Unicorns sind nach dem Brexit nur fünfundzwanzig in der EU angesiedelt. Von den zehn wichtigsten und einflussreichsten Venturecapital-Fonds, die unsere Welt von morgen prägen, kommt keiner aus der EU. Woran liegt das?

Abgesehen von unserer fehlenden Wagnis- und Wagniskapitalkultur ist das vielleicht größte Problem: Wir haben keinen homogenen europäischen Markt. In den USA oder China bewegen sich Tech-Start-ups auf einem großen, einheitlichen und digital-affinen Heimatmarkt ohne Sprachbarrieren. Europäische Start-ups hingegen sitzen hinter dem Glas ihrer nationalen Terrarien. Wer hier wächst, gerät sofort an Grenzen. Deren Überwindung kostet Zeit und Kapital, das bringt Nachteile im Wettbewerb um Wagniskapital.

Für US-amerikanische Tech-Unternehmen reicht es, schnell genug im Heimatmarkt zu wachsen, um Marktführer in der ganzen Welt zu werden. Internationale Zukäufe zementieren dann die globale Dominanz. Chinesische Tech-Unternehmen wie

Tencent wiederum konzentrieren sich momentan noch auf ihren riesigen Heimatmarkt, werden aber bald schon mehr und mehr international zukaufen.

Besonders stark ist China heute in der wichtigsten Zukunftstechnologie, der künstlichen Intelligenz. KI ist, vereinfacht gesagt, eine dynamisch selbstlernende Maschine, die aus einem vorliegenden Datensatz Muster ableitet und damit Voraussagen für die Zukunft erlaubt. Je mehr Daten, desto besser. Schließlich lernt die Maschine auch, sich selbst zu optimieren. Beim klassischen Computer ging es noch ums »Rechnen«, das »computing«. Jetzt geht es um intelligentes Immer-weiter-Lernen. Der israelische Historiker Yuval Noah Harari, einer der bedeutendsten Zukunftsdenker der Gegenwart, sieht in KI das Potenzial göttlicher Allmacht und hält sie deshalb für eine der größten Gefahren der Menschheit.

Europa hat ein strukturelles Problem bei Tech-Unternehmen, deren Erfolg von Netzwerkeffekten und einer kritischen Verbreitungsmasse abhängt, wie es sie im riesigen China gibt. Tech-Unternehmen brauchen große Heimatmärkte und hohe Mengen an Wagniskapital, sonst schaffen sie es nie bis zur kritischen Größe. Sicher, es gibt auch erfolgreiche europäische Digitalunternehmen, den schwedischen Musikdienst Spotify zum Beispiel. Nur: Spotify ist ein Musikstreamingdienst, und die einzelnen Kunden machen den Dienst nicht unmittelbar besser oder schlechter für die anderen Kunden. Das ist bei Facebook, Airbnb oder Uber anders. Ihre Geschäftsmodelle basieren auf Netzwerkeffekten, und gerade solche sind bislang in Europa nicht entstanden. Der US-amerikanische Anteil am Wert der hundert größten Digitalplattformen der Welt ist mehr als fünfzehnmal so groß wie der ganz Europas, der Anteil Asiens ist mehr als sechsmal so groß.

Wir freuen uns über Robotik-Erfolge und elektronisch betriebene Fluggeräte, Lilium etwa – ist ja auch toll, so ein Lufttaxi-Hopser von München zum Wilden Kaiser. Bleibt aber das Problem: Nicht in Europa, sondern auf anderen Märkten entstehen die digitalen Plattformen, die heute die Welt antreiben und prägen. Robotik und andere intelligente Hardware sind dann nur das Inventar auf diesen Plattformen. Genau betrachtet, sind sie inkrementeller Ingenieurfleiß im neuen digitalen Gewand – sehr innovativ, aber inkrementell.

So wichtig globale Netzwerk- und Selbstverstärkungseffekte für die digitale Ökonomie sind, es gibt auch lokale: nämlich im Silicon Valley. Hier treffen sich Gründer, Kapital- und Ideengeber im Coffeeshop. Die Mehrheit der weltweit renommiertesten Wagniskapitalgeber sitzt hier, und deshalb ist hier ausnahmsweise einmal die analoge Nähe ein absoluter Erfolgsfaktor für digitale Ökosysteme. Facebook fand Instagram und WhatsApp direkt *around the corner* und kaufte sie. Natürlich hilft Gründern bei der schnellen Verbreitung ihrer App auch der persönliche Kontakt zu den Gatekeepern von App Store und Google Play. Dieser Selbstverstärkungs-Buzz zieht wiederum die größten Talente der Top-Unis in die Tech-Industrie. Die sucht nicht BWLer, sondern vor allem die besten Absolventen aus den Naturwissenschaften.

So einzigartig ist das Ökosystem des Silicon Valley, dass es sich nicht kopieren und nicht verpflanzen lässt. Unangefochten steht es heute global am oberen Ende der ökonomischen Nahrungskette, und das industrieübergreifend. Silicon Valley ist über Jahrzehnte gewachsen, sein Wechselspiel aus herausragenden, miteinander vernetzten Gründern, ihren Erfolgen, Unmengen an Wagniskapital und den hungrigen Top-Talenten, die dauernd nachkommen, ist einzigartig. Da kann heute nur China mithalten, weil sein riesiger homogener Markt durch den Protektionismus der chinesischen Regierung das größte ökonomische Terrarium der Welt in ein gigantisches Reservat verwandelt hat. Das macht die Einhörner, die hier grasen, so stark, dass sie auch am Weltmarkt bestehen, ja, ihn in vielen Fällen schon dominieren.

Seien wir einmal optimistisch und stellen uns vor, wie Europa aufholt: Mehr internationales Wagniskapital fließt in europäische Start-ups, weil sich mehr etablierte Gründer und junge Naturwissenschaftler an echte Moonshot-Vorhaben trauen, also mutige Projekte mit potenziell globalem Impact. Dadurch finden sie Investoren, die radikal disruptive Gründungen massiv mit Kapital unterstützen. Das ist eine Utopie. Gut so: Wenn man nach ersten positiven Anzeichen sucht, dann findet man sie schon. Aber eine Aufholjagd, die uns ins Rennen mit Silicon Valley und China bringt, hat noch nicht begonnen.

Zwei große Herausforderungen bleiben. Erstens: Wie stellen wir strukturelle Wettbewerbsfähigkeit für die dringend benötigten Gründungen her, damit unsere europäischen Start-ups schnell die kritische Marktgröße erreichen und mit anderen Winner-takes-it-all-Applikationen mithalten können, wie sie heute fast immer aus den USA oder China kommen? Zweitens: Wie stopfen wir den Abfluss durch die Exit-Kanäle? Das Problem ist nämlich: Solange nur amerikanische Tech-Unternehmen – hauptsächlich GAFA, aber auch Microsoft, Intel, PayPal und andere – die Größe und damit das Geld haben, hoffnungsvolle Start-ups aufzukaufen, bleibt Europa bloß Zulieferindustrie für das Silicon Valley. Und natürlich Absatzmarkt. Doch um europäische Unicorns hier zu behalten, kommt die alte Industrie Europas nicht infrage, dazu fehlt ihr ganz einfach das Geld. Und neue europäische Technologie-Unternehmen von globalem Gewicht und mit dem Geld für Unicorn-Käufe gibt es bisher nicht, mit einer einzigen Ausnahme: SAP.

Ich habe den Unicorn-Ausverkauf selbst erlebt, beim schwedischen Mobile Payment Start-up iZettle. Die Firma hatte eine App und ein Kartenlesegerät fürs Smartphone entwickelt und damit die Kartenzahlungen für kleine Unternehmen vereinfacht. Im Frühjahr 2018 planten die Gründer den Börsengang mit Milliardenbewertung. Die Idee dabei war auch, iZettle unabhängig zu halten. Wenige Tage vor dem geplanten Börsengang bot PayPal 2,2 Milliarden Dollar in Cash, das waren über 50 Prozent mehr als die geplante Marktkapitalisierung an der Börse. Da wurde die Mehrheit der Aktionäre schwach und gab dem lukrativen Angebot nach. Wieder wurde ein europäischer Hoffnungsträger von einem US-Hyperunternehmen übernommen.

Europa geht es heute mit dem Silicon Valley wie den Kretern mit dem Minotaurus. Der war so etwas wie ein mythologischer T-Rex, jedenfalls fraß er den Kretern regelmäßig die schönsten Mädchen und die prächtigsten Knaben weg, soll heißen: Er fraß ihre Einhörner. Nun will ich nicht vorschlagen, dass wir das Silicon Valley erschlagen wie Theseus den Minotaurus. Aber wir sollten damit aufhören, unsere Einhörner anderen in den Rachen zu werfen.

Was tun? Zunächst einmal müssen wir begreifen, welche Rolle die Technologie-Unternehmen schon heute spielen. Sie sind nicht nur ökonomisch, sondern mittlerweile vor allem geopolitisch mächtige Player. Dazu kommt noch der Einfluss über ihre Soft Power, wie der amerikanische Politologe Joseph Nye das genannt hat, ihre kulturelle Bedeutung, die Macht ihrer Applikationen, Regeln und Icons, der Silicon-Valley-Einfluss auf Mode und Zeitgeist. Am Ende summieren sich all diese Einflüsse zu einer politischen Macht, wie wir sie bisher nur von Staaten oder supranationalen Organisationen kannten.

Und diese Macht lässt sich missbrauchen. So hat der Whistleblower Edward Snowden aufgedeckt, wie der US-amerikanische Geheimdienst NSA systematisch Dropbox, WhatsApp und andere Applikationen gefiltert und ausspioniert hat, wie sich Agenten über private Webcams ins Leben von verdächtigen Bürgern hineingehackt haben – und genauso ins Leben von überhaupt nicht verdächtigen Bürgern und Bürgerinnen, weil sie einfach nur besonders hübsch waren. Vergessen wir also Snowden und die anderen Whistleblower nicht, sie sind Helden unserer Zeit.

Erinnern sollten wir uns auch daran, dass staatliche russische Trollfabriken 2016 über Facebook Einfluss auf die Wahlen der wichtigsten, jedenfalls mächtigsten Demokratie der Welt genommen haben. Das haben US-amerikanische Geheimdienste so klar nachgewiesen, dass sich der zuletzt prinzipiell zerstrittene Kongress darüber ausnahmsweise einmal einig war.

In Deutschland diskutieren wir, welche Gefahren drohen, wenn der chinesische Konzern Huawei die deutschen 5G-Netze aufbaut. Glaubt irgendjemand ernsthaft, »Sicherheitsgarantien« könnten uns vor Spionage und Manipulation schützen?

Es ist bizarr. Wir denken darüber nach, uns chinesische Technologie ins Land zu holen und damit eine technologische Infrastruktur aufzubauen, die wie keine andere zur Überwachung der Menschen geeignet ist. Dabei nutzt China heute schon seine Marktgröße, um systematisch alle seine Bürger auszuspionieren – George Orwells Totalüberwachungs-Szenario in seinem Roman *1984* wirkt im Vergleich dazu fast harmlos. Die Markt- und Überwachungsmacht nutzen die Chinesen in ihrem Land, um ihren Forschungs- und Technologievorsprung in der künstlichen Intelligenz weiter auszubauen. Denn auch hier kommt es auf eine kritische Größe an: Je mehr vergleichbare Daten man hat, desto besser. China fragt seine Bürger nicht, ob sie mit sich experimentieren lassen wollen. Fatalerweise verhilft so die autoritäre Gleichschaltung dem Staat China zur Datenhoheit der Zukunft.

Die Zeiten sind nicht rosig für Europa. Erst schauen wir dabei zu, wie die Tech-Industrie unsere Old Economy hinter sich lässt, ohne deren Stärke wir unseren lieb gewonnenen Sozialstaat nicht mehr finanzieren können. Dann lassen wir es auch noch zu, dass unsere eigene Start-up-Industrie ungewollt den Plattformgiganten im Ausland als Zulieferer zuarbeitet, während ihnen ganz Europa willig als Absatzmarkt dient, aber dafür nicht einmal Steuern bekommt. Irgendwie schauen wir gleich mehrfach in die Röhre.

Das müssen wir ändern. Europa muss raus aus seiner selbst verschuldeten digitalen Unmündigkeit.

5 NUTELLA-DEUTSCHLAND IST VORBEI

Die gute alte Nachkriegszeit! Kein Wunder, dass wir Deutschen so nostalgisch daran hängen. Ökonomisch waren die Jahre nach 1945 für die überwiegende Mehrheit in Westdeutschland eine Erfolgsgeschichte sondergleichen, Stichwort Wirtschaftswunder. Rente und Zukunft waren sicher, das galt auch für die Menschen im Osten. Politisch war die Nachkriegszeit der denkbar größte Kontrast zu den Jahren im Nationalsozialismus: Sühne und Entlastung zugleich. Unter der Vormundschaft der Alliierten lebte es sich bequem, im Westen sogar sehr angenehm.

Technologisch sind die Veränderungen im Nachkriegsdeutschland bis in die Nullerjahre hinein inkrementell. Schritt für Schritt werden die Vorkriegserfindungen verbessert: der Käfer bei VW, der Staubsauger bei Miele, die Tonbandkassetten bei AEG, die Schmalfilmkamera bei Agfa. Die deutschen Ingenieure folgen derselben »Politik der kleinen Schritte« wie Willy Brandt gegenüber den Sowjets. Aller Verdrängung zum Trotz erinnern sich die Deutschen nur zu gut daran, wie ihre größenwahnsinnigen Führer-Visionen die Welt ins Verderben geführt hatten. »Wer Visionen hat, sollte zum Arzt gehen«, schnoddert Helmut Schmidt, und die Ingenieure fummeln am Feintuning unterm Karrosserieblech. Knautschzone, Airbag, ABS, ausfahrbarer Überrollbügel im Cabrio, Turbodiesel: Die Motor-Kutsche wird immer besser.

Nach der Katastrophe des Krieges sehnt man sich nach Harmonie und, so nannte das der Wirtschaftswunder-Kanzler Ludwig Erhard, »Wohlstand für alle«. Also wird die VW-Käfer-Produktion immer weiter hochgefahren. Das ist die Economy of Scale, das ökonomische Prinzip der Industrialisierung schlechthin. Es gilt: Doppelt so viel ist doppelt so gut. Wer auf dem Automarkt Nischen bedient, merkt schnell, dass alle den Käfer, später den Golf oder den Kadett haben wollen. Gemeinsam tun die Deutschen das Gleiche, gemeinsam wünschen sie sich das Gleiche, und gemeinsam konsumieren sie das Gleiche. Solcher Gemeinsinn schafft Stabilität und Geborgenheit. Die Mitte der Gesellschaft ist breit und langweilig. Heute würde man sagen: läuft. Keine Disruption in Sicht im Wirtschaftswunderland, nirgends.

So inkrementell, wie die Autoverbesserung vorangetrieben wird, empfindet man in den Siebzigern bei VW schon den Wechsel vom kugeligen heckangetriebenen Käfer zum schachteligen frontangetriebenen Golf als revolutionäres Risiko.

Jeder wird wertgeschätzt im Wirtschaftswunder-Deutschland, jeder wird gebraucht, und jeder spürt die Wirksamkeit der eigenen Arbeitskraft. Weil es davon zu wenig gibt im Westen, ruft man schließlich sogar die Türken zu Hilfe. Die Gewerkschaften verfolgen eine Agenda von Produktivität, Ausgleich, Kontinuität und Sicherheit. Steigt die Produktivität, klopfen sich auch die Gewerkschafter auf die Schulter. Seit den Siebzigern gibt es die paritätische Mitbestimmung. Geradezu denkwürdig: Arbeitnehmervertreter sitzen in Aufsichtsräten und halten gemeinsam mit den Bossen die Deutschland AG auf Kurs. Auch beim Wohnen sieht man die Nähe von Kapital und Staatsdienern. In den Siedlungen der Siebziger- und Achtzigerjahre wohnen – ganz nivellierte Mittelstandsgesellschaft – Manager und Postbeamte im Reihenhaus wohlig Tür an Tür.

Nicht einmal für SPD-Wähler verspricht der reale Sozialismus eine bessere Welt. In der DDR gibt es kein Nutella, keinen Orangensaft zum Frühstück und keine Autos, die es über den Brenner nach Italien schaffen. Oder schaffen würden, wenn sie denn dürften.

Von der heute viel diskutierten Wohlstandsschere ist damals keine Rede. Aufstieg für alle!, heißt das Versprechen. Klappt zwar nicht immer, aber die Aufstiegsdurchlässigkeit der Gesellschaft ist so hoch wie nie – höher auch, als sie heute ist. Es geht weiter, immer nach oben, um die Zukunft macht man sich keine Sorgen, die Zeit der Angst hat man hinter sich gelassen.

Die Generation der in den 1940er-Jahren geborenen Politiker verkörpert dieses Aufstiegswunder. Gerhard Schröder: Mutter Trümmerfrau, Vater Hilfsarbeiter und im Krieg gefallen, der Halbbruder ist Kanalarbeiter. Einzelhandelslehre im Porzellangeschäft, Jurastudium, erst am Tor des Kanzleramts gerüttelt, dann reingekommen. Franz Müntefering: Bauernsohn und gelernter Industriekaufmann. Horst Seehofer: Vater Lkw-Fahrer, Lehre als Amtsbote – in den Sechzigerjahren gab es ja noch kein Fax –, Durchmarsch von Besoldungsgruppe A1 bis in die Staatskanzlei.

Die Politiker von heute sind häufig die Kinder dieser Aufsteiger. Christian Lindner: Lehrersohn, Politikstudium in Bonn, Porschefahrer, Jagdschein. Robert Habeck: Apothekersohn, Doktorarbeit über die »gattungstheoretische Begründung literarischer Ästhetizität«. Annalena Baerbock: Tochter von Anti-Atomkraft-demonstrierenden Eltern, Schüleraustauschjahr in Florida, Studium an der London School of Economics. Und Kevin Kühnert ist Beamtensohn, sein Studium »ruht«.

Der hohen gesellschaftlichen Karriere-Durchlässigkeit der Nachkriegszeit entspricht ihr Bildungsegalitarismus. Reiche und nicht-so-reiche Kinder gehen auf dieselben Schulen, über Eltern-einkommensgrenzen hinweg herrscht Harmonie. Kinder auf Privatschulen sind selten und haben Eltern mit Geld, aber in der öffentlichen Wahrnehmung auch immer ein Lernproblem. Und als Nicht-Konforme sind sie nicht privilegiert, sondern bemitleidenswert, da ist die normierte Mittelstandsgesellschaft streng. So ändern sich die Zeiten: Früher war jede Sonderbegabung eine Behinderung, heute ist jede Störung eine Hochbegabung.

Die Meister-Proper-Gesellschaft, die ihren semmelblonden Kindern morgens um halb zehn Knoppers oder Milchschnitte zusteckt, gibt es heute nicht mehr. In den staatlichen Kitas tragen die Erzieherinnen heute auch Kopftuch, Privat-Kitas und -Schulen sind ein Distinktionsmerkmal der oberen urbanen Mittelschicht. Man sendet zwar gern symbolisch progressive Signale aus, Elektro-Lastenräder zum Beispiel, bleibt aber dennoch gerne unter sich. Geflüchtete in Maßen sind okay, vor allem wenn sie Ärzte sind, zu biodeutschen Prolls hält man Abstand. Aber klar, dass man die Kinder in der Schule für die AG »Diversity« einträgt, vielleicht springt dabei ja am Ende ein Praktikum in Singapur raus – das »Gap Year« kommt bestimmt.

Was in der Persil-bleibt-Persil-Nachkriegszeit die Arbeitnehmermitbestimmung für die Unternehmen ist, sind Union und SPD für die Politik. Die Volksparteien schaffen Partizipationsangebote. Auf der einen Seite konservativ, katholisch, bürgerlich: Adenauer, Strauß und Kohl. Auf der anderen Seite progressiv, protestantisch, gewerkschaftlich: Brandt, Schmidt und Wehner. Die Regierungsmehrheit ist, grob gesagt, da, wo die FDP ist. Sie entscheidet nach Zeitgeist und Gusto, ob ihr der gesellschaftliche Aufbruch mit SPD oder die marktwirtschaftliche Kontinuität mit Union wichtiger ist. So geschieht es 1982, als Genscher von Schmidt zu Kohl überläuft.

Beide Volksparteien zielen auf die Mitte. Hier, heißt es, werden die Wahlen gewonnen. Gleichzeitig fischt man am Rand: Union und FDP nehmen rechts Trachtenfetischisten, Königstreue und Altnazis mit, die SPD links Sowjet-Utopisten und Molotow-Fans. Wie happy sind die Extremisten, dass sie abgeholt werden! Denn ohne Social Media ist man als politischer Sonderling und Radikaler im Nachkriegsdeutschland ziemlich allein mit seinen gestrigen Impulsen, das Kriegsgefangenentreffen einmal im Jahr ist da kein großer Trost. Analog isoliert, wie die BRD-Extremisten sind, behalten sie ihre dummen Gedanken ganz überwiegend für sich. Allenfalls am Stammtisch lassen sie die mal raus, aber da sind alle besoffen, und niemand beschwert sich. In der DDR muss man ohnehin vieles für sich behalten.

Zwar kracht es immer mal wieder im Bonner Bundestag, dennoch herrscht im Großen und Ganzen politische Harmonie – wie auch an der gesellschaftlichen Oberfläche. So weit die Protagonisten des Politbetriebs weltanschaulich auseinanderliegen mögen, so ähnlich sind sie sich habituell: weiß, männlich, alkoholresilient, kriegserfahren und heterosexuell – offiziell zumindest.

So viel Gemeinsamkeit schweißt zusammen. Das wiederum wünschen sich die Alliierten, und genau so haben es die Deutschen hingekriegt: auf der einen Seite durch das Proporzdenken und den Nie-wieder-Krieg-Konsens der jungen Bundesrepublik, auf der anderen Seite durch die Altnazi-Integration der sich zu diesem Zweck blind stellenden Parteien. Die von den Alliierten geförderten Medien wie *Spiegel* und *ZEIT* helfen dabei mit. So willig, wie die meisten von ihnen neulich noch Hitler folgten, lassen sich die Deutschen jetzt zu Friedfertigkeit und offener Gesellschaft erziehen. Wie dünn allerdings dieser zivilisatorische Firnis ist, zeigt sich Ende der Sechzigerjahre, als mächtige Medienlenker und nicht-ganz-so-mächtige Uni-Astas die Harmonie durchbrechen und sich gegenseitig hochschaukeln. Springers *Bild*-Zeitung hetzt gegen Rudi Dutschke, ein Kommunistenhasser schießt auf ihn. Linke sympathisieren hunderttausendfach mit den Mördern von RAF und PLO, der damals noch zukünftige Bundesaußenminister Joseph Fischer trägt Helm und schmeißt in Frankfurt Pflastersteine auf Polizisten.

In den USA erschüttern die Bürgerrechtsbewegung der Schwarzen, die Achtundsechziger-Hippies und der Vietnam-Protest die alte Ordnung. Doch sie dringen nicht durch. Innerhalb eines halben Jahrzehnts werden die drei Hoffnungsträger John F. Kennedy, Martin Luther King und Robert Kennedy ermordet. Erst in den Achtzigern, unter Ronald Reagan, strahlt und strotzt das stolze Amerika wieder vor Kraft, Helmut Schmidt rüstet in Deutschland Pershing-Atomraketen nach. Die globale binäre Ordnung hält, zum Glück. Denn wie schon in der Kubakrise 1962 kommt es in Reagans Amtszeit um ein Haar zum Atomkrieg mit der Sowjetunion – wer *Deutschland 83* geschaut hat, hat durch diese Serie eine Vorstellung davon bekommen. Am Ende ringen die afghanischen Taliban mit Amerikas Hilfe den Kommunismus nieder. Zwei Jahre nachdem Reagan dem sowjetischen Generalsekretär Michael Gorbatschow »Tear down this wall« zugerufen hat, fällt die Mauer. Neue Zeiten beginnen.

Bis dahin war die Nachkriegswelt übersichtlich, binär und gerade deshalb stabil. Binarität ist doch was Feines! Die Einfachheit spricht für sie. Zweiteilung ist gleich nach der totalen gleichgeschalteten Homogenität die zweitschlichteste Ordnung. Überhaupt, könnte man sagen, sind Ausgleich und Schlichtung das Motto der Nachkriegszeit – Stabilität durch binäres Gleichgewicht. In Deutschland entscheidet man sich für oder gegen Brandts Entspannungspolitik, für die Union oder die SPD, West oder Ost, Kapitalismus oder Sozialismus, Arbeitgeber- oder

Arbeitnehmerseite, *Tagesschau* oder *heute*, ARD oder ZDF, *Bild* oder *Spiegel*. Man ist Mann oder Frau und weiß genau, wo man hingehört, national und geopolitisch. Klar, es gibt den Ost-West-Konflikt und den Eisernen Vorhang. Aber der trennt nicht nur die Welt in zwei Teile, sondern hält sie auch zusammen. Das zeigt sich, als nach 1989 eine neue Unübersichtlichkeit das alte Blockdenken ablöst: Die Sowjetunion und Jugoslawien zerfallen, es entstehen Kriege entlang religiöser und ethnischer Grenzen. Der Politologe Francis Fukuyama wollte das Anfang der Neunzigerjahre als einen welthistorischen Sieg der USA verstehen und rief, aus heutiger Sicht überheblich und naiv, das »Ende der Geschichte« aus. Wäre es doch so gewesen! Die Welt hätte auch das Ende ihrer großen Konflikte gesehen. War natürlich nicht so, war ein Irrtum.

Wie kompliziert unsere Welt heute ist, zeigt schon der Blick auf die Geschlechterfrage. Einen strikten Binarismus von Mann und Frau verteidigen heute in Europa nur noch die Gestrigen oder Politiker_innen, die in der Karnevalsbütt zeigen wollen, dass sie stramm konservativ sind. Ende 2018 hat der Bundestag beschlossen, dass man und frau sich ein drittes Geschlecht in den Pass eintragen lassen kann. Oder auch gar keines. Aus den USA kommen die Unisex-Toiletten zu uns herüber, und wer politisch korrekt ist, sagt nicht mehr »schwul«, sondern »el dʒi: bi: ti: 'kju: plʌs«: LGBTQ+, gesprochen *el-ji-bi-ti-kju-plas*, steht für »Lesbian, Gay, Bisexual, Transgender, Queer, Plus«. Begriffliche Ausdifferenzierung soll heute Minderheiten repräsentieren und Gerechtigkeit schaffen. Das tut sie auch, verwirrt aber zugleich diejenigen, die mit so viel Uneindeutigkeit nicht zurechtkommen. Sie trauern einer Welt hinterher, in der die Begriffe klar und eindeutig waren, in der sich alles nach dem Yin-Yang-Muster ordnen ließ: also nach Gegensätzen, die sich so gern haben, dass sie sich umarmen und eine runde heile Einheit bilden. Noch

Brandts auf die Wiedervereinigung Berlins gemünzter Satz »Es wächst zusammen, was zusammengehört« bringt dieses binäre und zugleich integrative Denken zum Ausdruck.

Unser heutiges Denken ist nicht mehr binär und nicht mehr integrativ. Wir zersplittern einfache Begriffe in komplizierte Unterbegriffe. Wir zerschlagen eine konsensuelle Gesellschaft in unüberschaubar viele, untereinander zerstrittene Stämme. Auto-, Rad- und E-Roller-Fahrer. Discounterfleischesser, Biofleischesser, Kein-Fleisch-aber-Milch-und-Ei-und-manchmal-auch-Fisch-Flexitarier und Veganer. Die Begriffe »Fleischesser« und »Vegetarier«, früher als Synonyme für »Normalos« und »körnerfressende Spinner« völlig ausreichend, sind heute hoffnungslos unterkomplex.

Komplizierte Welt! Früher konnte noch, wie die CSU die Nazis, der Cesar Salad die Fleischesser integrieren. Heute wollen wir einen Cesar Salad, aber statt Croûtons (Gluten!) Pinienkerne und statt Chicken (Fleisch!) Tofu. Früher konnte noch, wie die SPD die Kommunisten, der Milchkaffee die Vegetarier integrieren. Heute wollen wir einen veganen Milchkaffee, nicht mit Kuhmilch (Laktose!) und nicht mit Sojamilch (Regenwald!), sondern mit Mandelmilch. Und wenn wir uns endlich ans Insektenessen gewöhnen, gibt es demnächst auch Madenmilch. Weil: superviele Proteine, ganz wenig CO_2, zero Laktose. O Zeiten, o Sitten! Wir Progressiven sind weltanschaulich so tolerant wie noch nie, haben aber Intoleranzen gegen Gluten und Laktose. Dabei wollen wir doch tolerant sein!

Auch die Medienlandschaft der Nachkriegszeit spiegelt die große binäre Ordnung. Es gibt Zeitungen und Zeitschriften auf der einen Seite, auf der anderen den Rundfunk, also Radio und Fernsehen. Bei der Presse hält sich das konservative Springer-Reich die Waage mit den linksliberalen Blättern *Spiegel, ZEIT* und *Stern* von Augstein, Bucerius und Nannen. Und praktischerweise spielt sich alles in Hamburg ab, im Juli geht man geschlossen nach Sylt. Klare Struktur, eindeutiger Ort! Und das Ganze natürlich männlich dominiert. Die *Bravo* hat den Doktor Sommer, die *ZEIT* den Theo Sommer, Frauen sind selbst bei den links-progressiven Eliten unerwünscht. Eine Ausnahme ist die sportwagenfahrende, herrenreiterhafte »Die Gräfin«-Dönhoff. Für ihren romantischen Ostpreußen-Adel nimmt die *ZEIT* sogar eine Frau in Kauf. Eine andere Ausnahme in der allgemeinen Männerwirtschaft ist Hildegard Hamm-Brücher, die – so sagt man damals – »Grande Dame« der FDP. Die Männer sind die Macher, die Frauen sind die Damen.

Was die Männer für die Medien, sind die Staaten für die Technologie. Sie sind die Tech-Treiber. Die USA und die UdSSR schießen unfassbare Summen in Rüstung, Raumfahrt und Atomforschung. In den 1940er-Jahren ist es – heute, in Zeiten von Google und Co, undenkbar – der Staat, der über Jahre die Top-Physiker der westlichen Welt zur Atomforschung nach Los Alamos holt und dafür Milliarden in die »Atomwüste« von New Mexico pumpt. Das sind nach heutigem Maßstab gigantische dreistellige Milliardenbeträge.

Anfang der Sechziger ruft John F. Kennedy das Ziel aus, noch im selben Jahrzehnt zum Mond zu fliegen. Der Wahnsinn ist: Es gelingt. Heute sprechen wir auch in Deutschland von »Moonshots«, wenn wir die Mobilisierung aller technologischen Kräfte für ein bis dato unvorstellbares Ziel meinen.

Doch das staatliche Engagement geht zurück. Seit dem Aufblühen der *information technology* in den Siebzigerjahren ist die Technologieführerschaft immer stärker privatwirtschaftlich geprägt. Zwar behält der Staat bei Raumfahrt und Rüstung noch die Oberhand, und den Spaceshuttle entwickelt die

National Aeronautics and Space Administration (NASA), also eine Behörde. Heute jedoch ist das vorbei. Jetzt sind es Unternehmer wie Amazon-Gründer Jeff Bezos und Tesla-CEO Elon Musk, die die *Moonshot* und *Mars Shot Projects* der nahen Zukunft verfolgen.

Nicht immer, wenn wir heute von »Moonshots« reden, meinen wir die Raumfahrt. Google verwendet den Begriff für Innovationsprojekte, die sich auf das Leben von mindestens einer Milliarde Menschen auswirken. Der Begriff hat eine Renaissance erfahren. Unter »Moonshot« verstehen wir heute eine große, vielleicht sogar ikonische Innovation.

Noch toller als die Raumfahrt ist in den Jahrzehnten nach 1945 nur, in Amerika wie in Deutschland, der Konsum. Er ist der ganze Stolz der Deutschen, der Stolz auf jene bunten und dicken und glänzenden Errungenschaften der Gegenwart, für die man sich nicht zu schämen braucht wie für die braune Vergangenheit. Genauer gesagt ist der Konsum natürlich nur der Stolz der Westdeutschen. Aber immerhin wussten die Ostdeutschen Bescheid, Westfernsehen gab es ja fast überall. So wurde der Konsum ein entscheidender Antrieb für die Wiedervereinigung. Das wiederum bestätigte den Westdeutschen, dass sie alles richtig gemacht hatten, Zweifel hegten daran nur die »Eine-Welt-Laden«-Fans. Alle anderen konnten im Fernsehen sehen, wie begrüßungsgeld-euphorisierte Ostdeutsche beglückt »Südfrüchte«, Karottenjeans und Elektronikartikel einkauften und den Trabi so schnell wie möglich gegen ein Westauto tauschten.

Herbst 1989, die friedliche Revolution! Im September campieren Tausende in der Prager Botschaft. Sie wollen eine Ausreiseerlaubnis und in den Westen rübermachen, Genscher kommt und schickt Sonderzüge, montags wird in der DDR demonstriert, die Mauer fällt, man hat Tränen in den Augen, die Bananen werden knapp. Endlich! Die Deutschen kriegen zum ersten Mal eine Revolution hin, ohne sie wie 1832, 1848 und 1918/19 am Ende wieder zu vermasseln. Und friedlich schaffen sie es noch dazu, nach all den von ihnen verantworteten Katastrophen des Jahrhunderts. Die Ossis waren's, aber wir Wessis sind stolz auf uns.

Aus dem Rückblick ist diese Erzählung wenn nicht falsch, so doch mindestens unvollständig und schief. Denn was ich als Zehnjähriger gelernt habe, war: Die Ostdeutschen wollen zu uns, weil es bei uns so toll ist. Die wollen so sein wie wir! Das hieß: Wir im Westen waren historisch im Recht. Und wenn wir bisher im Recht waren, dann würden wir es auch zukünftig bleiben. Mit dieser Einstellung gingen die Westler die Wiedervereinigung an. Wir im Westen wussten jetzt, wie großartig unser beschauliches BRD-Leben war, ist und immer bleiben wird. Wie perfekt unser System ist. Wie vorbildlich. Die Ostdeutschen brauchen jetzt unser Erfolgsrezept, unseren Kapitalismus, unser Grundgesetz, unsere Westbindung. Pizzerien und Dönerbuden, Fielmann-Filialen und immergleiche Shopping-Malls, die »Mercado«, »Lago« oder »Allee-Center« heißen.

Der westdeutsche Hochmut, den wir uns nach 1989 angewöhnt haben, prägt uns noch heute. Wer im Westen macht sich schon klar, dass nur der Zufall darüber entschied, ob man Ost- oder Westdeutscher war? Nichts hat uns dazu qualifiziert, auf der Schokoladenseite der Geschichte zu stehen. Wir waren nicht cleverer als die Ostdeutschen und nicht fleißiger. Wer das nicht glaubt, kann das noch einmal bei dem Gerechtigkeitstheoretiker John Rawls unter dem Stichwort »Veil of Ignorance« nachlesen. Nichts als der Zufall, das bloße Schicksal hat uns zu Adidas-Turnschuh-tragenden, Golf-fahrenden und Nutella-futternden Wessis und zu Menschen mit Zugang zu freien Wahlen gemacht. Wir Wessis hatten Glück mit den Alliierten. Sonst nichts.

Ein weiterer westdeutscher Denkfehler ist es, die Nachkriegszeit für den Goldstandard unserer Geschichte zu halten. Wir denken, sie wäre Normalzustand und Kontinuum. Historisch ist sie aber ein Ausnahmezustand – ähnlich wie die Epoche des Augusteischen Friedens im Römischen Reich, nur leider nicht so langlebig. Tatsächlich ist die Nachkriegszeit schon vorbei. Die Ereignisse nach 1990 zeigen das: der Kampfeinsatz deutscher Soldaten im Kosovo 1999 und nach dem 11. September 2001 auch in Afghanistan, die Agenda-2010-Sozialreformen, ausgerechnet von der SPD angeschoben, und schließlich die Bundestagswahl 2005, bei der erstmals rechnerisch eine Dreier-Koalition nach der Adenauer-Zeit nötig wird – die aber, als wäre das eine staatspolitische Notsituation, von einer Großen Koalition abgewehrt wird.

So meistert man die Krise, dass zwei Parteien nicht zum Regieren reichen. Vielleicht ist es Verdrängung, jedenfalls wird 2005 noch niemand so richtig nervös über den Umstand, dass Union und SPD gemeinsam bloß knapp 70 Prozent der Stimmen holen. In den Wahlen der Siebzigerjahre sind es immer über 90 Prozent gewesen. 2017 sind es bloß noch 53 Prozent. Im Rückblick zeichnet sich also schon 2005 ab, dass die binäre Nachkriegsordnung bald Vergangenheit sein würde. Historisch ist das kein Zufall: Die von den beiden »Volksparteien« getragene Ordnung verschwindet in dem Moment, wo die letzten Zeitzeugen mit Kriegserfahrung, also die in den 1920er-Jahren Geborenen, verstummen.

Dass die Nachkriegszeit vorbei ist, wollen wir nicht wahrhaben. Wir wollen unser Nutella-Deutschland behalten! Halb verdrängen, halb betrauern wir das Ende der alten Gemütlichkeit, US-beschützt, mit italienischer Haselnusscreme versüßt, die wir irgendwie für genauso deutsch halten wie die Marken »Spar« und »kinder«. Wir bocken vor der Gegenwart! Warum können wir nicht einfach das 20. Jahrhundert bis ins dritte Jahrzehnt des 21. Jahrhunderts verlängern?, fragen wir uns. Die Antwort ist simpel: Das hat schon in den 2010er-Jahren nicht mehr funktioniert.

Auch andere Länder sind nicht frei von dieser Nostalgie. Trumps »Make America Great Again« verpackt die Sehnsucht der Amerikaner nach der vermeintlich guten, alten Zeit in einen Slogan. Mit ihm hat Trump 2016 die Wahl gewonnen, und er funktioniert immer noch wie geschmiert. Doch statt um Reihenhaus-Wohligkeit geht es den Amerikanern um Muscle-Car-Normalität, Barbecue-Romantik und traditionelle Männlichkeit. Um alte Selbstsicherheit und amerikanische Größe.

Nutella-Deutschland ist vorbei – und kommt nicht mehr zurück. *Wetten, dass ..?* ist ja auch vorbei. Thomas Gottschalk hat es in einem *Spiegel*-Interview (36/2019) selbst gesagt: »Ich habe eine Zeit gelebt, die rum ist.« Und doch hängt der *Spiegel* so fest an Gottschalk wie dessen Haare an seinem Kopf. »Sind die Haare noch echt?«, fragt der *Spiegel*. »Ihr könnt ja mal dran ziehen!«, antwortet Gottschalk. Noch halten sie angeblich, die Engelslocken dieses lebendigen Fossils, Relikt aus dem Paradies der Achtziger- und Neunzigerjahre, als alles noch gut war und einmal die Woche eine große Samstagabendshow kam.

Und heute? Gehen Kindergartenkinder in den Nutella-Streik, weil »Palmöl die Orang-Utans umbringt«. Selbst die Nusscreme hat ihre Unschuld verloren. Heute schauen wir YouTube und Netflix, unterschiedliches Zeugs zu unterschiedlichen Zeiten. »Straßenfeger« im Fernsehen sind Geschichte, sogar das Wort »Fernsehen« stirbt aus, seit es das hässliche Attribut »linear« mit sich herumschleppen muss. »Lineares Fernsehen«, das klingt wie ein Symptom, fast wie eine Krankheit. Oder so, als wäre das Fernsehen eine Straßenbahn, die nicht von ihrer Schiene kann. Schon vergessen? Früher gab es Straßenbahnschaffner und Fernsehansagerinnen, die Fernseher hießen »Ausgabegeräte« und hatten Röhren. Beim Fernsehen schaute man »in die Röhre« wie in den Fünfzigern in die Ofenröhre mit dem Braten.

Und heute? Sind wir global, vernetzt, digital. Mit maßgeschneiderten Lebensentwürfen, jeder hat einen eigenen, jeder arbeitet dran, dauernd, immer. Die Welt ist unruhiger und vielfältiger, aber zugleich kleiner. Oder sind wir es nur, die unruhig geworden sind? Ich glaube nicht. Wir haben einfach viel mehr um die Ohren als früher: Alles ist jetzt immer überall.

Auch die Gesellschaft ist vielfältiger als vor der Jahrtausendwende. Hunderttausende Syrer leben bei uns, die bleiben werden. Das passt den Reichsbürgern nicht, dennoch werden auch die Reichsbürger bleiben. Die AfD, zurzeit größte Oppositionspartei im Bundestag, ist offen minderheiten- und fremdenfeindlich, in Teilen rassistisch. Parteifunktionäre mit Hitler-Sound sind bei der AfD okay, sie verleihen dieser Partei sogar Flügel.

Wem es nicht gut geht, das ist der weiße, mittelalte, straighte Mann. So weit ist es gekommen, dass man ihn nicht einmal mehr »normal« nennen soll. Oder darf? Große Verunsicherung. Während politisch korrekt gesinnte Zeitgenossen noch über die komplizierte neue Nomenklatur grübeln, haben sich ein paar ganz besonders zeitgeistige Schlaumeier schon das Wort »Cisgender« ausgedacht. Da freut sich mein alter Lateinlehrer! Bei den Römern hieß »cisalpina« »diesseits der Alpen«, »transalpina« »jenseits der Alpen«. Gleiche Logik jetzt beim Geschlecht: Weil es »Transgender« gibt, also Geschlechteridentitäten »jenseits« des ersten, traditionell binär als männlich oder weiblich begriffenen Augenscheins, sollen wir fortan bei Geschlechteridentitäten innerhalb dieser Norm nicht mehr sagen, dass sie »normal« sind, sondern dass sie »diesseits« der Norm liegen. Auch die Norm ist jetzt, so gesehen, eine Abweichung von der Norm.

Und das ist praktisch! Als »Cis-Mann« kann ich jetzt genauso viel Pride haben wie als »Trans-Mann«, und Pride ist heute schließlich überall: bei LGBTQ+, Moslems, Migrant_innen und Pegida – nur dass Pride bei den teutschen Europaverteidigern natürlich noch Stolz heißt und sich schon deswegen auf Holz reimt. Holzfällerbärte und -hemden wiederum tragen nicht die Pegida-Rednecks, sondern diejenigen zarten und zugleich harten Kerls, die sich in Barbershops Bio-Weichmacher in ihren Bart massieren lassen. Je größer der Borstenschmuck, desto verunsicherter sein Träger: Mann trägt Kompensationsbart. *Mindful eater* ist man auch, vegan ist gut, Laktose schwierig. So mancher Berliner Freund orientiert sich an der Steinzeit und ist gerade auf Paläo-Diät. Und auf dem Trizeps klebt die Frischhaltefolie: Das jüngste Tattoo erholt sich vom Stechen. Tagsüber sind wir ökologisch achtsam und total *conscious*, nachts kann man sich dann schon mal von einem dahergelaufenen Berliner Drogendealer ein bisschen was fürs Näschen kaufen.

Paradoxa, wohin man schaut. Progressive Vielflieger finden Greta toll. Konservative Naturliebhaber fliegen nicht, aber lehnen Greta ab. In den Innenstädten können wir uns die Wohnungsmiete kaum noch leisten und den Wohnungskauf schon gar nicht mehr, zugleich räumen ausländische Investoren unsere Wohnungen ab, weil sie sie immer noch billig finden. Viele Menschen haben geerbt, aber immer mehr Familien leben auf Pump. Die einen langweilen sich in ihrer Langzeitbeziehung, die anderen vertindern ihr Leben und den Rest der Romantik, an die sie noch glaubten. Beide Seiten beneiden sich dabei gegenseitig, denn irgendwas fehlt einem ja immer. *Fear of missing out* ist heute nicht mehr ein Jugend-, sondern ein Gesellschaftsphänomen.

So kommt es, dass wir faktisch, also nach Arbeitsstunden berechnet, so wenig arbeiten wie nie zuvor und zugleich überfordert, gestresst und erschöpft sind, wie es keine Generation vor uns war. Und so kommt es, dass wir wirtschaftlich erfolgreich sind wie nie zuvor – und doch zugleich so pessimistisch in die Zukunft blicken wie seit Jahrzehnten nicht mehr. Studien, die nach Einstellungen und Gewohnheiten fragen, zeigen diese Widersprüche sehr deutlich.

Unruhige Zeiten, scheint es, liegen den Deutschen nicht. Wie gesagt: Die ersten zwei historischen Chancen zur demokratischen Revolution hat man im 19. Jahrhundert vergeigt. Vielleicht, weil die Deutschen mit ihren Visionen schon damals lieber zum Arzt gegangen sind als in die Politik? So oder so waren sie unfähig zur Revolution. Heute lautet die Frage: Sind wir überhaupt fähig zu einer Vision?

Was wir Deutschen in jedem Fall ganz ausgezeichnet beherrschen, ist das Moralisieren ohne Konsequenz und Verantwortung. Diejenigen von uns, die am meisten gegen Trump wettern, sind zugleich diejenigen, die keinesfalls mehr Geld für eine eigene, von den USA unabhängige Verteidigung ausgeben wollen. Diejenigen, die sich am heftigsten über einen Urlaubsflug von Klimaschützern echauffieren, sind oft Klimaleugner und Vielflieger. Irgendwie ertragen wir uns selbst, unsere eigene Fehlbarkeit nicht. Ist das der Grund, warum wir im Urlaub keine Landsleute treffen mögen? Hätten wir gerne Ferien von uns selbst, weil wir uns selbst unangenehm sind?

Ist ja auch nicht gerade alles sympathisch an uns Deutschen. Wir wollen den Thailändern und den Balinesen erklären, dass sie weniger Plastik verwenden und ihren Müll trennen sollen, aber lassen unseren eigenen Dreck nach Südostasien exportieren. Wir lieben den »mediterranen Zeitbegriff«, aber bestehen auf Pünktlichkeit. Wir wollen den Griechen beibringen, wie man Steuern »für die Allgemeinheit« eintreibt, aber zu

Hause wählen wir FDP und kaufen Bücher über Steuertricks. Wir nutzen kostenlos WhatsApp, aber regen uns darüber auf, dass Mark Zuckerberg mit unseren Daten Geld verdient. Wir wollen billig in die Dominikanische Republik jetten und finden es blöd, dass Chinesen, Inder und Nigerianer jetzt auch interkontinental in den Urlaub fliegen. Und woher haben eigentlich all die Flüchtlinge ihre teuren Handys, bitte? Und sogar die Kinder? Dazu die Turnschuhe? Von Adidas?

Was ich sagen will: Egal, ob oberlehrerhafter Öko-Gutmensch oder egozentrischer Oldtimer-Cruiser, wir sind gefangen in den alten Kategorien unserer Nachkriegs-Wohlfühloase. Da haben wir es uns bequem eingerichtet – sei es missionarisch, sei es hedonistisch, im Ausblenden unserer Lebenslügen sind wir alle gleich gut. Die digitale, globale Gegenwart stört da eigentlich nur, sie macht uns Angst. Sie widerspricht allem, wofür Deutschland bislang stand: sichere Industriearbeitsplätze, stabiler Parteienstaat, inkrementeller Fortschritt mit TÜV-Zertifizierung, Planbarkeit der Karriere, ein von der arbeitenden Mehrheit solide finanzierter Sozialstaat.

All das stellt der sagenhafte Aufstieg von Apple, Amazon und Alibaba infrage. Statt stolzer, innovativer Deutschland AG sind wir plötzlich nur noch der Absatzmarkt für diese Winner-takes-it-all-Plattformen, Getriebene statt Gestalter. Wir wollen das nicht, Disruption und Digitalisierung. Wir finden, sie stören unsere Ruhe und bringen unbekannte Risiken mit sich: so ähnlich wie Fluglärm, Atomkraftwerke und Flüchtlinge.

Nutella-Deutschland ist vorbei. Es wird nie mehr so, wie es einmal war. Wir müssen neu denken – und zwar nicht nach hinten, sondern nach vorne.

6 DAS ENDE DER PARTEIEN

Meine ersten Erinnerungen an Wahlen sind winterlich. 1987 wird ausnahmsweise nicht im Herbst gewählt, sondern im Januar. Es ist frostig. Über ganz Europa liegt die Kälte, die *Bild*-Zeitung diagnostiziert einen »Wahnsinnswinter«. An einem Wochenende Anfang des Jahres fahre ich mit meinen Eltern und Geschwistern zum Eisstockschießen, das ist die bayerisch-ländliche Version des Curlings, wir sind auf dem gefrorenen See verabredet. Aus dem Auto sehe ich Wahlplakate. Die SPD ist selbstbewusst, sie will »Den Besten für Deutschland« und schlägt Johannes Rau vor. Ihm soll man »wieder« vertrauen können. Außerdem will Rau – die Grünen hat man anscheinend schon bemerkt in der SPD – »Umweltsünder hart packen«. Kohl und Genscher blicken von ihren Plakaten rüber, und natürlich in Bayern: der dicke Franz Josef Strauß. Politik ist männlich, weiß und häufig fettleibig, besonders in Bayern glänzen die Politikergesichter wie der Krustenbraten am Sonntag. Seit Jahren läuft ein Rechtsstreit, ob man in einer Karikatur Strauß als kopulierendes Schwein zeigen darf – darf man nicht, sagt das Verfassungsgericht 1988.

Selige Zeiten, in denen es solche Probleme gab! Stritt man sich über die Frage »Satire oder Beleidigung?«, dann tat man das gesittet im Gang durch die Gerichtsinstanzen, und das geduldig über Jahre hinweg. Heute wird Hate Speech über Facebook und zig andere Kanäle ins Netz gekübelt, jeden Tag von Neuem, an allen Institutionen vorbei, juristisch kaum einholbar – und schon gar nicht zurückzuholen aus dem Netz. Der technische Fortschritt macht's möglich, auf Social Media ist heute jeder sein eigener Chefredakteur, im Guten wie im Schlechten. In den digitalen Medien passt auf jeden Topf ein Deckel, nie waren Angebot und Vielfalt so groß wie heute. Und wir entscheiden selbst! Mit unseren digitalen Applikationen umgehen wir Hierarchien und Mittelsmänner wie Taxizentralen, Makler und Bankberater: So sind wir zu verwöhnten Individualisten geworden. Heute nehmen wir uns nicht nur permanent Freiheiten, die es früher nicht gab, sondern wir beanspruchen sie sogar, als wären sie selbstverständlich. Umgekehrt sind wir skeptisch gegenüber Institutionen wie nie zuvor, und das auch gegenüber den Parteien.

Die Folge: Nicht nur die Volksparteien sterben, sondern die Idee der Partei überhaupt ist tot. Tatsächlich befriedigen auch die aktuell in den deutschen Parlamenten vertretenen Parteien die individuellen Wähleransprüche nicht. Im Gegenteil: Die Zersplitterung der Parteienlandschaft verschärft sogar das Problem. Seit gefühlt anderthalb Jahrzehnten herrscht GroKo, dem Anschein der größeren Parteienvielfalt zum Trotz. Kein Wunder, wenn sich viele Wähler denken: Egal, was ich wähle, ich bekomme immer dieselbe Regierung. So geht das Gefühl demokratischer Selbstwirksamkeit verloren, und damit auch der Glaube an die demokratische Selbstbestimmung. Man wählt ein Versprechen von Veränderung – und nichts ändert sich. Man wählt wieder, und wieder ändert sich nichts. Wie auch?, fragt man sich, wenn in politischen Kernfragen wie der Euro- und der Flüchtlingskrise alle Etablierten mehr oder weniger dieselbe Position vertreten.

Heute sind die meisten Voraussetzungen, auf denen das Parteien- und Repräsentationssystem basiert, schon weit erodiert oder verschwunden. Das liegt auch an der Ermächtigung durch die digitalen Medien – ob gefühlt oder nicht, ob potenziell oder real, spielt da gar keine Rolle. Die Medien überwinden den Raum und die Zeit, jeder interessierte Wähler kann verfolgen, was im politischen Betrieb in Berlin oder Washington vor sich geht und in der Vergangenheit vor sich ging. Wenn man es will und die digitalen Quellen im Netz nutzt, kann man so gut wie alles wissen, besser wissen. Damit aber ist jenes Gefälle aufgehoben, das Voraussetzung ist für das Vertrauens- und Repräsentationsprinzip »Die Klugen und Informierten vertreten die politisch Schlichten und Uninformierten«. Das wiederum untergräbt die Autorität der Politiker, und das umso mehr, als sich das in der digitalen Informationsgesellschaft grundsätzlich berechtigte Gefühl »Ich könnte es – fast – genauso gut wissen wie die Experten« in den selbstgerechten Echokammern rasant in das Gefühl »Ich weiß es tausendmal besser« verwandelt. Nicht nur im Fußball sind wir heute alle gefühlt die besseren Trainer, sondern auch in der Politik.

1987 gab es nur einen Meistertrainer, und mir war klar: Politik ist wie Sport. Zwei Mannschaften, Rot und Schwarz, treten gegeneinander an, ungefähr gleich stark, je nach Wahlergebnis mal knapp in Über-, mal knapp in Unterzahl. Vom Spielfeldrand, der in der Politik »Regierungsbank« heißt, dirigiert der Trainer seine Mannschaft, sie heißt »Regierungsfraktion«. Wenn man genau hinschaut, sieht man auch ein paar Spieler mit gelben Leibchen übers Spielfeld wuseln, und am Rand machen sich schon ein paar in grünen Leibchen warm. Denn das, hatte ich schon als Erstklässler begriffen, ist ein wichtiger Unterschied zwischen Politik und echtem Fußball: In der Politik darf neben den beiden großen Mannschaften noch eine kleine dritte mitspielen. Und diese kleine Mannschaft schießt mal aufs schwarze, mal aufs rote Tor. Deshalb sind auch die Roten auf die Gelben nicht gut zu sprechen. Vor ein paar Jahren nämlich, 1982, sind die Gelben einmal im laufenden Spiel zu den Schwarzen rübergewechselt. Das Spiel war ruck, zuck entschieden. Seitdem ist Schwarz Meister. Der Name des Meistertrainers, und es gibt nur einen, lautet: Helmut Kohl.

Von der pragmatischen Flexibilität der Gelben sind die Grünen 1987 noch weit entfernt. Sie sind eine ziemliche Chaostruppe und vor allem mit sich selbst beschäftigt. Wie unorthodox sie sind! Die Männer tragen flokatihafte Wollpullis und Bärte wie die Senner auf der Alm. Und nicht nur die Frauen, auch die Männer stricken! Ich finde das neu und aufregend, aber zugleich ist es mir nicht ganz geheuer. In jedem Fall haben wir beide, die Grünen und ich, etwas gemeinsam: Wir sind damals beide sieben Jahre alt.

Meinem grünlich angehauchten, allerdings nutellafreien Elternhaus zum Trotz halte ich persönlich zu Johannes Rau. Seine SPD, höre ich raus, tut was gegen Armut. Das überzeugt mich als Priorität. Denn die »Bettler« in der »Stadt« tun mir so leid, dass ich dort gar nicht mehr hinmag. So sage ich es meiner Mutter. Ich will mich politisch engagieren! Also male ich Wahlplakate und klebe sie draußen mit Tesafilm an die Straßenlaternen. Da hängen sie nun, abends beleuchtet, auf Taillenhöhe der Erwachsenen. Jeden Tag überprüfe ich, ob meine Plakate noch da sind. Sie bleiben hängen, und ich bin stolz auf meine Kampagne. Heute denke ich: zu Recht! Denn damals gab es nur ein bisschen Fernsehwerbung, Zeitungsanzeigen und Straßenwahlkampf, das Plakatekleben brachte noch was.

Plakat und Partei, das gehört historisch so eng zusammen wie Flugblatt und Partei. Entstanden als Reaktion auf die industrielle Revolution, waren auch die politischen Parteien ein kulturelles Epiphänomen des technischen Fortschritts. Von den 1830er-Jahren an etablieren sie sich in Großbritannien, ab den 1860ern in deutschen Ländern. Zunächst dienen sie dazu, institutionell die sozialen Interessen der Arbeiterbewegung zu vertreten. Ihr ideologischer Überbau ist entweder sozialistisch beziehungsweise kommunistisch oder aber bürgerlich-christlich beziehungsweise kapitalistisch. In jedem Fall ist das Fundament, auf dem sie stehen, ein Antagonismus: sozialistisch versus kapitalistisch, Proletariat versus Bürgertum, links versus rechts.

Obwohl, genau genommen, in den 1980er-Jahren die alte binäre Ordnung des 19. Jahrhunderts – Arbeiter, Studenten und Lehrer sind links, Bauern, Handwerker und Bürger sind rechts – nicht mehr gilt, existiert aber dieses Denken in den Jahren meiner Kindheit fort. Die Bauern lesen genauso wenig den *Spiegel* wie die Lehrer das *Landwirtschaftliche Wochenblatt*, und wer sich in der Katholischen Jugend engagiert, liest nicht die *taz*. Damals denken wir, solche Entscheidungen hätten mit Überzeugungen zu tun, von Identität spricht noch niemand. Tatsächlich war es wohl einfach ein Mangel an Alternativen.

Jedenfalls wählt man in den Achtzigern entweder so oder so, also zum Beispiel Rot oder Schwarz, aber nicht mal so und dann mal so, wie es die »Wechselwähler« tun. Allein dass es dieses Wort gibt und dass es ähnlich hässlich klingt wie »Freier« oder »Studienabbrecher«, zeigt, wie binär man denkt. »Wechselwähler« sind illoyale Opportunisten, Finger weg von denen. Nur die FDP ist da locker, sie lässt sich ja selbst ganz gerne mal von der anderen Straßenseite freien. 1982 lockt Helmut Kohl Hans-Dietrich Genscher und seine FDP von Helmut Schmidt zu sich herüber. Jetzt gehören die Gelben zu den Schwarzen!

Als sich die Grünen Ende der Achtzigerjahre etablieren, kündigt sich schon das Ende dieses binären Zeitalters an. Heute gibt es »den Ostblock« und »den Westen« nicht mehr, mühelos wechseln wir auf Reisen die Seiten des ehemaligen Eisernen Vorhangs. Strategisches Wählen ist jetzt okay. Heute sind wir alle Wechselwähler, ohne dass wir den Begriff überhaupt noch verwenden würden. Wir essen ja auch Spaghetti und Knoblauch, ohne »Spaghetti-« und »Knoblauchfresser« zu sein. Solche hässlichen Vokabeln sind heute genauso passé wie das politische Blockdenken der Achtziger. Das darf man nämlich nicht vergessen: In den Achtzigern tobte noch der Kalte Krieg. Während sich die Grünen schon um ihren »Freund, den Baum« sorgten und ob es seiner Krone im sauren Regen auch gut ging, ließ Helmut Schmidt noch mit dem NATO-Doppelbeschluss Atomraketen gegen die Sowjets nachlegen.

In jüngster Zeit haben immer mehr unterschiedliche, immer buntere Lebensentwürfe die politische Realität radikal verändert, und mit der Lust am Probieren ist die Zahl der Stammwähler, die immer dieselbe Partei wählen, geschrumpft, während die der Unentschiedenen gewachsen ist. Auch das ist eine Folge des technologischen Fortschritts. Er hat den meisten Menschen mehr Freiheit und Selbstbestimmung gebracht, mehr Individualität und Möglichkeiten, sich zu artikulieren und damit Gehör zu finden. Die Gesellschaft ist auf diese Weise komplexer geworden. Sie hat sich ausdifferenziert und alte binäre Ordnungsmuster aufgelöst. Lange schon kann man nicht mehr von »Klassen« oder »Schichten« sprechen. Heute ist es sogar schwierig, irgendwelche einigermaßen festen sozialen Gruppen zu definieren. Damit, dass es praktisch unzählig viele von ihnen gibt, macht Facebook heute Werbung und Kasse. Es gibt schwangere Veganer, Basketballer im Rollstuhl, obsessive Katzenliebhaber und vermutlich auch, ich habe das vorsichtshalber nicht überprüft, Katzen-Hater.

»Likes« gibt es heute *en masse*, aber »politisch links« gibt es nicht mehr. Der Rechte Donald Trump hat im traditionell linken Arbeitermilieu des Rust Belt, bei den Schwerindustrie-Arbeitern im Nordosten der USA, die Präsidentenwahl gewonnen. Der konservative Eton-Zögling Boris Johnson, in New York geboren, im französischsprachigen Brüssel aufgewachsen, gefällt sich als Underdog-Versteher, der gegen die elitären Städter stänkert, den traditionell tiefroten Norden Englands gewinnt er mit Hündchen auf dem Arm im Handstreich.

In Deutschland war Angela Merkel in der sogenannten Flüchtlingskrise mit ihrem Willkommenskultur-Enthusiasmus ironischerweise sowohl ihrer eigenen Partei als auch den traditionellen Linken zu progressiv. Nie zuvor war in Deutschland die Mitte der Parteienlandschaft so breit, nie zuvor war das politische Angebot so schmal wie in diesen Merkel-Jahren. Im Großen und Ganzen gab es bis weit in das Jahr 2015 nur Willkommenskultur: von der *taz* bis zur *Bild*, von der Linkspartei bis zur Union. Angela Merkel war die präsidiale Anführerin einer Allparteienkoalition. So empfand ich die Situation, wobei ich selbst mit ihr sympathisierte. Und doch hatte ich irgendwie auch ein ungutes Gefühl: Anscheinend alternativloser Kollektivismus ist keine schöne Sache. Jedenfalls kam in einer offensichtlich schwierigen und ungewöhnlichen Situation keine große politische Kontroverse auf, alle im Bundestag vertretenen Parteien boten dieselbe Antwort. Im Prinzip war es bei der Euro-Rettungspolitik auch schon so gewesen. »Alternativlosigkeit« ist das Wort, das Angela Merkel in solchen Situationen verwendet hat. Ich denke, das war ein schlechtes Zeichen. Wenn in der Politik allgemeine Alternativlosigkeit herrscht, die Gesellschaft aber uneins ist, dann funktioniert das Repräsentationsprinzip nicht mehr. Und wenn Alternativlosigkeit ausgerufen wird, dann soll der Pluralismus den Mund halten – da wird mir unwohl.

Dem Merkel-Dogma der »Alternativlosigkeit« entspricht als

andere Seite der Medaille heute das *anything goes* bei möglichen Koalitionen. In Thüringen weiß die CDU im Oktober 2019 nicht, ob sie lieber mit der Linken Koalitionsgespräche führen soll oder mit der AfD oder ob man sich allein schon über solche Gedankenspiele entrüsten soll. Und während die CDU nach dem Erfurt-Desaster weiterstreitet, bei dem im Februar 2020 ein Fünf-Prozent-FDP-Mann mit den Stimmen der AfD zum Ministerpräsidenten gewählt wurde, setzen sich die Grünen schön wertkonservativ für die Bewahrung der Schöpfung ein. Die AfD skandiert derweil »Umweltschutz ist Heimatschutz«, leugnet aber unsinnigerweise den Klimawandel. Die konservativen Grünen wiederum legen sich mit Bauern an, die auf technologischen Fortschritt in der Landwirtschaft pochen. Verkehrte Welt! Bauern sind die Progressiven, Grüne die neuen bürgerlichen Konservativen. Unter den Altbau-bewohnenden und Lastenrad-fahrenden Eltern, die ihre Kinder nachmittags in die Musikschulen begleiten, haben die Grünen heute vermutlich die absolute Mehrheit.

Die Ausdifferenzierung und Individualisierung von Lebensentwürfen schafft eine Vielfalt, die das alte Parteiensystem nicht mehr fassen kann. Es zersplittert. Denn anders als im amerikanischen Mehrheitswahlrecht, das ein Zweiparteiensystem geradezu erzwingt, hat unser Verhältniswahlrecht dem Zerbröckeln der alten Parteienordnung nichts entgegenzusetzen. Früher gab es zwei Volksparteien, zurzeit haben wir sechs Nicht-mehr-Volksparteien plus die Freien Wähler, demnächst werden es noch mehr sein, die Zersplitterung geht weiter.

Was, positiv ausgedrückt, Vielfalt heißt, ist, negativ gesagt, ein Durcheinander. Die politische Kompassnadel zuckt und rotiert, in der neuen Unübersichtlichkeit vermissen viele Wähler die Orientierung. Das Problem ist: Sie selbst haben die Orientierung verloren – aber erwarten sie von der Politik. Auch das ist ein Zeichen unserer Doppelmoral. Die Vielfalt überfordert uns, also soll sich die Politik drum kümmern und das Problem lösen.

Aus der Zersplitterung der Parteienlandschaft ergibt sich ein Paradox. Um noch regierungsfähige Koalitionen bilden zu können, müssen die Parteien immer mehr Kompromisse eingehen, sich also immer weiter gegenseitig entgegenkommen. Regierungsbündnisse mit drei Partnern müssen mehr Kompromisse schließen als Regierungen mit zwei. Damit verlieren die Parteien ihr Profil, für das sie ja eigentlich gewählt wurden. Das wiederum verdrießt die Wähler, die sich getäuscht fühlen. Der Eindruck einer Einheitsregierung entsteht, und die Politikverdrossenheit wächst noch weiter.

In einem haben die Politikverdrossenen ja recht. Bei uns entscheidet nicht nur das Wahlergebnis über die Regierung, sondern genauso der Koalitionswunsch der Parteien – und bei diesen manchmal sogar ein mit großem Tamtam organisierter Mitgliederentscheid. Dabei gilt: Je mehr Parteien, desto mehr Bündnisoptionen. Je mehr Optionen, desto mehr Komplikationen. Je mehr Komplikationen, desto mehr Kompromisse. Und je mehr Kompromisse, desto größer die Zahl derer, die am Ende enttäuscht sind.

Die Herausforderung, die Gerhard Schröders Agenda-Politik der Nullerjahre für die SPD war, wurden die sogenannte Flüchtlingskrise und der Aufstieg der AfD für die Union. Die Eurokrise war da nur ein Vorbeben. In allen Fällen setzte die Regierungspartei mit Rücksicht auf größer gewordene transnationale Bezugsrahmen kontroverse Richtungsentscheidungen durch, die zwar die liberale und globalisierungsfreundliche Parteimitte jeweils unterstützte, die jedoch die traditionellen Stammwähler nicht mittrugen. Dieser Konflikt hat beide Volksparteien gesprengt. Heute geht die CDU denselben Weg die Rolltreppe abwärts wie die SPD, und der Zeitversatz beträgt dabei nicht die zwölf Jahre, die zwischen der Agenda-Politik 2003 und der Flüchtlingskrise 2015 liegen, sondern viel weniger. Alles hat sich beschleunigt, und so auch der Verfall der Parteien.

Enttäuscht von den Parteien sind nicht nur die Wähler, sondern auch die Parteien selbst. Immer unzufriedener mit ihren eigenen Kompromissen, vermissen sie zunehmend die eigene politische Wirksamkeit. Die SPD hasst sich schon seit Jahren dafür, dass sie in der Großen Koalition mitregiert. Genauso lange ist sie mit der Rückabwicklung ihrer Hartz-IV-Vergangenheit beschäftigt, schafft aber zugleich aus Stolz und Erleichterung darüber, dass sie regiert, nicht den Absprung. Immerhin: In ihrer Unzufriedenheit sind sich die Parteien und ihre Wähler einig. Das Parteiensystem gerät doppelt unter Druck. So gesehen, sind das Vorsitzendensterben bei SPD und Union Autoaggressionen der Parteien, die sie auf ihre Vorsitzenden umlenken.

Ich erinnere mich an das Hochgefühl demokratischer Selbstwirksamkeit, das ich im Herbst 1998 gleich bei meiner ersten Bundestagswahl hatte, als ich auf dem Weg zu einem Schülersprecher-Seminar das Ergebnis erfuhr. Ich war aufgewachsen unter CSU-Alleinherrschaft in Bayern und dem ewigen Patriarchen Helmut Kohl im Bund. Jetzt hatte ich für Rot-Grün gestimmt, und plötzlich war sogar in der tiefsten Oberpfalz die Union abgewählt. Rot-Grün! Von mir gewählt! Ich konnte es kaum fassen.

Sieben Jahre später, bei der Bundestagswahl 2005, kann dann erstmals seit der Adenauer-Zeit keine klassische Zweierkoalition gebildet werden. Dennoch kommt keine Dreierkoalition zustande, also weder ein Jamaika- (Schwarz, Gelb, Grün) noch ein Ampel- (Rot, Gelb, Grün) noch ein Links-Bündnis (Rot, Rot, Grün). Warum eigentlich nicht? Die Zeit, heißt es heute, sei noch nicht reif gewesen. Und das bedeutet wohl so viel wie: Keine der Parteien wollte es wahrhaben, dass sich die Zeiten geändert hatten, sogar die potenziellen Profiteure bei FDP und Grünen nicht. Alle hingen in der Vergangenheit fest, und deshalb schimmeln SPD und Union seit 2005 in der GroKo vor sich hin. Oder halt! War da nicht mal was – eine Episode? Stimmt, da war was. Aber erinnert sich irgendjemand an Regierungsakzente von Philipp Rösler und seiner FDP?

Sei es Ignoranz, sei es Verdrängung: Gehetzt von den Einzelereignissen, versuchen die Parteien immer noch, ihre eigene Zerstörung zu deuten. Das ist fatal. Wir können nicht unsere disruptive Gegenwart mit alten Heribert-Prantl-haften Weisheiten wie »Grün ist das neue Rot« erklären. Die Grünen sind keine neue Volkspartei, denn die Idee »Partei« ist tot.

Selbst die nobelste Verfassungsaufgabe der Parteien, die politische Willensbildung, wird heute von Social Media organisiert. Social Media führt zu Plastikbann und Brexit, zu #MeToo und Klimadebatte. Social Media führt aber auch zu heftiger Hetze: gegen Flüchtlinge, Politiker, Frauen, Großwildjäger, Seenotretter, Pegida-Demonstranten und und und. Social Media ist der Ort, wo Debatten entstehen und ausgetragen werden. Social Media ist der Ort, von dem aus Politik und Gesellschaft bewegt werden. Und die Parteien? Laufen hinterher und springen allenfalls noch auf den Zug auf. Oder werfen sich hinter ihn. Fällt irgendjemandem eine große Debatte der letzten zwanzig Jahre ein, die ihren Ausgang in einer der etablierten Parteien hatte? Eben. Das muss man sich klarmachen: Die politische Willensbildung läuft heute an den Parteien vorbei.

Traditionell sind die Parteien Gatekeeper im politischen Prozess. Sie sind Makler zwischen Bürgern und Politik. Doch wie ich schon für die digitale Ökonomie beschrieben habe, entfällt in Plattform-Modellen die klassische Vermittlerrolle, bei Airbnb genauso wie bei Uber. Deshalb haben heute Taxizentralen, Versicherungsmakler und Bankberater einen schweren Stand. Und genauso geht es den Parteien: Keiner mag sie mehr so recht, sie sind überflüssig geworden.

Das Grundgesetz hatte einen ganz anderen Plan für die Parteien. Oder genauer gesagt mindestens zwei. Denn neben der politischen Willensbildung sollten sich die Parteien ja auch um die Kandidatenauswahl für die Parlamente kümmern, dazu dienen die »Wahllisten«. Das hat mit der Nazivergangenheit Deutschlands zu tun und mit dem Ermächtigungsgesetz von 1933. Schützt man die Parteien, so die Idee, garantieren sie die politische Vielfalt. Das ist der Grund, warum die Parteienfinanzierung in Deutschland so großzügig ist. Und das ist auch der Grund, warum die Hürden zu einem Parteiausschluss – Stichwort Thilo Sarrazin und die SPD – und zu einem Parteiverbot – Stichwort NPD – so hoch liegen. Es geht sowohl um Vielfalt innerhalb einer Partei wie auch um Vielfalt zwischen den miteinander konkurrierenden Parteien.

Weil das Grundgesetz die Parteien pampert, haben wir in Deutschland ein Verhältniswahlrecht mit sehr geringen Anteilen von Mehrheitswahlrecht, auch wenn uns der Begriff »Erststimme« etwas anderes suggeriert. Die Parteien erhalten die Mandate nach dem Anteil der für sie abgegebenen Zweitstimmenzahl, dazu können unter Umständen noch Überhangmandate kommen. Andere Staaten setzen hingegen auf das Repräsentationsprinzip in Form des Mehrheitswahlrechts. In den Weiten der USA, wo man vor dem Bau der Pazifik-Eisenbahn mit dem Pferd wochen- oder monatelang von der Westküste bis nach Washington brauchte, wählte man in den Einzelstaaten Wahlmänner, damit diese wiederum in der Hauptstadt den Präsidenten wählen. Dabei dienten die Wahlmänner ihren Wählern nicht nur als Stellvertreter, die die räumliche Entfernung zur Wahlurne in Washington überwinden. Sie halfen auch und helfen heute noch ihren Wählern über die Wissensbarrieren des politischen Betriebs. Die Wahlmänner kennen die Gesetze und die politischen Gepflogenheiten in Washington. Sie werden, so der Gedanke, die besten Entscheidungen im Sinne ihrer Wähler treffen.

Grundsätzlich begünstigt das Verhältniswahlrecht, wie es das deutsche Grundgesetz vorsieht, eine vielfältige Parteienlandschaft. Damit sie jedoch nicht allzu kleinteilig wird, gibt es in Deutschland die Fünfprozentklausel: So viele Stimmen muss man schon haben, um im Parlament mitzureden. Das Mehrheitswahlrecht hingegen, bei dem die Stimmen der größten Partei gewinnen und alle anderen unter den Tisch fallen, begünstigt ein Zweiparteiensystem, wie es Republikaner und Demokraten in den USA bilden.

Bei uns ist das anders. Im Normalfall – Ausnahme von dieser Regel sind die Überhangmandate – bilden sich die Mehrheitsverhältnisse der Zweitstimmen im Mehrheitsverhältnis des Parlaments ab. Die Wahlkreissieger mit der Mehrheit im Wahlkreis rutschen zuerst auf einen Parlamentssitz, dann folgen sofort die Kandidaten von der Parteiliste. Mehr Wahlkreissieger, als den Zweitstimmen entsprechen, führen zu Überhangmandaten. Ihre Zahl wird mit der Parteienzersplitterung tendenziell zunehmen. Das alles ist von außen nur schlecht zu durchschauen.

Ganz anders die Mehrheits- und Präsidialsysteme. Sie sind es, die ruck, zuck diejenigen disruptiven Politikertypen zum Erfolg tragen, die unsere Gegenwart bestimmen. Das Mehrheitswahlrecht reagiert einfach schneller, man könnte auch sagen: opportunistischer, auf neue Trends, weil es früh schon und in unmittelbarer Folge des Wahlergebnisses einen Kandidaten-Kompromiss erzwingt. Bei der letzten Präsidentenwahl in Frankreich zum Beispiel, 2017, gab es in der ersten Runde eine Handvoll

Kandidaten. In die Stichwahl gingen dann Macron und Le Pen. Zwischen diesen beiden mussten sich nun auch die Wähler entscheiden, die zunächst für den Konservativen Fillon gestimmt hatten. Sie selbst, nicht irgendeine zukünftig zu bildende Regierungskoalition, mussten einen Kompromiss treffen. So entscheiden in Frankreich die Wähler in der Stichwahl, was der deutsche Parteienstaat auf die lange Bank der Parteien schiebt. Da wird der Kompromiss nicht delegiert, die Bürger müssen ihn selbst eingehen.

Deshalb sind präsidiale Systeme und das stark personalisierte Mehrheitswahlrecht – »Der oder die!« – besser gewappnet für das disruptive Zeitalter als eine komplizierte Parteiendemokratie. In präsidialen Mehrheitssystemen sind die politischen Entscheidungsprozesse nicht nur einfacher und schneller, sondern auch für die Wähler besser zu beobachten. Das gibt ihnen das Gefühl politischer Selbstwirksamkeit.

Ein weiterer Vorteil, den die von starken Kandidaten getragenen Mehrheitssysteme gegenüber dem von Parteien organisierten Verhältniswahlrecht haben, liegt auf der Hand. Kandidaten wirken »authentischer« als Parteien oder gar Volksparteien, die per Definition eine große Bandbreite unterschiedlichster Denkweisen unter ihren kleinsten gemeinsamen Nenner fassen müssen. Klar, das Wort »authentisch« ist heute selbst schon Witz oder Fake, und man weiß gar nicht genau, was es bedeuten soll. Dennoch finden heute viele Menschen ein unverstelltes Verhalten, ein Geradeheraus-Sprechen, wie einem der Schnabel gewachsen ist, authentisch und irgendwie sympathisch – auch um den Preis der Widersprüchlichkeit. Eine Partei aber kann in diesem Sinne gar nicht authentisch sein, und erfahrungsgemäß sind es auch die meisten ihrer Vertreter nicht, wenn sie in vorgestanzten, Political-Correctness-sicheren Formulierungen reden, dabei auf traurige Weise bürokratisch-professionell wirken und ständig so merkwürdige Schwurbeleien wie »Programmatik«, »auf den Weg bringen« oder »der Debatte nicht vorgreifen wollen« benutzen.

Wie anders dagegen Trump, Johnson und Salvini! Man muss sie nicht mögen, aber Charaktertypen sind sie! Ein bisschen hulkhafte Helden, ein bisschen Hotelzimmer zertrümmernde Rockstars. Sie passen in eine Zeit, in der sich viele Wähler nach markigen Figuren sehnen. Motto: Im Zweifel lieber einen schlechten Charakter als gar keinen. Die Wähler wollen Personen, keine Parteien. Dazu passt die Stellenanzeige von Downing Street No. 10, in der Boris Johnsons berüchtigter Chefstratege Dominic Cummings »Weirdos« und »Misfits« für sein Team sucht, »Spinner« und »Außenseiter«. Wie gesagt: Extremtypen haben Konjunktur.

Dass sich eine stark personalisierte Politik auch ohne Krawall machen lässt, zeigen Politiker und, immer häufiger, Politikerinnen auf der ganzen Welt – sei es die neuseeländische Premierministerin Jacinda Ardern, sei es die finnische Ministerpräsidentin Sanna Marin. In Deutschland haben auf Bundesebene zuerst die Grünen konsequent auf Charisma gesetzt: Robert Habeck stolpert jeden Morgen von Neuem sympathisch verwuschelt aus dem Camping-Bulli an den Nordseestrand, Annalena Baerbock trägt auf Pressefotos Jeans, weißes T-Shirt und lässige Bikerlederjacke, Social-Media-tauglich sind sie beide. Das kann man vom Führungspersonal von Union und SPD nicht behaupten, und das ist ein Problem – mögen sie noch so oft wiederholen, ihnen ginge es um Inhalte und nicht um Personen.

Häufig verdrängt: Das Äußere spielt bei Politikern eine große Rolle. Der letzte Mohikaner in der SPD, der das begriffen hatte, war Gerhard Schröder. Markante Züge, das Haar voll und angeblich ungefärbt, toll. So gut sah er aus in seinen italienischen

Luxusanzügen und mit der Cohiba in der Hand, dass es ihm die Genossen übel nahmen – oder allenfalls verziehen, weil er das Aufstiegsnarrativ der SPD par excellence verkörperte: vom Trümmerfrauenkind zum Brioni-Kanzler, Chapeau.

Apropos. Die Franzosen haben einen hübschen progressiven Investmentbanker zum Präsidenten gewählt, dessen Alain-Delon-haftigkeit ihm mittlerweile als Allüren eines Sonnenkönigs angekreidet wird. Sicher ist: Macron hat ein Händchen für mutige Volten wie etwa die Spontaneinladung des iranischen Außenministers zum G7-Gipfel im August 2019. Nur durch solche Überrumpelungsaktionen, hat Macron begriffen, lässt sich die erratische, spontan aus dem Moment heraus entscheidende Politik eines Donald Trump beeinflussen.

In Italien wiederum sind es zwei Clowns der alten Schule, die so lange Politik machen, wie der Applaus noch andauert: Wuschelkopf Beppe Grillo und Zahnweiß-Entertainer Berlusconi, Letzterer zwar ohne Locken, aber dafür mit einer Haarlinie, als wäre sie aus Kuvertüre gegossen. Berlusconi ist die grellste denkbare Karikatur seiner selbst – doch genau das ist der springende Punkt: Er ist ein Typ. Ähnlich liegen die Dinge bei Donald Trump und Boris Johnson. Sie alle sind Aufmischer der normierten Parteienkultur und werden gerade deshalb gewählt. Und sie alle rollen mit ihren exzentrischen Charakteren und Emotionen den Parteienbetrieb von außen her auf. Es geht ihnen darum, die Regeln der alten Ordnung zu brechen, sich über Normen und Konventionen hinwegzusetzen. Viele Bürger erkennen sich in ihrem Aufbegehren gegen das bürokratische, politisch korrekte Establishment wieder, deshalb wählen sie Exzentriker wie Trump, Bolsonaro und Johnson.

In der Mitte hingegen herrscht das Mittelmaß. Hier beklatscht man nach Reiz-Reaktions-Schema noch die fadeste Rede des Vorsitzenden, hier jubelt man noch das miserabelste Wahlergebnis zum Erfolg hoch. So simpel die politische Botschaft auch sein mag, man verschwurbelt sie rhetorisch und verpackt sie in Politik-Speech. Auch dagegen richtet sich der Verdruss der Wähler. Überall – rechts wie links, in Deutschland und anderswo – sehnt man sich nach einer subtextlosen Politik. Und niemand bedient diese Sehnsucht mit so radikaler Konsequenz wie Trump in seinen Twitter-Botschaften.

Der Springer-Chef Mathias Döpfner hat 2019 in einem *Spiegel*-Interview argumentiert, dass die Verengung des »öffentlich Sagbaren« auf politisch korrekt gescriptete Phrasen, in denen man lieber gute Wünsche als unschöne Tatsachen artikuliert, den Rechten die Möglichkeit gibt, sich als authentische Verkünder der ungeschminkten Wahrheit zu inszenieren, als Muntermacher im »politisch korrekt sedierten Diskurs«. Ich denke, die Folge liegt auf der Hand: Während die politische Mitte immer breiter und ihre Kontroversen immer schmaler werden, steigt die Lautstärke an den Rändern. Anders gesagt: Vielen Menschen sind die Codes des Establishments zu kompliziert und zu anstrengend geworden.

Bei uns in Deutschland ist es die AfD, die davon profitiert. Sie kultiviert einen Anti-Establishment-Kurs. Man sagt Dinge wie »Die da oben tun nichts«, »Die da oben reden bloß« oder »Die Altparteien sind alle gleich«. In der AfD darf man alles sagen, was einem in den Kopf kommt. Sofort und ungefiltert, so unsinnig, falsch oder grob es auch sein mag. Allein das schon macht die AfD attraktiv. Sie ist der antiautoritäre Kindergarten unter den Parteien, nur eben für Erwachsene.

Ich kenne das von den Kindern meiner Freunde. Die nehmen besonders gerne dann, wenn sich die Familie zum Essen um den Tisch versammelt hat, Wörter wie »Kackawurst« und »Furzloch« in den Mund. Nie haben diese prächtigen Worte so viel Power, wie wenn das Essen auf dem Tisch steht, nie kann man mit so wenig Aufwand so effizient Aufmerksamkeit erzielen und die Eltern nerven, nie sind die Eltern dermaßen abhängig von der kindlichen Gnade, vor dampfenden Schüsseln sitzend ihre rhetorischen Exkremente einzuhalten. Kein Wunder, dass Sigmund Freud »unsere Kinder« als die »Primitiven der Gegenwart« bezeichnet hat. Und kein Zufall, dass der AfD-Vorsitzende Alexander Gauland Schoah und Zweiten Weltkrieg ausgerechnet als »Vogelschiss« bezeichnet hat. Nicht nur benennt er damit eine angeblich vernachlässigbare historische Kleinigkeit. Er tut das außerdem mit einem Griff in jenes sprachliche Fäkalregister, in dem sich die zivilisatorischen Außenseiter so gerne suhlen.

Wie verhalten sich da die Eltern? Am besten so tolerant wie möglich, so streng wie nötig, aber immer souverän und überzeugend. Dauernd schimpfen bringt jedenfalls nichts. Im Grunde ist die Frage eine pädagogische. Wie zivilisiert man den Nachwuchs, der von Natur aus einen Hang zum Grobianisch-Primitiven hat, wie kriegt man sein Fäkalwort-Tourette-Syndrom in den Griff? Irgendwann muss man schließlich ohne Wortwindel auskommen. Aber es gibt Hoffnung! Joseph Fischer jedenfalls gelang es im Laufe seiner politischen Karriere, auf das Wort »Arschloch« zu verzichten.

Die AfD, autoritätssüchtig und zugleich antiautoritär gegenüber dem »Establishment«, hat erkannt, wie stark sich viele Menschen nach rhetorischer Flegelei sehnen. Sie bedient dieses Bedürfnis nach Kräften. Kommen Beschwerden, klagt sie über Redeverbote und Unfreiheit. Dabei gehen ihr zwei Dinge durcheinander. Das eine ist das im Grundgesetz verbriefte Recht auf freie Meinungsäußerung. Es gilt für alle, Kinder und AfD eingeschlossen. Es ist also nicht verboten, wie Björn Höcke zu sagen, der »selbstverneinende« Europäer sei bedroht vom »lebens-bejahenden afrikanischen Ausbreitungstyp«. Das ist pseudowissenschaftlicher Stuss, aber man darf so etwas von sich geben. Es ist ja auch nicht verboten zu sagen: »Die braune Bratensoße auf meinen Kartoffeln sieht aus wie Dackelkacke.« Das andere ist, den »Ausbreitungstyp« und die »Dackelkacke« für sich zu behalten: erstens, weil beides – wenn auch vielleicht nicht im strengen Sinne wissenschaftlich widerlegbar – falsch ist, und zweitens, weil beides grob ist und andere Menschen verletzt. Notabene: Man darf fast alles sagen, aber deshalb muss man es nicht unbedingt sagen.

Natürlich ist die zur Tabuverletzung aufgeblasene Grobheit gerade das Schöne an der so eben noch im verfassungsmäßigen Rahmen gehaltenen Hate Speech der AfD. Nur hier lässt sich noch von »Kümmeltürken« und »Kameltreibern« reden, ohne dass sich politisch korrekte Parteigänger aufregen oder, umgekehrt, sogar die Spötter Mitleid für solche Pflegefälle aus dem Altenheim der Schimpfwörter empfinden. Nur in der AfD lässt sich davon schwadronieren, Menschen zu »entsorgen«, und nur in der AfD kann man holzgezimmerte Galgen in die Luft halten, auf die jemand mit Edding und ein bisschen Mühe »Volksverräter« geschrieben hat. Nur in der AfD ist dauernd Karneval, ein trister und trauriger zwar und einer voller Wut, aber eben, bei aller Witzlosigkeit, doch Karneval: Feier des rhetorischen Ausnahmezustands, wie er den Karneval und seine Narrensprünge nun einmal ausmacht. Wie der Karneval die Normalität der Welt psychologisch entlastet, indem er sie für kurze Zeit auf den Kopf stellt, so entlastet die AfD manche von der Normalität des zivilisatorischen Anstands.

Man könnte auch sagen: Die AfD ist die Paintball-Anlage unter den Parteien. Man geht hin und spielt Krieg, man muss sich ja mal abreagieren. Indem die AfD solchen Bedürfnissen entgegenkommt, die den meisten Menschen im Laufe ihrer Erziehung zivilisatorisch abtrainiert worden sind, unterscheidet sie sich von allen anderen Parteien. So infantilisiert die AfD die konservative Werte-Union. Offen bedient die AfD das Bedürfnis nach Stärke und Aggression. Offen bedient sie den Irrationalismus, wo die anderen auf Rationalisierung und Argumente setzen.

»Der Soli muss weg, dann haben alle mehr Geld!«, ruft die FDP. Kann man verstehen. »Wir brauchen mehr Gerechtigkeit, dann haben die meisten ein bisschen mehr Geld!«, fordert die SPD. Lässt sich nachvollziehen. »Essen wir weniger Fleisch, dann geht es dem Klima besser!«, sagen die Grünen. Dafür lässt sich argumentieren. Solche Forderungen sind verständlich und begründbar. Aber das Raunen der Rechten? Dunkel, tief und offenbarungshaft rauschen Höcke-Vokabeln wie »Entartung« und »tausendjährige Zukunft«, »Bewegung« und »Ausfallstellung« durch die Lande. Was soll das heißen? Völlig unklar – völkisch unklar. Aber der Sound knallt irgendwie rein.

Mythos und Psychologie bedient die AfD, wo andere Parteien bisher wenig, vielleicht zu wenig, bieten. Die rotkäppchenhafte Angst vorm Wolf, die die AfD schürt, zeigt das deutlich. Immerhin, andere Parteien scheinen das mittlerweile erkannt zu haben. Söders CSU kämpft jetzt für die Bienen, eine bienenvölkische Bewegung sozusagen, und ihr Chef umarmt auf Pressefotos einen Baum im Garten der Staatskanzlei – *tree hugging*, weiß-blau. Warum nicht? Die Grünen bemühen sich neuerdings ja auch um »Heimat und Herkunft«, worauf bis vor Kurzem noch die CSU das Copyright zu haben glaubte. Die Grünen nennen sogar ihre Sommerreise »Des Glückes Unterpfand« – und zitieren damit das »Lied der Deutschen«.

Die Parteien sind unter Druck. Waren sie bisher wie selbstverständlich eng mit der Vorstellung von Staatlichkeit verknüpft, suchen die Menschen heute weltweit einen starken Staat, zugleich jedoch eine personelle politische Erneuerung. Auch das ist ein Grund, warum Einzelpersonen heute in der Politik gegenüber den Parteien im Vorteil sind. Sie repräsentieren klarer den Aufbruch ins Neue, positiv wie negativ. Noch einmal, machen wir uns den krassen Widerspruch der politischen Situation klar, in der wir uns befinden: Die Menschen wünschen sich einen starken Staat, misstrauen aber den alten demokratischen Institutionen samt ihrem Personal.

Überhaupt haben wir Deutschen ein zwiespältiges Verhältnis zu unseren Politikern. Einerseits verweigern wir ihnen die Anerkennung für ihre Arbeit, andererseits stellen wir an sie besonders hohe moralische Ansprüche. Fehler, die wir uns selbst durchgehen lassen, verzeihen wir den Politikern nicht. Politiker sollen doch, bitte schön, bessere Menschen sein als wir selbst, am besten vom Typus protestantischer Pfarrer. Oder eben, das ist das andere Extrem: lauter, frecher und noch grober als wir, also vom Typus Trump. Wer will da noch Politiker werden, wenn man einmal diese schizophrenen Erwartungen begriffen hat? Sehr viel Arbeit hat man auch noch, und Dank erntet man schon deshalb kaum, weil politische Erfolge häufig gar nicht sichtbar sind. Während eine Generation von Start-up-Gründern mit dem Anspruch antritt, ganze Industrien zu revolutionieren, »Impact« zu schaffen, fällt es Politikern schwer, messbare Erfolge und zählbare Ergebnisse vorzuweisen – oder zumindest erzählbare.

Parteipolitik, das heißt heute immer noch endlose Gremiensitzungen neben Blähton-Pflanzentöpfen unter Neonlicht, dominiert von Polyester-Sakkos und Männerwitzen. Auf den Gängen riecht es nach Bier und Kesselwurst. Schon auf dem Weg in diesen politischen Raum verliert heute die Politik ihren Nachwuchs.

Ästhetik und Habitus der Hinterzimmer westdeutscher Kneipen passen nicht mehr zum Lebensgefühl der hedonistischen Jugend. Die trinkt heute grüne Smoothies in luftigen Coworking-Spaces, Hauptsache Insta-tauglich und konfliktfrei.

Wie unsexy dagegen die Parteien! Ihre Entscheidungsprozesse sind aufgrund komplizierter Machtverschränkungen zäh. Viel zu langsam reagieren sie auf die Herausforderungen unserer beschleunigten Gegenwart, damit schrecken sie noch mehr dringend benötigte politische Talente ab. Welcher begabte junge Mensch kann sich heute noch die parteipolitische Ochsentour ins Spitzenamt vorstellen?

Zudem scheint heute in der Politik unvorstellbar, was in den sozialen Medien gelingt: Anerkennung unter seinesgleichen. Vorbei die Zeiten, als Brandt mit seiner Ostpolitik zur Ikone der jungen Generation wurde, als Schmidt für sein Krisenmanagement im Deutschen Herbst bewundert wurde. Wer sich heute als Politiker outet, erntet nicht Likes, sondern Mitleid.

Heute werden nicht Politiker zu Ikonen, sondern Ikonen zu Politikern. Die Ikonen der polarisierten politischen Landschaft sind alte Bekannte. Links die reine Heldin, ein weibliches Opfer, unschuldig, ja kindlich, und dennoch stark: Greta, eine Mischung aus Jeanne d'Arc und der Jungfrau Maria. Rechts die echten Kerls mit »Grab them by the pussy«-Locker-Room-Talk, männlich, brutal, hämisch, schadenfroh: die Bolsonaros und Trumps dieser Welt.

Mit den Parteien geht es zu Ende. Ist das schlimm? Ich bin mir da nicht so sicher. Denn wir deuten die Erfahrungen mit dem Scheitern der Weimarer Republik und der Erfolgsgeschichte der Bundesrepublik falsch, wenn wir glauben, die Parteien wären heute so unverzichtbar, wie sie es nach 1945 waren. Damals waren sie der Motor der Demokratie, heute bremsen sie sie.

Die Hinterzimmer-Kungeleien um Wahllistenplätze passen nicht ins digitale Zeitalter. Die integrative Kraft ist dahin. Die Zersplitterung und Vervielfachung der Parteien zeigt das.

Richtig ist: Anfang der 1930er-Jahre gab es eine politische Radikalisierung, und auch heute haben wir eine gesellschaftliche Polarisierung, die uns mitunter auf fatale Weise daran erinnert. Mit der AfD hat sich eine neue rechte Partei etabliert. Das heißt aber nicht, dass wir heute wieder, wie 1933, auf den Faschismus zulaufen. Weder ist heute die Bedrohung dieselbe wie in der Endphase der Weimarer Republik, noch helfen heute die Mittel, die damals geholfen hätten. Tatsächlich sind heute die Parteien nicht die Rettung, sondern ein Teil des Problems.

Viele glauben immer noch, die sozialen Medien und YouTuber wie Rezo trügen die Volksparteien zu Grabe. Noch schlimmer: Sie beerdigen den ganzen Parteienstaat. Wer heute das System »Demokratie« bewahren will, muss das Betriebssystem »Parteienstaat« infrage stellen.

Nicht eine gewandelte Gesellschaft ist das Problem der Parteien. Die Parteien sind das Problem der gewandelten Gesellschaft. Im 19. Jahrhundert beförderten sie den gesellschaftlichen Fortschritt. Nach dem Zweiten Weltkrieg dienten sie der Sicherheit durch Stabilität. Heute behindern sie beides.

Das Grundgesetz sah 1948 die Parteien als *die* Akteure des Politischen. Heute sind sie politische Zombies. Freiwillig mag kaum noch jemand mit ihnen gehen, weder ziehen sie heute politische Talente an noch das Vertrauen der Bürger. Dennoch sind sie irgendwie auch als Untote noch aktiv und mächtig.

Das ist eine Gefahr für die Demokratie des 21. Jahrhunderts. Deshalb müssen wir das freie Mandat und die politisch wirksame Einzelperson stärken.

7 POLARISIERUNG, SOCIAL MEDIA UND WELT OHNE GATEKEEPER

O tempora, o mores! Was für Zeiten, was für Sitten! Kennt man aus *Asterix*, stammt aber von Cicero. Will sagen: Über die Gegenwart jammern die Menschen schon lange, Cicero war nicht der Erste. Alles beim Alten in dieser Hinsicht. Allerdings haben sich die Römer noch nicht über Social Media beschwert. Heute tut man das gerne: Facebook manipuliert die Menschen! Der politische Diskurs ist polarisiert und findet nur noch auf Twitter statt! Und nicht im Parlament!

Kann sein. Und die Vergangenheit war sicher anders. Aber besser? Sind wir da so sicher? Zum Beispiel das Medienverständnis von früher, vor dessen Hintergrund wir heute Social Media kritisieren: War es denn tatsächlich so demokratisch, pluralistisch und egalitär, wie wir meinen? Ich habe da Zweifel, und zwar mit Blick auf die Gatekeeper von früher. »Gatekeeper« heißt »Türsteher« oder »Wächter«, und im Unterschied zu den Türstehern vor dem Club sieht man die in der Medienbranche ganz einfach deshalb nicht, weil sie nicht vor der kalten Tür stehen, sondern drinnen in warmen Büros sitzen. Es gibt sie aber, diese Gatekeeper, und sie bestimmen darüber, welche Personen, Meldungen und Debatten reinkommen in die Zeitung, das Magazin, den Sender – um nicht zu sagen: »reindürfen« – und welche nicht, Stichwort »Sorry, heute nur Gästeliste«. Die Gatekeeper bestimmen, welche Geschichte erzählt wird und welche nicht.

Im Nachkriegsdeutschland gab es unter den Gatekeepern – bis auf wenige Ausnahmen alles Männer – weithin Einigkeit darüber, was galt: Wir hier in Deutschland haben Demokratie, Rechtsstaat, Volksparteien und Marktwirtschaft, aber eine soziale, bitte. Und wir haben eine Westbindung. Marcel Reich-Ranicki und Frank Schirrmacher waren Debatten-Kuratoren bei der *FAZ*, Rudolf Augstein zog einmal die Woche im *Spiegel* mehr oder weniger hämisch über die Bonner Politik her, und der *Bild*-Chefredakteur konnte die Regierung streicheln, schützend in den Arm oder unter Artilleriefeuer nehmen. Wer es durch die *Tagesschau*-Redaktionssitzung in die Zwanziguhrnachrichten schaffte, den sah das ganze Land. Danach kam ein Nachruf auf einen Schriftsteller, von dem außer Literaturprofessoren und Feuilleton-Federn noch niemand gehört hatte, dann: das Wetter.

Alles mittig, moderat und wohltemperiert. So war die alte Bundesrepublik. Heute wissen wir, dass dieses System auch deshalb so stabil war, weil es eben nicht partizipativ oder *bottom-up* verfasst war, sondern von oben herab geführt wurde. Journalisten, Fernsehmacher und Verleger hatten eine heute kaum noch vorstellbare Macht, viele von ihnen waren eitel und selbstgerecht. Sie sahen sich als Repräsentanten der sogenannten Vierten Gewalt im Staat. Das ist eine Vorstellung, die sich im 19. Jahrhundert beim Kampf der Zeitungen gegen die staatliche Zensur durchgesetzt hatte. Neben Regierung, Parlament und Gerichten sollte es die öffentlichen Medien geben: anfangs nur Tageszeitungen, später dann auch Radio und Fernsehen. Sie sollten durch Aufklärung und Kritik einen Beitrag zur Gewaltenteilung im Staat leisten, und genau das tun sie bis heute.

Einerseits waren die öffentlichen Medien ein wichtiges Korrektiv für die drei anderen Gewalten im Staat, andererseits wurden sie selbst Teil des Establishments. Bis heute zehren

Journalisten vom Nimbus einer Art eigenen Klasse. Man ist ernst, gewichtig und humorlos, trägt den Hemdkragen offen und die Ärmel aufgekrempelt wie die Watergate-Enthüller, jede Sekunde muss man ja mit den Händen im Dreck wühlen. Mehr Humor als in Uli Wickerts lächelndem Augenaufschlag am Ende der *Tagesthemen* war nicht vorgesehen.

Und ihr Mut und ihre Erfolge gaben den Journalisten ja recht. In der *Spiegel*-Affäre ließ Verteidigungsminister Franz Josef Strauß den *Spiegel*-Herausgeber Rudolf Augstein sogar ins Gefängnis stecken, das war am Ende schlecht für Strauß und super für die Pressefreiheit. Wie viele dunkle schmutzige Ecken hat der Investigativjournalismus seitdem ausgeleuchtet! Allein in den letzten sechs Jahren hat der Rechercheverbund NDR, WDR und *Süddeutsche Zeitung* den VW-Abgasbetrug mit aufgedeckt, die Dokumente und NSA-Enthüllungen des Whistleblowers Edward Snowden veröffentlicht, über die »Panama Papers« und über die deutsche Salafistenszene berichtet.

Seit dem 19. Jahrhundert waren Journalisten Abenteurer und Helden, ganz so wie der Reporter Tim aus den *Tim und Struppi*-Comics. In seiner Welt gibt es keinen Unterschied zwischen mafiösen Staaten und anderen Verbrecherorganisationen, muss man halt alles aufklären, und am Ende geht es den Menschen ein bisschen besser als zuvor. Wie Tims Hund Struppi waren die Journalisten selbst kleine investigative Kläffer, die sich von den Hosenbeinen der Mächtigen nicht abschütteln ließen.

Solche Helden gibt es heute, wie gesagt, immer noch. Aber so gut wie nie sind es die Twitter-Journalisten. Denn ihre millennialhafte Gefallsucht widerspricht dem kritischen Journalismus. Sie sind Follower, weil sie den Debatten hinterherlaufen, die in den sozialen Medien angestoßen werden. Rezo haut ein YouTube-Video raus, die CDU rotiert, und ein Teil des sogenannten Qualitätsjournalismus wirft die Interpretationsmaschinerie an, um zu klären, was eigentlich los ist. Zum Beispiel die Frage, ob man neuerdings tatsächlich auf Leute mit blauen Haaren hören muss. Klar, muss man. Aber den alten Gatekeepern hinterhertrauern muss man nicht. Denn sie haben so manches mitgetragen, was wir heute nicht mehr akzeptieren würden. Die Medien wiederum haben sich Anrufe von Politikern und die Beeinflussung redaktioneller Inhalte gefallen lassen. In Radio und Fernsehen konnte die Politik einen solchen Einfluss nur deshalb ausüben, weil eine Handvoll Senderverantwortliche über das Programm entschied. Sie bestimmten, was die Menschen hörten und sahen. Andere Sender gab es ja bis Mitte der Achtzigerjahre nicht.

Jahrzehntelang sah die deutsche Presse den weißen Südafrikanern bei der Apartheid zu. Nicht dass sie unbedingt darüber hinweggesehen hätte, aber sie unternahm auch nichts. Ungerührt ließ man den deutschen Politikern Jagd- und was sonst noch für Freundschaften mit den Vertretern des Apartheid-Regimes durch. Erst als sich Celebrities 1988 in London mit einem »Free Nelson Mandela«-Konzert für den inhaftierten Freiheitskämpfer einsetzten, kippte die Stimmung: eine selten effiziente Medienbewegung, bevor es Social Media gab.

Von heute aus gesehen erscheint die Pseudo-Mitmachkultur im Fernsehen der Siebziger- und Achtzigerjahre beinahe wie ein Zynismus, verlogen war sie in jedem Fall. Wer bei *Wetten, dass ..?* aus dem Publikum aufs Wettsofa gebeten wurde, sah dort neben den Stars immer peinlich und überflüssig aus. So Normalos, dachte man sich, gehören doch eigentlich gar nicht ins Fernsehen.

Umgekehrt gab es Leute, die man im Fernsehen haben wollte und deshalb schonte. Der legendäre Skifahrer und österreichische Nationalheld Toni Sailer etwa wurde nach einer Vergewaltigung von Bundeskanzler Bruno Kreisky persönlich gedeckt, die

Tat in Polen als Kavaliersdelikt vertuscht. Sailer blieb ein Held und Präsident des österreichischen Skiverbands. Sexuell übergriffige Fernsehregisseure wie Dieter Wedel wurden von den Verantwortlichen ihrer Sender geschützt. Sagt der Produzent: Nee, mit dem war ich neulich noch in Schwabing beim Italiener, der ist in Ordnung, war echt 'n netter Abend. Und wären Feuilletonisten wie Marcel Reich-Ranicki oder Frank Schirrmacher auf die Idee gekommen, sexuelle Belästigung zu debattieren? Wohl kaum. Kurioserweise fühlten sich nämlich beide durch Frauen bedroht: Reich-Ranicki durch die Männer-anklagende Literatur Elfriede Jelineks, Schirrmacher durch die angeblich von Frauen wie Sabine Christiansen dominierte »Bewusstseinsindustrie«. Wer unter den Herren am Redaktionstisch hätte sich da trauen sollen, mal das Thema »Macht- und Geschlechterverhältnisse« anzustoßen? Rudolf Augstein jedenfalls konnte es nicht, er hatte in dieser Frage selbst Dreck am Stecken, wie vom *Spiegel* im Zuge von #MeToo selbstkritisch berichtet.

Manche Dinge und Personen fanden einfach nicht im Fernsehen statt, und das auch in einem Staat wie den USA, die das Prinzip »Öffentlich-rechtlicher Rundfunk« gar nicht kennen. So ist der amerikanische Sprachwissenschaftler Noam Chomsky zwar der meistzitierte Intellektuelle des 20. Jahrhunderts. Weil er aber weit links stand, bekam er im Fernsehen nie eine Bühne. Hätte er sie erhalten, hätte das Unruhe gebracht ins Reagan-, Bush- und Clinton-Amerika. An Chomskys sozialistischen Ansichten war selbst dem offensiv progressiven CNN-Gründer Ted Turner nicht gelegen, sie passten einfach nicht zu seinen wirtschaftsliberalen Ansichten. So blieb auch CNN für Chomsky verschlossen.

Was ich sagen will: Die letzten zwanzig Jahre des vergangenen Jahrhunderts waren nicht schlecht, und mein Herz ist immer noch voller *Deutschland 83*-Serien-Nostalgie. Was hatten wir es damals wohlig warm in Deutschland, wenn man nicht ausnahmsweise gerade mit Spionen zu tun hatte, die aus der Kälte kamen! Dennoch: Nüchtern betrachtet, waren diese vergangenen Zeiten vor allem für diejenigen gut, die die Macht hatten, die dazugehörten, die beruflich erfolgreiche Männer waren und nicht Frauen – und die schon gar nicht zu irgendeiner komplizierten Minderheit gehörten oder irgendeine »aparte« sexuelle Neigung hatten. Solche Missstände dürfen wir nicht übersehen, wenn wir sehnsüchtig die Vergangenheit glorifizieren.

Was hätten denn damals Menschen, die Missbrauch erfahren hatten, tun sollen, nachdem ihre Beschwerden auf dem internen Dienstweg versackt waren? Einen Leserbrief an irgendeine Zeitung schreiben, um das System anzuprangern? Wäre wohl kaum gedruckt worden.

So wie in den USA Chomsky keinen Zutritt zu den klassischen Medien erhielt, blieben diese auch lange Zeit einem kauzigen linken Senator aus dem waldigen Vermont verschlossen: Bernie Sanders. Erst als seine Fans, College-Studenten und -Studentinnen Anfang zwanzig, im US-Vorwahlkampf über die sozialen Netzwerke mobilisierten, erhielt Sanders ein Forum. Plötzlich war er sichtbar, plötzlich war auch er im Fernsehen. Und trotz Repressalien aus der eigenen Partei hätte er 2016 um ein Haar Hillary Clinton im Rennen um die Präsidentschaftskandidatur der Demokraten geschlagen, seinem geradezu unamerikanisch sozialistischen Profil zum Trotz.

Auf der anderen Seite, bei den Republikanern, lief es ganz ähnlich – nur dass sich hier ein krasser Außenseiter durchsetzte, der sich bereits als eine populäre TV-Marke etabliert hatte: Donald Trump. Bekannt war Trump schon, als er ins Präsidentschaftskandidaten-Rennen einstieg. Aber ernst genommen hat ihn zunächst niemand. Im Fernsehen belächelte man ihn für seine dämliche rote »Make America Great Again«-Kappe und seine Mauer zu Mexiko. Aber Trump witterte seine Chance und twitterte. Jetzt hatte er einen eigenen Propagandasender und mobilisierte seine Anhänger dermaßen erfolgreich, dass die Etablierten plötzlich zur Berichterstattung gezwungen waren. Am Ende des Wahlkampfs war Trump omnipräsent – und Präsident.

Social Media, so zeigen es Sanders und Trump, fördert tendenziell die extremen Kandidaten, ist dabei jedoch unparteiisch – im Prinzip. Insofern kann man nicht sagen, dass Social Media undemokratisch wäre oder dass nur die Jungen von Social Media profitierten: Trump und Sanders sind beide über siebzig. Social Media kennt keine Altersdiskriminierung, ist offen für alle, egalitär und insofern demokratisch.

Was beim alten weißen linken Mann Sanders geklappt hat, kriegt eine junge Frau puerto-ricanischer Abstammung wie Alexandria Ocasio-Cortez erst recht hin. Sie bezeichnet sich selbst als demokratische Sozialistin und hätte in Zeiten vor Social Media niemals eine Chance auf einen Platz im Kongress gehabt. Noch jünger ist Greta Thunberg. Niemand hätte früher auf sie gehört, heute hat sie Millionen Follower auf Instagram. Noch vor fünfzehn Jahren wären beide Frauen Außenseiterinnen geblieben. Heute werden sie, nachdem sie über Social Media bekannt geworden sind, ins Fernsehen eingeladen – ganz so wie Sanders.

Damit hier kein Missverständnis entsteht: Trumps Twitter-Tiraden gegen Frauen, Minderheiten und politische Gegner, sein Rechtsverständnis und sein erratischer Politikstil sind eine große Gefahr für die liberale Demokratie. Aber dass er es an den Gatekeepern vorbei auf die politische Bühne geschafft hat, ist keine Gefahr für die Demokratie. Fair und nüchtern betrachtet, hat Trump dieselbe demokratische Chance ergriffen wie Ocasio-Cortez und Greta Thunberg. Gerade durch ihren Stil jenseits des Mainstreams bestätigen sie, dass unser politisches System tatsächlich pluralistisch ist. Uns mögen Trumps politische Inhalte nicht passen. Dennoch dürfen wir uns deshalb nicht unseren Reflexen der politischen Korrektheit überlassen. Nur weil wir Trump nicht mögen, ist er nicht automatisch antidemokratisch. Und nur weil er virtuos die sozialen Medien nutzt, ist Social Media noch kein Teufelszeug.

Vielleicht urteilen die analog Aufgewachsenen häufig so hart über die sozialen Medien, weil sie uns so häufig zum Hinterherlaufen zwingen. Das kränkt uns. Früher waren wir die *pacemaker* der Meinungsmache oder konnten uns das zumindest einbilden. Heute hat uns Social Media zu den dicken Kindern degradiert, die beim Rundenlaufen in der Schule unglücklich den *digital natives* hinterherjapsen.

Ich erinnere mich an den 8. November 2016, den Tag, an dem Trump gewählt wurde. Ich war in Lissabon auf einer Digitalkonferenz und abends noch in den Gässchen von Alfama unterwegs. Immer wieder warf ich ein Auge auf die Prognose der großen alten Dame *New York Times*. Trump oder Hillary Clinton, das war die Frage, die *New York Times* sah Clinton bei 90, Trump bei 10 Prozent Wahrscheinlichkeit für den Sieg. Nach Mitternacht schaute ich im Hotel CNN, und auf einmal waren die Zahlen schon ganz andere. Einige Staaten im Rust Belt hatten ganz unerwartet für Trump gestimmt, die Stimmung kippte. Und die *New York Times*? Hielt ihre 90-Prozent-Prognose, die schon wochenlang wie in Zement gegossen auf der Homepage der Zeitung gestanden hatte. Im Laufe des Abends ging sie dann, anscheinend widerstrebend, langsam runter. Schon bei der ersten Bewegung auf 85 Prozent schwante mir im alten Europa: Trump macht das Rennen, und wenn ich morgen aufstehe, ist alles anders.

Heute denke ich, dass in dieser Nacht nicht nur Trump das

alte Washingtoner Clinton-Polit-Establishment, sondern auch Twitter und Co die alten Medien überholt haben. Als hätte die *New York Times* das verhindern wollen, klammerte sie sich so lange daran fest, wie es eben noch ging. Doch wie sich die Uhr nicht anhalten lässt, ließen sich die Wahlergebnisse nicht aufhalten. Heute leben wir in einer neuen Ära.

Facebook und Twitter haben bei Revolutionen gegen autoritäre Regimes geholfen, etwa 2011 im Arabischen Frühling in Ägypten oder 2019 bei Protesten in Hongkong. Facebook und Twitter haben in Ländern wie dem Iran mehr Meinungsfreiheit ermöglicht. Wenn das nicht so wäre, hätte das Regime bei den Unruhen im November 2019 nicht im gesamten Land die sozialen Netzwerke ausgeschaltet. Sicher, Social Media dient auch Autoritären und Autokraten wie Trump, Salvini, Bolsonaro und anderen Scharfmachern. Das ändert jedoch nichts daran, dass es sich grundsätzlich um ein neutrales Medium handelt. So oder so ist Social Media der größte Angriff auf etablierte mediale Hierarchien, den wir seit Jahrhunderten gesehen haben.

Heute hat jeder die Möglichkeit, mit dem Smartphone in der Hand sein eigener Propagandasender zu werden – ob mit Schminktipps, Fitness-Tricks, Spülmaschinenreparatur-Videos oder politischen Meinungen. Von den Reichweiten, die jedes Smartphone haben kann, können etablierte Medien wie *New York Times*, CNN oder *Bild* nur träumen. Ohne eigenen Sender, ohne Redaktion, ohne Studio landen Einzelpersonen ungefiltert und ohne Zeitversatz auf den Displays in Millionen von Händen – und können dort bislang Unvorstellbares bewirken.

Technisch und handwerklich war es nie so einfach, sich öffentlich zu äußern. Klar, deshalb tun es auch so viele, deshalb ist das Netz so voll und laut und aufgeregt. Aber in all dem Lärm und Pseudoinformations-Blingbling gibt es auch so viele neue Themen und Positionen wie nie zuvor. Der Jahrmarkt der Eitelkeiten ist auch ein Markt der Neuigkeiten, die zu denken geben. Und das Geschäft, das auf diesem Markt betrieben wird, ist in vielen Fällen das der Aufklärung. Die sozialen Medien sind – auch – aufklärerische Medien, sie bringen Aufklärung ins nächste Level. Sie sind radikal antiautoritär und *bottom-up*. Und solange man ein Smartphone hat, sind sie auch ziemlich inklusiv.

Heute fungieren die sozialen Medien als das gesellschaftliche Korrektiv par excellence. Man könnte sagen: Wenn die öffentlichen Medien die Vierte Gewalt im Staat sind, dann ist Social Media die Fünfte. Mit welcher Wucht sich über diesen Kanal intervenieren lässt, haben #MeToo, Klimadebatte und #savetheamazon gezeigt. Dass nicht nur gechattet und gepostet wird, zeigen Hashtags wie #trashtag und andere Anti-Plastik-Initiativen, die heute schon bewirkt haben, dass die Meere und Strände hier und da etwas sauberer sind als noch vor ein paar Jahren. Durch Social Media finden bisher Ungehörte Gehör, Stimmen von den Rändern. Das politische Spektrum erweitert sich.

Wenn mächtige Influencer wie Rezo – »Macht« heißt hier »Reichweite«, also die Zahl der Follower – gut argumentierende Video-Statements gegen eine Partei platzieren, kann das über Nacht zum Polit-Thema Nummer eins werden und die betroffene Partei schwer ins Straucheln bringen. Social Media nimmt sich Freiheiten und schafft dadurch Freiheit. Daran ändert sich nichts, wenn wir damit nicht klarkommen. Wie seinerzeit die CDU-Vorsitzende Annegret Kramp-Karrenbauer als Reaktion auf Rezos Video »Zerstörung der CDU« nach »neuen Regeln« im Netz zu rufen, bringt jedenfalls außer der Selbstblamage nichts.

Aber vielleicht gibt es doch Einwände. Klar, das Neue lässt das Alte immer alt aussehen: die sozialen Medien die Traditionsparteien, Tesla die deutsche Automobilindustrie, Netflix die alten

VHS-Kassetten. Aber stimmt es denn überhaupt, was ich gerade gesagt habe, dass die sozialen Medien eine neue Epoche der Aufklärung einläuten und in der Tradition der Emanzipationsbewegungen des 19. und 20. Jahrhunderts stehen? Dass sie das Sprachrohr der Ungehörten, Abgehängten, Establishment-Kritiker sind wie früher, sagen wir, die »Arbeiter-Zeitung«? Gilt nicht vielmehr das Gegenteil? Schicken nicht Trump, Salvini und andere jeden Tag Hass, Rassismus und Verschwörungstheorien über ihren Twitter-Propaganda-Kanal hinaus in die Welt? Sind nicht sämtliche Tabu- und Political-Correctness-Filter, für die die Gatekeeper von früher gesorgt hätten, dabei ausgeschaltet? Und gerade die besonders Lauten im Vorteil? Ist das nicht gefährlich?

Doch, das stimmt. Aber was bedeutet es? Zunächst einmal: Ungleichheit der Waffen. Denn Gerüchte und Verschwörungstheorien verbreiten sich nachweislich viel schneller als wahre Aussagen oder gar Richtigstellungen. Gegen Trumps Twitterei kann man gar nicht anschreiben mit Richtigstellungen. Mit seinen eigenen brutalen Waffen wiederum wollen wir ihn nicht schlagen – und könnten das vermutlich auch gar nicht, da ist er schon ziemlich unschlagbar.

Was tun? Ich glaube, wir stehen hier vor dem Dilemma der sozialen Medien, einem Paradox. Wie alle technischen Innovationen hat Social Media zwei Gesichter. So ging es in der Geschichte ja schon mit der Druckerpresse und der Dampfmaschine. Die Druckerpresse befeuerte die protestantische Aufklärung gegen den Katholizismus, aber der Religionskonflikt überzog Europa mit verheerenden Kriegen. Die Dampfmaschine trieb die Industrialisierung an, aber diese erschuf auch das gigantische Elend von Arbeiterklasse und Lumpenproletariat. Auf lange Sicht jedoch, hatte ich fortschrittsoptimistisch mit Steven Pinker argumentiert, haben die Menschen fast immer vom Fortschritt profitiert. Ich hoffe, so wird es auch mit Social Media kommen, so widersprüchlich uns die sozialen Medien im Moment noch entgegentreten. Auf lange Sicht – und das heißt in Zeiten großer Beschleunigung eigentlich: ziemlich bald schon – werden hoffentlich auch die sozialen Medien mehr Freiheit, Vielfalt und gesellschaftliche Partizipation hervorbringen. Und das möglichst ohne Katastrophe auf dem Weg dorthin.

Warum haben wir Anlass zu dieser Hoffnung? Wie in der Technikgeschichte der Menschheit schon Rad, Segelschiff, Fernstraße, Briefpost, Telegraf und Telefon die Entfernungen der Welt schrumpfen und damit die Bezugsrahmen der Menschen wachsen ließen, so vergrößert auch Social Media den menschlichen Bezugsrahmen. Ohne Social Media würden wir uns nicht mit dem Plastikmüll im Indischen Ozean beschäftigen. Ohne Social Media täte nicht vielen von uns eine von Plastikschnüren strangulierte Schildkröte an einem weißen Traumstrand in Sri Lanka leid. Und ohne Social Media gäbe es nicht #savetheamazon. Schon 2010, als Social Media noch in den Anfängen steckte und das Fernsehen wichtiger war als heute, hat der amerikanische Soziologe Jeremy Rifkin die »globale Empathie« beschrieben, die das Erdbeben von Haiti ausgelöst hatte.

Durch die sozialen Medien sehen wir nicht nur Bilder vom anderen Ende der Welt, sondern wir empfinden auch Mitleid für Menschen und Tiere und Landschaften, die wir sonst niemals im Leben kennengelernt hätten. Social Media steigert unsere Empathie für diejenigen Schwachen und Unterdrückten, deren Leiden uns früher ganz einfach verborgen geblieben wäre. Das ist gut! Als im September 2015 ein türkischer Polizist den zweijährigen Alan Kurdi in den Armen hielt, der auf der Flucht von Syrien nach Europa ertrunken an den Strand von Bodrum gespült worden war, ging das grauenhaft traurige Bild des kleinen Kerls im roten

T-Shirt um die Welt. Das Mitleid, das es erregte, hatte erheblichen Einfluss auf die europäische Flüchtlingspolitik. Heute betreibt die deutsche Hilfsorganisation Sea-Eye im Mittelmeer ein Rettungsschiff, das »Alan Kurdi« heißt.

Bilder haben immer wieder den politischen Lauf der Welt beeinflusst: der Junge mit erhobenen Händen bei der Räumung des Gettos von Warschau, das weinend und nackt aus einer Napalm-Wolke dem Fotografen entgegenlaufende Mädchen in Vietnam, das hungernde Kind in Afrika, das auf vor Trockenheit aufgeplatzter Erde kauert, im Hintergrund ein Geier. Solche Bilder entfalteten ihre Wirkung über die Dauer von Monaten und Jahren. Heute geht das schneller, nicht nur bei Alan Kurdi. Ein Video von einer jungen Inderin, die sich in einem Bus gegen den Übergriff eines Mannes verteidigt, geht in wenigen Tagen um die Welt, Indien debattiert umgehend Gewalt gegen Frauen – und viele andere Länder auch. Weltweit artikulieren Menschen ihre Empörung und ihre Solidarität mit der jungen Frau.

Soziale Medien sind Verstärker. Sie verstärken Botschaften, und zwar unabhängig von ihrem Inhalt, Mitleid und Hass gleichermaßen. Verstärkung aber ist bei Social Media immer Übertreibung, Zuspitzung, Einseitigkeit, Anhäufung ein und derselben Meinung auf einen immer höheren Haufen, der Massenauflauf Gleichgesinnter. Wer hatte je durch eine Facebook-User-Debatte – ich spreche jetzt nicht von redaktionellen Inhalten, Rezo eingeschlossen – einen ausgewogeneren Blick auf ein Problem erhalten? Man muss sich schon die Threads zweier unterschiedlicher, um nicht zu sagen: verfeindeter Lager anschauen, um Pros und Cons zu finden. Wenn man innerhalb der einzelnen Lager überhaupt Argumente findet, dann jeweils nur Pros *oder* nur Cons – aber vor allem Polemik und Hass.

Das liegt zum einen am Echokammer-Problem. Auf Facebook

haben wir Freunde, die uns ähnlich sind, die wiederum haben Freunde, die ihnen ähnlich sind. Damit ähneln die Freunde der Freunde wiederum uns selbst und so weiter. Ein selbstreferenzielles System entsteht, ein Ego in der Mitte, das bin ich, und tausend Alter Egos drum herum. Frage ich sie nach ihrer Meinung, reflektieren sie meine. Herrlich! Alle sagen ganz freiwillig, was ich von ihnen hören will.

Aber funktionieren Freundeskreise nicht immer nach diesem Prinzip, auch in der analogen Welt? Ich glaube nicht. Klar, auch in der Nachbarschaft, in der Uni und in der Kita suchen wir Gleichgesinnte. Aber wir finden sie nicht so einfach wie auf Facebook. Unter Facebooks zweieinhalb Milliarden stoßen wir natürlich leichter auf ein paar Dutzend Spinner, deren Ansichten unseren aufs Haar gleichen, als auf einen einzigen solchen Spinner unter den vielleicht zehn Großstadtnachbarn, die wir per Namen kennen. Gedankenexperiment: Gibt es unter unseren Nachbarn einen einzigen Prepper, der sich auf den nahenden Weltuntergang vorbereitet und dafür zentnerweise Weizengrieß, Bitterschokolade und 9-Millimeter-Patronen hortet? Nein. Aber Social Media ist voll von solchen Knallchargen.

In der analogen Welt haben wir es mit Menschen zu tun, die wir uns nicht aussuchen können. Sie denken anders als wir und fungieren, ob wir das wollen oder nicht, als Korrektiv für unser eigenes Verhalten und Denken, auch Aussehen. Wenn uns die Leute im Hausflur komisch anschauen, kapieren wir, dass wir den Schlafanzug wechseln, die Haare waschen oder unsere Sextoy-Pakete besser einpacken lassen müssen. Dass wir nicht von Chemtrails reden sollten oder von Umvolkung. Im Hausflur und auf der Straße treffen wir auf das, was in der Philosophie »Common Sense« heißt. Wir treffen auf den »gemeinen«, also den allgemeinen »Menschenverstand«. Wir brauchen schon gute

Gründe, um uns ganz anders zu verhalten oder ganz anders zu denken, als es die allermeisten Menschen tun. Sonst halten sie uns nämlich für einen Sonderling oder einen Spinner, und das zu Recht.

Ganz anders in den sozialen Medien. Da können wir uns um den Common Sense herummogeln und in den Echokammern verschwinden, wo wir auf Gleichgesinnte treffen. Hier ist unsere Spinnerei das neue Normal, zack, bumm, auf einmal richtet sich der Common Sense nach uns und nicht mehr wir richten uns nach ihm. Je nachdem, in welchen Social-Media-Sphären wir uns bewegen, kommen Willkommenskultur-Kritiker oder Flüchtlingshelfer nicht mehr vor. Anders als im analogen Leben.

Im Grunde genommen demokratisiert die Echokammer der sozialen Medien den Hofstaat aus Schranzen und Liebedienern, Schmeichlern und Schleimern, den sich früher nur die absolut herrschenden Könige leisten konnten. Mussten sie ihre Gefolgsleute noch mit einer Mischung aus Bestechung und Kopf-ab-Drohung bei der Stange halten, finden sich heute in den sozialen Medien freiwillig die Schranzen zusammen, um sich gegenseitig recht zu geben und einander zu schmeicheln. Bei so viel Kuschelei wird allen ganz warm ums Herz. Da ist keiner, der nicht eine passende Kuschelheizung fände. Und da sind viele, die in blutigen Schlachten die Influencer-Ikonen verteidigen, denen sie Followerschaft geschworen haben.

In meiner Echokammer denken alle so wie ich, ergo bin ich im Recht: So suggeriert es mir Facebook. Das gilt unabhängig vom Inhalt. Früher, in der analogen Welt, war das anders. Da musste man sich im Dorf oder im Treppenhaus genau überlegen, ob man sich als Rassist outete oder als Lack-und-Leder-Fetischist, als Veganer oder als Briefmarkensammler. Im Zweifel behielt man seine Vorlieben und Überzeugungen für sich und dachte im besten Fall noch einmal darüber nach. Das hat in der jungen Bundesrepublik mit den unverbesserlichen Altnazis ganz gut funktioniert. Sie behielten im Großen und Ganzen für sich, was sie dachten. Dumm, aber stumm starben sie aus.

Die Echokammer versichert mir, dass ich vollkommen im Recht bin mit meiner Sicht der Welt. Stimmen ja auf Facebook alle anderen freiwillig zu! Jedenfalls die, die ich mir als »Freunde« ausgesucht habe. Das gilt leider nicht nur für mich, sondern für alle User und alle Meinungen, und seien sie noch so verrückt oder noch so *strange*. Wenn zigtausend Leute die antijüdische Hetze der sogenannten »Protokolle der Weisen von Zion« für bare Münze nehmen, dann sind das mehr Zeugen, als mir je bestätigt haben, dass sich die Erde um die Sonne dreht. Angesichts solcher Evidenz zieht so mancher die falschen Schlüsse.

Der britische Komiker und »Borat«-Darsteller Sacha Baron Cohen hat im Herbst 2019 in einer viel beachteten Social-Media-kritischen Rede genau darauf hingewiesen und den Unterschied von »freedom of speech« und »freedom of reach« unterstrichen, also von Redefreiheit und Reichweite. Durch ihre Reichweite und die daraus resultierende Meinungsselbstverstärkung seien Facebook und YouTube, so Cohen, zur »größten Propaganda-Maschine der Geschichte« geworden. Das ist natürlich eine Gefahr, insbesondere dann, wenn die Propaganda auf intellektuell Ungefestigte trifft: auf Kinder oder Jugendliche, auf Dummköpfe und Mitläufer.

Lügen haben in den sozialen Medien nicht kurze, sondern besonders lange Beine – längere jedenfalls als die Wahrheit, der die Lüge auf diese Weise schnell davonrennt. Vernunft und Mitleid mobilisieren die Menschen einfach nicht so stark wie die aktiven Emotionen Angst, Ekel, Zorn und Hass. Dann wiederum ermöglicht Facebook auch Propaganda für die gute Sache. Es ist, wie gesagt, weltanschaulich neutral.

Häufig mit der Echokammer verwechselt: die Filterblase. Sie ist etwas völlig anderes, auch wenn sie in der Wirkung der Echokammer ähnelt. In die Filterblase gerät man nicht, weil man sich als User nur mit Gleichgesinnten zusammentut. Das ist die Echokammer. In die Filterblase gerät man, weil einen die Algorithmen der Plattform dort hinschicken – nicht willkürlich natürlich, sondern auf Basis des zuvor analysierten Nutzungsverhaltens. Die Algorithmen verstärken unsere ohnehin schon bestehenden Vorlieben.

Ein Beispiel. In der faden Zeit nach Weihnachten wollte ich herausfinden, welcher Grillmeister dem damaligen FC-Bayern-Spieler Franck Ribéry das Skandal-Steak mit der Goldkruste serviert hatte. Die Sache wurde auch weit jenseits der Sportmedien diskutiert: Spätrömische Dekadenz und Kaiser Nero nichts dagegen, bald geht das Abendland unter und so weiter. Bei Instagram fand ich den Gastronom Nusret Gökçe, der auch Metzger und professioneller Fitness-Poser ist. Und Instagram ist clever: Sofort hatten die Algorithmen kapiert, dass es mir nicht um Nusrets Body ging, sondern um seine Steaks. Ich war nicht wegen Bizeps und Latissimus da, sondern weil ich ein Hobbykoch mit Interesse an Grill-Technik bin. Deshalb präsentiert Instagram mir jetzt dauernd neue Grill- und Kochvideos. Zurzeit ist jede sechste Kachel ein rotes rohes Steak, Tendenz jedoch rückläufig, seitdem ich mir gestern mal japanische Algensalate angeguckt habe.

Ähnlich ging es mir mit Cristiano Ronaldo, als ich seiner Social-Media-Selbstverstärkungskrake zum Opfer fiel. Aus irgendeinem Grund schaute ich mir mit meinem kleinen Neffen spektakuläre Fußballtore an. Weil Ronaldo erstens wahnsinnig gut Tore schießt, zweitens megapopulär ist und drittens Instagram komplett durchdrungen hat, zeigte uns Insta ziemlich schnell nur noch Ronaldo-Videos. Er hat die meisten Follower, also sind seine Hashtags die potentesten. Deshalb werden seine Tore auch Leuten vorgeschlagen, die sie eigentlich gar nicht sehen wollen, sondern sich für irgendwas anderes Fußballerisches interessieren. Sie interessieren sich nicht für Ronaldo, aber sie werden durch Instagram für Ronaldo interessiert – The winner takes it all, auch hier. 170 Millionen Follower hat Ronaldo, als ich dies hier gerade schreibe. Jedes Mal, wenn es einer liest, sind es schon wieder mehr.

Man könnte also sagen: »Fame schlägt Vielfalt«. Sicher, in den sozialen Medien findet sich alles, wirklich alles. There's sssooo much diversity! Aber zugleich gibt es eine systematische Selbstverstärkung hin zum Populären, Spektakulären. Zu dem, was besonders schön, attraktiv, radikal, brutal und krass ist. Das ist einer der vielen Widersprüche. Soziale Netzwerke geben allen ein Forum. Aber nur ganz wenige Selbstdarsteller machen sie durch systematische Algorithmus-Verstärkung zum Superstar. Wenn der Mob durch die Straßen zieht, schaukelt sich die Stimmung auf. Ein bisschen was von dieser Stimmung durchzieht Facebook, YouTube und TikTok, immer und überall. Dauernd werden neue Stars gemacht, dauernd werden alte im Shitstorm hingerichtet.

Früher fuhr die *Bild*-Zeitung mit ihren paar »Promis«, über die sie berichtete, im Fahrstuhl rauf und irgendwann wieder runter in den Keller. Heute schießen die sozialen Medien jeden Tag Milliarden Knallfrösche in die Luft, und kurz darauf ziehen ein paar von ihnen wie Kometen am Himmel ihre Bahn.

Gerade habe ich »Mob« gesagt, aber nicht von »Lynch-Stimmung« gesprochen. Doch auch das Lynch-Morden kriegen die sozialen Medien hin. In Pakistan haben in jüngerer Zeit durch Social Media aufgeheizte Moslems, in Indien haben Hindus angeblich »Ungläubige« totgeschlagen. Und das sind nur zwei Beispiele, auch in Deutschland haben die sozialen Medien Menschen zum Morden angestachelt, nicht nur in Halle.

Wir alle wissen, dass es schwierig ist, mit Fremden und Andersdenkenden zu diskutieren. Und dass es schwierig ist, ihr Anderssein zu ertragen, wenn man es nicht versteht, oder erst recht, wenn man es nicht gutheißt. Social Media macht den Umgang mit dem Fremden nun noch schwieriger. Denn Selbstverstärkung, wie sie die sozialen Netzwerke systematisch erzeugen, führt zu Selbstgerechtigkeit und Selbstgerechtigkeit dazu, dass wir noch schneller den Splitter im Auge des anderen sehen und verurteilen, aber nicht den Balken im eigenen. Ruck, zuck findet sich in der Echokammer ein Tribunal Gleichgesinnter zusammen, das über andere zu Gericht sitzt. Über Ausländer, Flüchtlinge, Jäger, Journalisten, Anwälte, Fleischesser, SUV-Fahrer, angebliche Vergewaltiger und tatsächliche Vergewaltigungsopfer.

Im Juli 2015 lockte der amerikanische Zahnarzt Walter Palmer, im Netz bisher nur lokal für seine »Weltklasse-Zahnreinigung« bekannt, in Simbabwe den als Touristenattraktion bekannten Löwen »Cecil the Lion« aus dem Hwange-Nationalpark heraus. Er schoss ihm einen Armbrust-Pfeil in den Körper und tötete ihn erst einen Tag später, wiederum mit einem Pfeil. Weitere hässliche Details spare ich mir. Einen Social-Media-Shitstorm, wie er weltweit gegen Palmer losbrach, hatte die Welt noch nicht gesehen. Innerhalb von Tagen wünschten Hunderttausende dem Löwenjäger über Facebook den Tod, er bekam massenhaft Morddrohungen, es gab Petitionen gegen die Trophäenjagd.

So entstand eine Eigendynamik, deren Folgen nicht absehbar waren. In Simbabwe ging die Löwenjagd zurück. Das Land erlitt spürbare finanzielle Einbußen, anscheinend gibt es jetzt eine Löwen-Überpopulation. In jedem Fall geht es vielen Einwohnern schlechter als in Zeiten florierender Löwenjagd.

Wer hat das bewirkt? Die sozialen Medien. Beziehungsweise, genauer gesagt, ihre User, die das natürlich ohne die kollektive Selbstverstärkungsmacht von Social Media gar nicht vermocht hätten.

Was früher die Gatekeeper moderierten, in ihren Filtern klärten oder gleich ganz unter den Tisch fallen ließen, heizen heute auf der einen Seite die Hater, auf der anderen Seite die Political-Correctness-Claqueure an. Der Wunsch nach Zugehörigkeit, Eindeutigkeit und das gute Gefühl, im Recht zu sein, sind stärker als der Wunsch nach Wahrheit und Ausgewogenheit. In der Sozialpsychologie hat man dieses Social-Media-Verhalten als »Tribalismus« beschrieben, also als Stammesdenken: eine archaische Verhaltensform, bei der Zugehörigkeit über alles geht, über Argumente, Anstand und Fairness.

Das Zeitalter der sozialen Medien ist das Zeitalter neuer Stammeskriege. Den Stamm der Progressiven etwa erkennt man an ihren »Progressivitätsmarkern«. So hat das der Philosoph Philipp Hübl genannt. Er hat die Erkennungszeichen der Progressiven beschrieben, die sie zum Zweck der Signalwirkung vor sich hertragen – ihre Kleidung, Tattoos und Ernährung. Häufig ersetzen sogar bloße Symbole und Signale das politische Engagement. Wenn man aber nicht lebt, was man signalisiert, dann sind Weltverbesserungs-Hashtag oder blauer Europa-Hoodie nichts anderes als modische Accessoires – wie ein weiteres Paar Sneaker. Der Politologe Mark Lilla hat das bissig die »Pseudopolitik« der Liberalen genannt. Was sie damit bewirken, ist die Ausgrenzung der Nicht-Progressiven. Auch die Political Correctness gehört zu jenen »feinen Unterschieden«, deren Ausgrenzungsmacht der französische Soziologe Pierre Bourdieu beschrieben hat.

Kurioses Paradox: Die vermeintlich Ach-so-Progressiven suchen kaum weniger nach Eindeutigkeit und Stammessolidarität als die Konservativen – wir hier, die anderen da. In ihrer Stammessehnsucht nach Komplexitätsreduktion sind sich viele Progressive und Konservative merkwürdig einig. So wollen viele Progressive nicht, dass AfD-Gründer und VWL-Professor Bernd Lucke seine Vorlesung hält, obwohl doch eigentlich Ambiguitätstoleranz zu ihrem Markenkern gehört. Ebenso wenig ertragen es viele Harvard-Studierende, wenn Ronald Sullivan jr., einer ihrer Rechtsprofessoren, den der mehrfachen Vergewaltigung beschuldigten Filmproduzenten Harvey Weinstein vertritt.

Anscheinend sind heute Progressive – oder die, die sich dafür halten – so verunsichert oder so selbstgerecht oder beides, dass sie selbst demselben primitiven Stammesdenken folgen, das sie an den Rechten seit jeher verurteilen. Das nervt! Jedenfalls nervt es mich, denn ich finde Stammesdenken blöd. Stammesdenken ist ja nichts anderes als ein selbstgerechtes Schubladendenken, auf das man auch noch stolz ist.

Apropos Selbstgerechtigkeit. Damit wir uns nicht falsch verstehen: Ich finde es grausam und, bitte um Entschuldigung, zum Kotzen, aus Spaß mit Pfeilen auf einen Löwen zu schießen. Allerdings finde ich auch den Social-Media-Mob, der über den amerikanischen Zahnarzt mit Kolonialherren-Attitüde hergefallen ist, zum Fremdschämen. Und zudem beängstigend. Denn wir müssen heute nicht erst zur Armbrust greifen, um Gefahr zu laufen, an den Social-Media-Pranger gestellt zu werden. Eine blöde unüberlegte Bemerkung, wie sie jedem von uns einmal unterläuft, mit dem Smartphone aufgenommen und auf Facebook gepostet, und wir sind als Rassisten, Sexisten oder sonst irgendein Idiot enttarnt. Irgendwo läuft immer ein Handy mit, sicher vor der eigenen Dummheit ist man nie und nirgends.

Wichtiger als Fakten und Argumente sind heute Bilder und Slogans. Sie sind es, die in unserer Spektakel-Demokratie den Ausschlag zum Handeln geben. Erst, als Alan Kurdi mit dem Kopf im Sand liegt, als sei er nur gerade eben beim Fangenspielen hingefallen, wachen nordeuropäische Regierungschefs auf. Zehntausende Flüchtlinge sind da schon im Mittelmeer ertrunken. Erst, als Google für die Buchstabenfolge »Silv…« die Vervollständigung »Silvesternacht Köln« vorschlägt und neblig-milchige Bilder von einem irgendwie diffus herumstehenden Mob durch die Netzwerke gehen, sind in den öffentlichen Medien auf einmal Willkommenskultur-kritische Stimmen okay.

Und gleich kippt die Stimmung, Pegida marschiert, die Reihen fest geschlossen. Die AfD häutet sich und wirft ihre nerdigen D-Mark-Volkswirtschaftsprofessorenpullis ab, Frauke Petry wirbt um Sympathie für alte Nazivokabeln, und »völkisch« ist jetzt wieder in Ordnung. Die Gladiatorenmentalität zieht, spätestens mit der AfD, auch in den Bundestag ein. Alice Weidel gibt die Germania mit Roh-Rhetorik, die Erregungskurve hängt permanent an der Decke, unter voller Kanonenkraft tut es die AfD nicht.

Politik funktioniert jetzt wie Social Media. »Dagegen!«, lautet die liebste Losung, und nichts steht der politischen Lösung ferner als dieser Schlachtruf. Klar, Dagegensein ist immer einfacher als Dafürsein, und in den sozialen Medien hat man mit oppositionellem Gemotze viel schneller Erfolg als mit der geduldigen Auseinandersetzung, warum dieses gut und jenes sinnvoll sei. Das hat auch die CDU erkannt, als sie Philipp Amthors Antwort-Video auf Rezos »Zerstörung der CDU« unter Verschluss hielt und darauf verzichtete, es als kostenlose Witzvorlage für die deutschen Comedy-Shows ins Netz zu stellen.

»Dagegen!« ist ein herrliches Wort. Wer wüsste das besser als die *Bild*-Zeitung, wer wüsste das besser als wir selbst, wenn wir auf Berufs- und Partnersuche sind. Die mag ich nicht, den will ich nicht, schon klar. Da können Angela Merkel und irgendein SPD-Chef oder eine SPD-Chefin noch so häufig betonen, dass Politik die Kunst des Kompromisses sei. Hilft nichts.

Es gibt Leute, die spüren ganz fest: Flüchtlinge wollen wir nicht! Aber was wollen sie dann? Können sie nicht sagen. Vielleicht eine nette Freundin? Wünsch ich ihnen. Oder wollen sie sich »unser Land zurückholen«? Kann sein, nur: Was heißt das denn? Unser Land, wie es früher war? Nutella-Deutschland? Die DDR? Wünsch ich ihnen nicht, geht ja auch gar nicht.

Wenn Grenzen verschwimmen, wenn Nationen, Geschlechter und sexuelle Identitäten unklar werden und sich gleichzeitig die Bezugsrahmen ins unüberschaubar Globale weiten, dann sind die meisten von uns überfordert und gehen aus Angst in Abwehrstellung, nicht nur vermeintliche Nazis. Gestehen wir uns das ruhig ein. Ich bin ein selbst erklärter Progressiver, aber auch mir wird manchmal unwohl, wenn ich an die Zukunft denke.

Wir müssen zur Kenntnis nehmen: Die Bilder von offenen Grenzen und Flüchtlingstrecks auf der Bundesautobahn Salzburg–München, und es sind für die allermeisten nur digitale Bilder, machen vielen Menschen Angst. Ich glaube, dass wir darüber reden sollten. Und ich glaube nicht, dass wir uns dafür schämen sollten. Schämen sollten wir uns, da stimme ich Angela Merkel zu, für die Schmähgesänge, die Neonazis ankommenden Flüchtlingen und ihren Kindern 2015 in Heidenau entgegenbrüllten.

Aber so, wie die Dinge liegen, trauen sich die meisten Menschen nicht, offen über ihre Ängste vor offenen Grenzen und Flüchtlingen zu sprechen. Denn die Progressiven stehen am Bahnhof und auf Facebook und klatschen sich selbst Willkommenskultur-Beifall – eine einzige Alle-Menschen-werden-Brüder-

Menschenkette, bei der sich, wie beschrieben, *taz* und *Bild* und CDU und Linke mit vor Rührung schwimmenden Augen untergehakt haben.

Ironie der Geschichte: Der breite Willkommenskultur-Konsens der öffentlichen Medien, so scheint es mir, war nichts anderes als die Kehrseite der zunehmenden gesellschaftlichen Polarisierung, ja, der Wunsch, sie zu verdrängen. Denn wie vielleicht noch nie zuvor in der Geschichte der Bundesrepublik fühlten sich 2015 und 2016 große Teile der Bevölkerung mit ihren Gedanken und Empfindungen nicht mehr in den klassischen Medien repräsentiert. Nicht einmal die *Bild*-Zeitung motzte und totterte, wie sie es jahrzehntelang bei jeder noch so kleinen Benzinpreiserhöhung zuverlässig getan hatte.

Heute laufen immer mehr und immer tiefere Polarisierungsgräben durchs Land. Übertreibungen hüben, Übertreibungen drüben, nicht nur in der Flüchtlingsfrage, sondern bei zig Themen. Die Jungen gegen die Alten, Umwelthilfe gegen Diesel, städtische Hobby-imkernde Naturschützer gegen ländliche Schweine züchtende Naturbewohner, coole Global-Elite gegen Spreewälder Vor-Ort-Bleiber, Reich gegen Arm, Fahrrad-Militaristen gegen selbstherrliche SUV-Fahrer.

All diese Konflikte – Stammeskonflikte – befeuert Social Media. Und: Alle finden auf zwei, drei Plattformen statt und nirgendwo sonst, außer natürlich in der alten Qualitätspresse, die kaum noch jemand unter vierzig liest. Die Plattformen aber sind zugleich mächtig, gefährlich und verwundbar. Wieder so ein Paradox! Erstens sind Plattformen mächtig, weil niemand so viel Einfluss auf die globale Meinungsbildung hat wie sie. Zweitens sind sie gefährlich, weil die Machtkonzentration auf dem Meinungsmarkt so gefährlich ist wie jede Machtkonzentration, den sozialen Medien aber – im Unterschied zu allen anderen Formen von politisch wirksamer Machtkonzentration – bisher keine Verfassung irgendeinen Riegel vorschiebt. Drittens aber sind die Plattformen verwundbar, weil sie von totalitären Staaten zu Zwecken der Desinformation und Propaganda gekapert werden können, Stichwort: Beeinflussung der US-Wahl 2016 durch Putins Troll-Fabriken. Und die kommerzielle Auswertung von User-Daten, die Cambridge Analytica auf Facebook gesammelt hat, um sie dem Meistbietenden für politische Kampagnen zu verkaufen, ist ein Gefahrenthema für sich.

Merken wir eigentlich nicht, welchen krassen Einfluss Social Media auf die Welt hat, in der wir leben? Vielleicht liegt es daran, dass wir uns auf Facebook die Köpfe einschlagen können, ohne dass wir Blut sehen, Klamotten und Hände bleiben dabei schön sauber. So leicht lässt sich dreinschlagen, dass man sich den Spaß einfach mal gönnen kann. Bei einer echten Schlägerei hätte man hinterher Glassplitter in der Hand, Schmerzen im Gesicht und die Polizei am Hals. Prügel-Posts auf Facebook hingegen sind folgenlos.

Es gibt eine Hemmschwelle gegenüber Menschen, denen wir Auge in Auge gegenüberstehen, wenn nicht sogar den Wunsch, sich in so einer Situation gut zu verstehen und dem anderen zu gefallen. Bei Donald Trump ist das so. Per Twitter beschimpft er den nordkoreanischen Diktator Kim Jong-un als Pimpf mit winzigem Atomknopf; wenn er ihn trifft, lobt er ihn als großen Feldherrn über den grünen Klee. Ähnlich geht es Trump mit Putin und Erdoğan, ja sogar mit Merkel. Via Twitter disst er sie, wenn er sie trifft, umgarnt er sie, als gäbe es einen Flirtbefehl. Diese Trump'sche – oder auch menschliche – Schwäche hatte Macron im Sinn, als er im September 2019 ein persönliches Treffen zwischen Trump und dem iranischen Präsidenten Rohani organisieren wollte. Macron weiß: Nur aus der digitalen Komfortzone heraus verschießt Trump Gift und Galle. Beim Tête-à-Tête mit mächtigen Männern kriegt er hingegen den Kuschelkomplex.

Und steckt nicht in allen von uns ein kleiner Trump? Bei den meisten von uns jedenfalls zählt produktives Streiten nicht zu den größten Stärken, im Zweifel sind wir besser in der Konfliktvermeidung als in der Konfrontation. Das gilt in der Beziehung zur Chefin und zum Partner, zu Mitarbeitern und zu Freunden. Und auch bei uns sinkt die Beißhemmung, wenn wir kein physisches Gegenüber haben, und sei es nur bei einer vernichtenden Ein-Sterne-Bewertung auf Amazon, die wir keinem Händler so ins Gesicht gesagt hätten.

Paradoxe Welt! Auf der einen Seite herrscht die digitale Verrohung, auf der anderen das Kuscheldiktat der Political Correctness. Alle sind so sensibel heute! Niemand möchte dem anderen zu nahe treten. Oder ihm überhaupt nahekommen. Viele junge Menschen schreiben heute lieber eine Message, als schnell etwas mündlich zu besprechen. Ältere Chefs sagen dann: »Warum kommst du nicht einfach kurz vorbei?« Sie unterschätzen offenbar das Behütungs- und Schonungsbedürfnis der Kinder von Helikoptereltern, ihre Empfindlichkeit, ihren Wunsch, eine Antwort nicht sofort geben zu müssen, sondern wenn es ihnen genehm ist, wenn sie sich »danach fühlen«.

Solange ich nur sende, droht ja noch kein Konflikt, und wann ich mir die Antwort anschaue, ist meine Sache: Ich entscheide, wann ich mal die Nasenspitze rausstecke aus der Komfortzone. Das ist ja das Prinzip »Sprachnachricht«: unwidersprochen raushauen, dann erst mal abtauchen und abwarten. Klar, dass man so die Konfliktfähigkeit verliert und sie allenfalls in der Simulation kompensieren kann, indem man starke, krasse, hässliche Statements rausschießt in die Welt.

Kurios: Ausgerechnet die Leute, die das tun, beschweren

sich besonders laut, dass man in Deutschland nicht mehr frei seine Meinung äußern dürfe. Einer Allensbach-Umfrage zufolge denken 70 Prozent der Menschen in Deutschland, dass der »Raum für die Meinungsfreiheit kleiner« und immer mehr Themen »zu Tabuzonen« geworden seien. Hier gibt es ein Missverständnis. Denn – erstens – bedeutet »Meinungsfreiheit« nicht, dass der eigenen Meinung nicht widersprochen werden dürfte. Darüber muss man sich als Meinungsverbreiter klar sein: Es gibt keinen Anspruch auf Widerspruchsfreiheit. Außerdem sollte man sich – zweitens – klarmachen, dass »Erst nachdenken, dann reden« ein bewährtes Prinzip ist – und manchmal auch »Erst nachdenken, dann lieber nichts sagen«. Es gibt keine Verpflichtung, alles, was man sagen könnte, auch tatsächlich mitzuteilen. Tut man es doch, dann sollte man argumentieren. Denn nur so kommt man ins Gespräch.

Gibt es also Regeln fürs Öffentlich-Sagen, so gibt es – drittens – auch Regeln fürs Verstehen des öffentlich Gesagten. Dazu gehört vor allem das Verstehenwollen. Die Philosophie hat dafür den Ausdruck »principle of charity« geprägt, also das »Nachsichtigkeitsprinzip«. Wir sollten dem anderen, selbst wenn uns etwas an seiner Aussage stört, immer unterstellen, dass sie auch irgendetwas Bedenkenswertes enthält, also zumindest ein Körnchen Wahrheit. Der Aufklärungsdenker Georg Christoph Lichtenberg hat diesen Gedanken als rhetorische Frage formuliert: »Wenn ein Buch und ein Kopf zusammenstoßen und es klingt hohl, ist das allemal im Buch?«

Die Nachsicht, fürchte ich, ist uns heute so ziemlich verloren gegangen – und zwar auf beiden Seiten des politischen Spektrums, bei den Progressiven wie bei den Konservativen. Vor allem bei den Progressiven, wo man sich auskennt mit den Codes der Political Correctness, setzt man die rhetorischen Standards so hoch, dass diejenigen, die die Codes nicht beherrschen, von vornherein ausgeschlossen sind. Elitäre Gutmenschen-Arroganz macht natürlich die, die nicht so eloquent sind, wütend, und deshalb flüchten sie sich gerne in Ad-hominem-Argumente, die sich nicht gegen die Sache, sondern die Person richten.

Sich mit anderen auseinanderzusetzen, heißt, solange man das verbal tut: argumentieren. Und wer argumentiert, macht sich selbst angreifbar. Das funktioniert nur in einem sportlichen Geist, der auch eine Niederlage einkalkuliert. Konflikte zu suchen ist nicht asozial, es ist sozial. Wir müssen uns den Herausforderungen Andersdenkender stellen, indem wir sie beim Namen nennen und darüber streiten. Diesem Streit dürfen wir nicht aus Faulheit und Selbstgerechtigkeit ausweichen. Dabei müssen wir den Anstand haben, in den sozialen Medien nur das zu sagen, was wir den Betroffenen auch ins Gesicht sagen würden.

8 INSTAGRAM UND DIE MACHT DER ÄSTHETIK

Goldene Kreolen, die auf gebräunten Schultern klimpern, glänzende Knie und nackte Zehen im Sand. Eine dunkelviolette Bananenblüte mit silbrig schimmernden Blättern, darüber eine Staude voll knallgrüner Minibananen, fotografisch messerscharf freigestellt vor einem bräunlich verschwimmenden, farbwarm wabernden Hintergrund. Ein verstrubbeltes Katzenkind mit Augen so groß wie Pflaumen auf blau-weiß gebrannten Fliesen unter südlicher Sonne. Ein Finger-Herzchen zum Durchschauen, hinten leuchtet das Matterhorn. Gegenwartskunst aus dem Guggenheim Bilbao, Infinity-Pool in der Karibik, Hotelträume in Brautweiß, und immer wieder: Modelmaß-Körper, die sich selbst im Spiegel betrachtend fotografieren.

Das ist Instagram, die schönste aller möglichen Welten! Hashtags, in deren Wohlklang man baden möchte. Der Spa-Bereich einer digitalen Welt in ewiger Hast, ästhetischer Ruhepol und Ausgleich für das kakofone Durcheinander der hässlichen Feinstaubwelt da draußen. Nicht plumpe Prinzessinnenwelt in Pink, sondern raffiniert inszenierter zeitgenössischer Kunstgeschmack, das ganze Leben eine einzige Sushi-Platte, Körper, Möbel, Landschaften, Kunstausstellungen, alles zum Anbeißen. Professionell kuratierte Komfortzone eines Lebens, das so aussieht, als wäre es nichts anderes als diese Komfortzone – eine Welt, in der der Kommentar »Du Schöne!« bestätigt, dass frau richtigliegt.

Aber es gibt Regeln. »Sei schön!« und »Zeige Schönes!« sind die obersten Gebote. Wer dagegen verstößt, wird bestraft. Die Freundin eines Freundes von mir postete auf Instagram eine Videosequenz zu Tierversuchen in Deutschland, ein großer Teil ihrer Follower kündigte ihr umgehend die Gefolgschaft. Denn ihr Feed war verschmutzt worden, eingeschraubte Affenschädel und verkotete Tierboxen waren in die Komfortzone eingedrungen, das will doch niemand. Wer Tierrechte-Videos sucht, soll halt zu YouTube gehen, da kann man sich ja auch Terrorpropaganda am libyschen Strand anschauen und anderes Männerzeug.

Instagram den Instagrammern! Wer schön sein will und empfindsam ist, muss auch ein bisschen auf sich achten.

Die Zeiten, in denen wir leben, sind unruhig. Kein Wunder, dass mit Instagram das Biedermeier ein Comeback feiert. Ursprünglich folgte die Biedermeierzeit dem Wiener Kongress, bei dem 1815 nach Napoleons Niederlage von Waterloo Europa politisch neu geordnet wurde. Der preußischen und der österreichischen Monarchie gelang es, sämtliche republikanische Nationalbewegungen zu unterdrücken, die in den Befreiungskriegen gegen Napoleon Hoffnung auf eine selbstbestimmte Zukunft geschöpft hatten. Es begann die Zeit der sogenannten Restauration, es herrschten Unterdrückung, Zensur und Spitzelei. Die psychischen Energien der Menschen, so die Standard-Interpretation des Biedermeier, kehrten sich nach innen. »Innerlichkeit« ist die Signatur der Zeit, ihre Spezialitäten sind Gedicht und Kunstlied, Malerei und Interieurs, Möbel und Geschirr, Hausmusik und Bibliotheksglück.

Das Biedermeier ist eine Flucht, Kapitulation vor den Verhältnissen. Revolution war kein Thema, von ihr sangen und schrieben nur die Dichter des »Vormärz«: Heinrich Heine etwa, der in Paris im Exil saß und in Deutschland nicht gedruckt werden durfte. Auch politisch ähnelt Instagram dem Biedermeier des 19. Jahrhunderts, oder genauer: auch unpolitisch. Instagram kapituliert ja vor dem System – zwar nicht vor den restaurierten Monarchien Europas, wohl aber vor Big Data und der digitalen Beschleunigung der Welt.

Flucht in die Entspannung! Wie das Biedermeier sich in seine Bibliotheken, Pfarrhausstuben und Teesalons zurückzog, so kehren wir im digitalen Biedermeier von Instagram ein in einen sauber gekachelten Kosmos von Trostbildern und Streichelkommentaren, Petersburger Hängung fürs dritte Jahrtausend. Ein türkisches Dampfbad im ottomanischen Stil, eine sanft schwingende Hängematte vor der pazifischen Brandung – da lockert sich doch gleich das vegetative Nervensystem.

Ehrlich gesagt, macht doch so viel Schönheit eine Menge Stress. Wisch auf Wisch, Klick auf Klick kommen immer neue Bilder, alle schöner als das eigene Leben. Und immer neue Körper, alle schöner als der eigene. Und immer mehr neue Schönheit – was ist hier eigentlich los? Da suche ich Entspannung und finde vor dem Smartphone keine Ruhe. Mein Finger nicht. Meine Augen nicht. Mein Geist nicht, mein Körper nicht.

Alles ist schön auf Instagram und feierlich – und trotzdem bin ich gestresst? Nein. Ich würde sagen: Genau deshalb bin ich gestresst. Unsere Nerven halten das ständige Vergleichen und Überbotenwerden einfach nicht aus. »Denn das Schöne ist nichts als des Schrecklichen Anfang«, heißt es in einem Rilke-Gedicht, das er auf Schloss Duino an der Adria geschrieben hat, schaut mal bei #duino rein. »Des Schrecklichen Anfang« könnte jedenfalls auf das Schöne von Instagram gemünzt sein.

Zugegeben: Instagram hat sich in jüngster Zeit hier und da politisiert, man will sich ja jetzt einbringen und Impact haben. Aber das geht nach wie vor nur mithilfe von schönen Fotos, der Ästhetisierungsvorbehalt bleibt: Ohne Schönheit ist auf Insta nichts zu holen. Sicher, auch die Politik hat ihre Ästhetik, und man kann gar nicht unterschätzen, wie wichtig sie ist. Aber wo alles schön sein muss, kann es keinen Nahkampf geben, keine harte Auseinandersetzung, und deshalb finden sich auf Instagram nach wie vor nur Politik-Darstellung, nur Pseudo-Politik und keine echten politischen Anliegen.

Wer hat in den sozialen Medien womit Erfolg? Frauen mit Beauty, Kochen, Erziehungstipps, Männer mit Sport, Autos und Business. Also alte Welt im neuen Gewand? Im Frühjahr 2019 wurde, wie das Business-Magazin *Forbes* titelte, Kylie Jenner mit einundzwanzig Jahren »die jüngste Self-Made-Milliardärin aller Zeiten«. Wie hat sie's gemacht? Mit einem unglaublichen Gespür für die ökonomische Disruption, mit einer Instagram-Kosmetikmarke, mit Haut und Lippen, Prominenz und Make-up.

Junge Frauen dominieren Instagram, Männer YouTube. Instagram hat mehr Städter, YouTube mehr Landvolk. Deshalb finden Progressivitätsmaker-Demonstrationen mit Burning-Man-Kult in der Wüste von Nevada und Ayahuasca-Rauschtee-Schlürfen in Venezuela auf Instagram statt, auf YouTube dagegen: Wolfsangst und Kapitalismuskritik.

Beide Plattformen zielen auf Anerkennung in der Universalwährung von »Likes« und »Views«, doch nur bei Instagram ist Schönheit obligatorisch. Nacktheit schadet dabei nicht. Und so benehmen sich die Influencer dort, als wären sie in der Evolution zurück auf Los gegangen, und ziehen blank – vor allem Frauen, manchmal auch Männer. Dabei haben es die Frauen besser. Denn ihre Nacktheit adressiert sowohl heterosexuelle Männer wie auch die Anerkennung von Frauen.

So entstehen Influencer-Handwerk und Posing-Kultur. Hauptsache, man beherrscht die richtige Technik. Duckface, aber nicht zu doll, Brust raus, so weit es geht, iPhone halbhoch, Höschen lupfen, Beleuchtung, Filter, Farbsättigung, kann man alles lernen, kommen noch neunzig Minuten Fitnessstudio am Tag dazu. Und praktisch! Da kann man gleich wieder Videos und Fotos machen. So sind die Standards, so ist der Marktzwang, kann man nicht ändern, und frau auch nicht.

Junge Frauen verlängern sich die Beine per Photoshop, machen Nasen gerader und Oberschenkel schmaler, die Augen ein bisschen größer. Doof nur, dass man im Vergleich zu den eigenen Fotos immer hässlicher wirkt. Aber auch da gibt es Hilfe, hat mir mein Freund Marc erzählt. Er ist plastischer Chirurg. In seine Klinik kommen siebzehnjährige Mädchen, ihr Influencerinnen-Role-Model auf dem Display und ihre Mutter an der Hand. Gemeinsam bereden sie dann, wie man mit dem Skalpell die Kurven nachzeichnen kann, die Filter und Photoshop vorgezogen haben. Erst machen wir die Realität zur Fantasie, dann versuchen wir aus der Fantasie Realität zu machen. Erst optimieren wir unsere Fotos. Dann unsere Körper. Früher hieß es im Design: *Form follows function.* Heute heißt es im Körper-Design: *Form follows photo.*

Warum fotografieren sich heute eigentlich die Menschen zigmal am Tag und laden ihr abgezogenes Spiegelbild auf Social Media hoch? Ich denke, diese Selfies dienen der Selbstvergewisserung. Selfies sind für die Selbstfotografierer das, was Tribal-Tattoos für die jungen Männer von heute sind: eine sichtbare Maßnahme gegen die unsichtbare Ich-Schwäche in Zeiten großer Verunsicherung.

Aber nichts ist umsonst. Auf Instagram ist Schönheit Arbeit, und Arbeit bedeutet Stress. Lassen wir uns nicht täuschen: Anscheinend beiläufig geschriebene Posts sind wohlüberlegt.

Keine Frage: Die Arbeit lohnt sich. Der Instagram-Erfolg

ist eindeutig, weil messbar: quantifiziert in Likes und Herzchen. Und das sofort, jedenfalls so gut wie. Innerhalb von Stunden, manchmal sogar Minuten, ist klar, wie viele Likes reinrauschen: Satisfaktion sofort. Das ist so schön wie ein Sugar-High, macht aber auch abhängig. Man weiß das aus der Entwicklungspsychologie. Blinkendes Toll-du-hast-es-geschafft-Gedüdel macht Kinder süchtig nach Tablet-Games, sie wollen mehr davon. Genauso geht es der Smartphone-unkritischen Boomer-Generation mit dem »Neue Nachricht!«-Ping von WhatsApp, erst recht mit Likes. Sie sind der Kristallzucker der sozialen Medien.

Aber wie achtsam von Instagram! Demnächst wird weltweit getestet, ob es auch ohne Likes geht, geben wir doch dem Mittelmaß wieder eine Chance. Wäre ja auch zu blöd, wenn die Mittelmäßigen keine Lust mehr hätten mitzumachen. Instagrams Entscheidung ist keine Kleinigkeit. Zum ersten Mal wendet sich das Winner-takes-it-all-Prinzip gegen die Plattformen selbst. Jedenfalls scheint die allzu offensichtliche Machtkonzentration von ein paar Super-Influencern vielen Insta-Normalos keinen Spaß mehr zu machen.

Im Moment jedoch sieht es noch so aus, dass die Zahl unserer Likes öffentlich und quantifiziert zeigt – also mit allen anderen vergleichbar –, wie viel Anerkennung wir gefunden haben. Diese permanenten Feedback-Loops korrumpieren uns. Wie unter Zwang verhalten wir uns jetzt so, dass wir noch schneller noch mehr Anerkennung bekommen. Da geht es uns genauso wie den Laborratten im Zuckerversuch, auch sie entwickeln die Gier nach immer mehr. Früher waren wir gewohnt, Durststrecken ohne Anerkennung auszuhalten, in diesen harten Zeiten sind wir dann nur unseren eigenen Intuitionen, Wünschen und Werten gefolgt. Anerkennung, hofften wir, würde es eines fernen Tages geben. Das war natürlich gut für komplexe und eigensinnige Projekte.

Kann man ein Buch schreiben, wenn man für jeden guten oder auch weniger guten Satz Beifall braucht, um weiterzuschreiben?

Hilfreich war es früher auch, dass sich unsere Einfälle nicht einfach mit den Einfällen vergleichen ließen, die die anderen hatten. Likes hingegen bilden eine objektive, vergleichbare Menge. Sie sind die Einheit der Instagram-Qualität: die Bewertungseinheit für unser Gesicht, unser Ayurveda-Essen, unsere Ikebana-Blumenarrangements, unseren Hintern. So sind Likes zur Einheit für unsere gesamte Persönlichkeit geworden, wie ihn der durch unsere Follower aufgebaute Instagram-Status widerspiegelt: je mehr Follower, desto mehr Likes.

Likes motivieren uns, Inhalte nicht um ihrer selbst willen zu produzieren oder gar um uns selbst auszudrücken, sondern um sichtbaren Erfolg zu haben. Likes erziehen uns zur Gefallsucht. Sie nehmen uns die Freiheit zu tun, was wir eigentlich wollen und in Zeiten vor Social Media auch getan hätten. Vielleicht ist das der Grund, warum immer mehr junge Leute nicht mehr wissen, was sie eigentlich wollen, und am Ende irgendwie alles wollen. Beim Kachelmosaik auf Instagram kann man doch auch alles haben!

Auf Instagram gibt es Kunst. Vor allem aber gibt es Kitsch. Kitsch ist ästhetische Gefallsucht. Kunsthandwerk, das auf den Erfolg schielt und gefallen will. Heute ist Instagram das globale Dorf für ästhetischen Kitsch. Immerhin: So gut gefiltert war er noch nie.

Der Philosoph Immanuel Kant meinte, Schönheit liege im »interesselosen Wohlgefallen«. Das ist das Gegenteil der Instagram-Schönheit. Sie hat ja gerade das Interesse zu gefallen. Sie sucht Profit, und insofern treibt Instagram den kapitalistischen Individualismus an. Denn wir streben nach Profit in Form von Anerkennung, passen deshalb uns und unsere Inhalte dem Markt an und steigern damit unseren Reichtum an Likes. Diese Likes aber sind nicht bloß symbolischer Natur, sondern können zur harten Währung werden. So führen es die Influencer vor, die damit viel Geld verdienen. Marx meinte, im Kapitalismus sei das Geld »der Gott der Waren«. Im Instagram-Kapitalismus sind es die Follower.

Alter Kapitalismus: Wer ist der Reichste? Der, der die meisten Dollar hat. Instagram-Kapitalismus: Wer ist der oder die Schönste, Berühmteste, Coolste? Der oder die mit den meisten Followern. So wie der Dollar die Universalwährung des Kapitalismus ist, sind die Follower die Universalwährung einer globalen Anerkennungsökonomie. Vorteil: Sie findet ohne Arbitrage und Wechselkursverluste statt, denn Social Media ist global. Nachteil: Die globale Anerkennungsökonomie schlägt auf die Inhalte durch. Schon Nietzsche hatte festgestellt, wegen seiner schwachen Augen auf einer Schreibmaschine ohne Kleinbuchstaben tippend: »UNSER SCHREIBZEUG ARBEITET MIT AN UNSEREN GEDANKEN.« Das gilt heute noch: Unsere digitalen Applikationen arbeiten an unseren Gedanken mit.

Kuriose Folge: Unsere ach so individuellen Zeiten tendieren zur globalen Einheitskultur. Früher haben Diktaturen Einheitskulturen erzwungen, heute rennen wir freiwillig hinein. Superfood, Antioxidanzien, Yoga-Retreats: Sogar die progressive Elite, die sich etwas auf ihre Individualität einbildet, will überall auf der Welt dasselbe.

Das zeigen auch unsere Reiseziele. Als ich vor knapp zehn Jahren mitten in der Euro-Griechenland-Krise mit meiner damaligen Freundin auf Milos war, kannte kaum jemand diese Insel. Am Sarakiniko-Strand fühlten wir uns nicht nur der bizarren weißen Landschaftspracht wegen wie auf dem Mond, sondern auch, weil wir mitten im August ganz allein da waren. Letzten Sommer war ein Freund von mir auf Milos. Der Strand, erzählte er mir, war voll von internationalen Influencerinnen, quasi total kontaminiert, weil man Influencer ja im Unterschied zum Plastikmüll morgens nicht von den Stränden sammeln kann. Die digitale, und das heißt: die globale Community hat die Insel entdeckt, und sie hat sich verändert. Hoffentlich geht es der Insel nicht so wie der Maya Bay im thailändischen Phi Phi, wo Leonardo DiCaprio den Film *The Beach* drehte. Der Strand ist heute wegen Verdreckung auf unbestimme Zeit gesperrt. Ursache ist, wie es die thailändischen Behörden nennen, »overtourism«. Seine Ursache wiederum sind die Netzwerkeffekte von Instagram.

Ähnlich der Pragser Wildsee in Südtirol. Als ich dort vor fünf Jahren einen Werbespot drehte, war der See unter Kennern und Dolomiten-Höhenweg-Wanderern ein Geheimtipp. Ein paar Fashion-Shootings hatten schon stattgefunden. Aber erst durch Tausende Amateur- und Halbprofi-Instagrammer wurde der See zum Hotspot. Heute ist die Idylle dahin. Der Hotelier im geschichtsgesättigten Haus am See riet mir ausdrücklich davon ab, in sein Hotel zu kommen, um in Ruhe an diesem Buch zu arbeiten. Früher machte der Bootsverleih im Herbst dicht, weil keine Besucher mehr kamen. Heute herrscht das ganze Jahr über Instagram-Tourismus.

Nicht nur für die Plattform-Ökonomie, sondern auch ästhetisch gelten die Prinzipien »Selbstverstärkung« und »The winner takes it all«. Strände und Seen mit vielen Likes sind schön. Einen einzigen von ihnen schießt dann die exponentielle Selbstverstärkung von Instagram in den Himmel. Dort überstrahlt er als Schönster aller Strände oder Seen die gesamte Konkurrenz – bis er gerade deshalb ein paar Jahre später vermüllungsbedingt geschlossen wird.

Die Superstarhaftigkeit von touristischen Orten wirkt natürlich auf die Ökonomie zurück. Früher verteilte sich mit der Aufmerksamkeit der Touristen auch ihr Geld einigermaßen gleichmäßig über die griechischen Inseln und die Bergseen der Alpen. Heute häuft sich das Touristengeld an ein paar Hotspots, wo dann die Preise durch die Decke gehen.

Urlaub machen heißt heute, Insta-taugliche Bilder zu produzieren. Zugleich normiert Instagrams Like-System die Vorstellung davon, wie ein schöner Urlaub auszusehen hat. Diese Normierung aber muss man erst einmal technisch hinbekommen. Wie gelingt es mir, dass die eigenen Bilder so gut aussehen wie die der bewunderten Influencer? Welche Filter brauche ich dafür, welche Perspektiven, welchen Bildausschnitt und welche Bildkomposition? Keine Frage: In den letzten paar Jahren haben sich durch Instagram die Standards privater Bilder auf beeindruckende Weise erhöht. Wenn in Nutella-Deutschland irgendjemand ein Familienfoto schoss, waren zwar mit etwas Glück alle auf dem Bild, standen aber irgendwo ganz klein hinten, weil der Vordergrund Parkplatz-Asphalt zeigte. Heute sind Millionen von Instagrammerinnen besser als die meisten Profifotografen vor zwanzig Jahren.

Man kann über die Ästhetik von Instagram streiten. Die Ästhetisierung der Welt lässt sich jedoch nicht bestreiten. Instagram mag nicht Kunst sein, sondern Kunsthandwerk. Aber auch das muss man erst einmal beherrschen. Durch die Digitalisierung und ihre Medien sind unsere ästhetischen Ansprüche gestiegen. Umgekehrt fallen uns ästhetische Defizite stärker auf.

Das hat politische Folgen, für Deutschland wie für Europa. Denn in Instagram-Zeiten, in denen die Ästhetik so mächtig ist wie nie zuvor, kann sich die politische Macht nicht erlauben, ausgerechnet darauf zu verzichten. Aber genau das tut sie in Deutschland.

Je glänzender und cooler die internationalen Polit-Stars Alexandria Ocasio-Cortez, Justin Trudeau, Sebastian Kurz, Emmanuel Macron in den sozialen Medien strahlen, umso offensichtlicher wird der Kontrast zur Biederkeit und Nüchternheit der deutschen Politik. Und je digitaler, Social-Media-affiner und internationaler wir denken, desto mehr stören wir uns daran. Wir sind einfach verwöhnt.

Auf der einen Seite steht heute die Selbstverständlichkeit, das eigene Selbst über Social Media zu kuratieren – und zwar nicht auch, sondern ganz besonders visuell. Das Äußere ist wichtig, Instagram ist ein visuelles Medium. Auf der anderen Seite gilt in Deutschland weiterhin das alte Dogma, dass Masse und Macht nicht inszeniert und schon gar nicht ästhetisiert werden dürfen. Klar, die virtuosen Inszenierungen der Nationalsozialisten auf den Nürnberger Parteitagen haben dazu beigetragen, die Welt in die Katastrophe zu führen, und die Bundesrepublik hat daraus ihre Schlüsse gezogen: Wir sind eine ernüchterte Demokratie, patriotisch allenfalls »Verfassungspatrioten«, und wenn wir politisch ins Schwärmen geraten, dann doch bitte nicht für Land und Leute, sondern fürs Grundgesetz. Abstrakter geht es nicht.

Kein Wunder, dass politische Protzbauten der Bundesrepublik fremd sind. In der Bonner Republik gab es den Kanzlerbungalow und ein Parlament im Wasserwerk. Das passte zur Idee des Bonner Provisoriums. Aber kurios: Auch dreißig Jahre nach der Einheit wurschteln wir in der Berliner Republik provisorisch weiter.

Die Bonner Ernüchterung war die richtige Reaktion auf die Nazizeit. Aber sie war auch Verzicht auf den instahaften Glanz, den Leni Riefenstahls Propagandainszenierung nach 1933 verbreitet hatte. Kein Wunder also, dass sich Deutschland heute noch schwertut mit monumentaler Staatsarchitektur, mit Paraden und mit pompös choreografierten Amtseinführungen wie in Washington und Paris. Ich muss gestehen, ich weiß selbst nicht, ob ich lachen oder weinen soll, wenn der damalige Verteidigungsminister Thomas de Maizière am Berliner Bendlerblock mit dem »Großen Zapfenstreich« verabschiedet wird. Das Musikcorps der Bundeswehr scheppert bei Fackelschein und Stahlhelm-Schimmer den Achtzigerjahre-Nervtöter »Live Is Life«, es klingt nach Mittelstadt-Mehrzweckhallen-Benefizkonzert. Da geht einem schon der Vorspann zu *House of Cards* stärker unter die Haut.

Total schizophren: Stahlhelme, Fackeln, Knobelbecher und Bendlerblock erinnern an die NS-Zeit, an Propaganda und Diktatur, an Widerstand und 20. Juli 1944, »Live Is Life« dementiert das, ganz im Sinne unserer historisch korrekten Abwehrreflexe. Klappt aber irgendwie nicht. Und zugleich bewundern wir Amerikaner und Franzosen für ihre selbstbewussten Zeremonielle, mit denen sie ihre republikanischen Gottesdienste feiern.

Wir wollen das auch und lehnen es doch ab. In Fragen der politischen Ästhetik sind wir Deutschen ambivalent, genauso wie in Fragen der staatlichen Autorität. So tolerant, wie wir uns finden: Gegenüber Männern und Frauen in Uniform fehlt uns der Respekt. Noch eine historische Störung! Denn Feuerwehrleute, Polizisten, Sanitäter und Soldaten schützen uns und die Gesellschaft. Staatstragend, aber wahr! Kinder sehen das richtig, während viele Erwachsene ihre antiautoritären Impulse mit historischen Argumenten rationalisieren.

So halten wir an unserer historischen Ernüchterung fest. Aber in Instagram-Ästhetik-Zeiten fällt uns das immer schwerer. Es geht uns wie dem Protestantismus, der vor lauter Vernunft und Selbstverantwortlichkeit auf die Mystik verzichtet, die er dem Katholizismus insgeheim neidet. Denn, das haben mittlerweile auch die Protestanten rausgefunden, ohne Rituale und »Spiritualität«, ohne Weihrauch und Heiligenbilder schafft sich eine Religion selbst ab. Heilige sind die Stars der katholischen Kirche, die Heiligenbildchen ihr analoger Insta-Content, den sich die Menschen früher in die Gebetbücher steckten.

Kann sich unsere Demokratie heute leisten, auf Weihrauch und Purpursamt, Goldkelch und Kreuzweghelden zu verzichten? Kann die Demokratie auf Glanz und Form verzichten? Ich glaube nicht. In der Hoffnung auf die Vernunft und die Evidenz der Demokratie haben wir uns den Kult, auch Personenkult, und die Ästhetik bei der Ausübung der Demokratie verboten. Doch dieser Verfassungspatriotismus, die architektonische Nüchternheit, das halb-gewollte-und-nicht-gekonnte militärische Zeremoniell und die Idee des Bundespräsidenten als Notar der Republik sind kalte und graue bürokratische Konzepte. Ihnen fehlen die Wärme und Farbsättigung von Instagram, ihnen fehlen die Coolness des Washingtoner Politbetriebs und der Élysée-Pomp, ihnen fehlt die Weltläufigkeit der Marke »Downing Street No. 10«.

Mit ihrer Behördenmanier und Gummibaumhaftigkeit ist die deutsche Demokratie nicht einmal dann *House of Cards*-tauglich, wenn sie im Bendlerblock auftritt. Langweilig funktional sind die Berliner Politbauten der Jahrtausendwende, Shoppingmall-Architektur in Groß, auf dem Dach des Kanzleramts könnte auch ein Parkplatz sein. Ironie der Geschichte: Nur der Reichstag, das Gebäude aus der Kaiserzeit, hat Stil, Patina und Würde, und die Kuppel passt dazu: der historische Bruch als visuelle Idee parlamentarischer Transparenz. Bedauerlich, dass so ein souveränes postmodernes Architektur-Update beim Reichstag möglich war, nicht aber beim Palast der Republik, dem ehemaligen Gebäude der DDR-Volkskammer.

Repräsentative Architektur traut sich die Bundesrepublik in ihrer Hauptstadt nur dort, wo es nicht unmittelbar politisch ist: protzig und peinlich beim Stadtschloss-Wiederaufbau, antikisierend bei der Säulenflucht der von David Chipperfield entworfenen James-Simon-Galerie auf der Museumsinsel. Amtseide legt man nicht feierlich auf großer Bühne im Freien ab, sondern verdruckst neben dem Rednerpult im Bundestag. Unser Nationalfeiertag findet nicht mit Pathos auf einem Berliner Prunkboulevard statt, sondern mit Bratwurstfesten in den Landeshauptstädten. Es gibt Schweinesteaks vom Schwenkgrill, geröstete Zwiebeln, der Senf zum Ausdrücken steht auf der Theke. Und wenn ein öffentliches Gelöbnis ansteht, wird erst einmal leitmedienweit diskutiert, ob das »noch in die Zeit passt«. Das ist halb Langeweile, halb Überheblichkeit der Vernunft, die gegen alles Feierliche den Verdacht der Irrationalität hegt.

Amerika, du hast es gut! Zumindest in puncto politischer Repräsentation und Repräsentativität. Durchmarsch vom Wahlkreis-Sieg in die Hauptstadt, der Senator aus Illinois wird Präsident! Die Obamas tanzen bei der Inauguration – tausendmal toller als »Let's Dance«. Tanz ist Story, und Story zieht: Das mussten auch die Gegner von Alexandria Ocasio-Cortez einsehen, als sie versuchten, sie mit einem alten Video zu kompromittieren, das sie ausgelassen beim Tanzen zeigte. Der Schuss ging nach hinten los.

Und wir? Wissen nicht, wie unsere Abgeordneten tanzen. Genau genommen kennen wir ja nicht einmal diejenigen, für die wir bei der Wahl unser Kreuzchen machen, die wir über die Parteiliste wählen. Unserer Politik fehlen Storys, Glanz und Aura. Das ist gewollt, aber in Zeiten von Instagram politisch nicht hilfreich. Wer heute Likes will, muss nach den Regeln von Social Media spielen. Politiker in Deutschland bekommen statt Likes Mitleid.

Geradeheraus gesagt: Um ihre Wirksamkeit zu steigern, braucht unsere Demokratie ästhetische Symbole der Macht und

Autorität. Kultische Orte nicht nach Geschmack der Nationalsozialisten, aber mit Formsinn und Schönheit.

So nervig das Hin und Her um den Brexit war, das monatelang im britischen Unterhaus tobte: Seine gelegentlich das
Monty-Python-hafte streifenden Darsteller und Rituale, Stichwort »Ordeeeeeer!«, machten es zu einer faszinierenden Bühne
für die parlamentarische Debatte. Ähnlich die Ausschüsse des
US-Kongresses mit ihren Anhörungen. Schwur und Uniform,
Säulen und Hollywood-Style-Justizdrama schmücken das Kapitol, während der Impeachment-Vernehmungen schauen Millionen Menschen weltweit in den Livestream rein. So wird evident:
Nicht nur das Weiße Haus, auch das Kapitol hat Macht! Gewaltenteilung, ganz plastisch.

Auch Frankreich kann es. Da steht ein hübscher Triumph-
bogen für die Amtseinführung des Präsidenten, und zur jähr-
lichen Militärparade am Nationalfeiertag fährt er in der offenen
Retro-Militärkarosse über die prächtigen Champs-Élysées. Dabei
schießt seine Social-Media-Truppe coole Fotos, die zugleich un-
peinlich-heroisch und Instagram-tauglich sind. Und wozu das
Ganze? Zur Demonstration staatlicher Selbstwirksamkeit. Sie
ist besonders wichtig in verunsicherten Zeiten, und wenn sie
demokratisch legitimiert ist, gibt es dagegen nichts einzuwenden.

Ohne Leidenschaft, Form, Feierlichkeit und Kult werden
wir uns die Demokratie nicht erhalten, werden wir uns nicht
für sie begeistern können. Erst recht nicht in einer Welt mit so
hoher ästhetischer Konkurrenz um die immer knapper und immer kostbarer werdende Ressource Aufmerksamkeit. Instagram
und andere haben uns verwöhnt. Wir haben hohe ästhetische
Standards, und wir sind schrecklich wählerisch. Zugleich ist uns
die spirituelle Sehnsucht, anders als Kommunisten und Sozialisten dachten, immer noch nicht ganz ausgetrieben. Und dann

ist da noch der Wunsch nach Sicherheit, Halt und Autorität, der wieder stärker ausgeprägt ist, seit uns die Beschleunigung durch den Fortschritt ganz schwindelig gemacht hat.

Das ist die Situation in Deutschland – und gilt erst recht für die europäische Politik. Denn ihr mangelt es nicht nur an Demokratie. Ihr mangelt es auch an Ästhetik, Ritual und, muss man vielleicht nicht, kann man aber so sagen: Kult. Dazu hat Deutschland ganz erheblich beigetragen. Wir hatten es doch so gut gemeint mit Europa, als wir nach der nationalsozialistischen Schreckenszeit unsere politische Leidenschaft und unseren Stolz eine Stufe höher als die nationale heben wollten: auf die europäische, um dann auch ganz Europa so zu ernüchtern, wie wir uns selbst ernüchtert hatten.

Sicher, es handelte sich um gute Vorsätze. Aber ihre Wirkung war auf lange Sicht nicht gut. »Brüssel« ist heute Inbegriff von technokratisch ernüchterter Exekutive. Wirtschaftsfunktionalismus par excellence, dabei demokratisch und ästhetisch dysfunktional, teflon-glatt, abgehoben. Die »Regierungszentrale« ist eine Behörde, das Parlament ein steriler Raum ohne natürliches Licht, der Wanderzirkus der Abgeordneten zwischen Brüssel und Straßburg kein Ritual, sondern politischer Proporzstress.

Das hat dazu beigetragen, dass die Hälfte der Briten, seit jeher demokratisch verwöhnt durch tumultuarische Hahnenkampf-spektakel in einem Centre-Court-haften Parlament, raus wollte aus der EU – sie wollte eben Ordeeeeeer. Es hat auch dazu bei-getragen, dass sich viele demokratisch noch relativ unerfahrene Osteuropäer von autoritären Führungsfiguren angezogen fühlen. Dass es überall in Europa nationalistische Tendenzen gibt. Dass sich selbst glühende Europäer schwertun, dieses Brüssel-Europa zu lieben. Oder sich zumindest nicht drüber zu ärgern.

Brauchen wir eine europäische Leitkultur? Weiß ich nicht.

Vielleicht eine europäische Leuchtkultur? Das wäre doch was, und außerhalb von Europa gibt es sie schon. Abu Dhabi wollte einen eigenen Louvre haben und hat ein top-postmodernes Museum nach europäischer Art bekommen. Klassische europäische Musik wird überall auf der Welt in Konzerten gespielt und in Konservatorien geübt. Auch westliche Schönheitsideale sind in vielen Ländern populär, in Südkorea haben sie sogar zu einer Welle von Augenlid-Operationen geführt. Europas Kultur ist ein, Nutella-Deutschland-haft gesagt, Exportschlager weltweit.

Und was tun wir in Deutschland? Setzen auf den Historismus wie weiland unter Kaiser Wilhelm dem Zwoten. Stellen uns eine architektonische Mumie mitten ins Zentrum von Berlin. Hu! Die Hohenzollern gehen wieder um wie die Untoten!

»Und der Zukunft zugewandt«, hieß es in der DDR-Hymne. Das kann man für die Berliner Architektur nicht sagen. Genau genommen ist Hans Scharouns Philharmonie von 1963 der modernste Avantgarde-Bau Berlins. Einen Vorteil hat das Berliner Stadtschloss immerhin: Sein Bau kommt voran. Das unterscheidet ihn vom Flughafen Berlin-Brandenburg, vom Bahnhof Stuttgart 21 und von der Kölner Oper. Diese Beispiele zeigen: Im Scheitern von Großprojekten ist Deutschland groß. Zum Vergleich: Die Türkei hat ihren neuen Riesenflughafen in Istanbul in fünf Jahren gebaut, der neue Flughafen in Peking ist innerhalb von vier Jahren fertig geworden.

Auf europäischer Ebene sieht es nicht anders aus als in Deutschland. Keine erfolgreichen Großprojekte, nirgends. Was ist los? Haben wir kein Vertrauen mehr – in uns? In die Zukunft? Kriechen wir deshalb zurück in die Vergangenheit?

Ich glaube, das ist so, und das ist ein Problem. Eine Demokratie braucht symbolträchtige Großprojekte, die die Wirksamkeit des Staates zeigen. Die Demokratie zerstört sich selbst, wenn ihre Wirksamkeit nicht mehr sichtbar wird. Sie braucht Erfolge. In Hamburg hat die Elbphilharmonie gerade noch die Kurve gekriegt. Die »Elphi« ist fertig, und alle sind happy, den gigantischen Kosten zum Trotz.

Brauchen wir also mehr von solchen architektonischen Leuchttürmen, vorausgesetzt, wir kriegen den Bau hin? Eines ist klar: Ästhetik wirkt! Gerade deshalb dürfen wir sie ja nicht den Falschen überlassen, den Autoritären und den Radikalen, den brutalen Diktatoren.

Dazu habe ich eine skurrile Geschichte. Im Februar 2017 war ich mit einer Reisegruppe in Nordkorea. Kim Jong-un und Trump hatten noch nicht Freundschaft geschlossen, es herrschte absolute Eiszeit. Wenige Tage zuvor hatte der nordkoreanische Diktator seinen Bruder am Flughafen von Kuala Lumpur in Malaysia mit einem Nervengift umbringen lassen, das zu den international geächteten Chemiewaffen zählt. Die Reise, eine Art Foto-Safari für Fortgeschrittene, führte uns in die absolute Isolation: kein Internet, kein Telefon, die Smartphones konnten wir nur benutzen, um die Propaganda-Shows zu filmen und zu fotografieren, die man für uns aufführte. Die Reisegruppe bestand aus einer Mischung von kinderlosen Berliner Kreativen mit Abenteuerlust und gelangweiltem westdeutschen Geldadel. Jeden Tag gab es Aufführungen politischer Propaganda in tiefgekühlten Theatersälen, in Kaderschulen oder schaurig-monumentalen Herrscher-Krypten.

Besonders im Gedächtnis geblieben ist mir ein etwa neunjähriger Junge mit Wahnsinns-Sopran, sozusagen der nordkoreanische Heintje, der vor total professionell choreografiertem Hintergrund ein heroisches Lied schmetterte. Im Hintergrund der Riesenhalle sah man auf der Riesenbühne eine Riesenleinwand, auf der eine Riesenrakete startete und in den Himmel eindrang.

Die Kamera tat nichts, als hinterherzoomend der Rakete zu folgen, der Feuerstrahl pulsierte, die Rakete flog höher, weiter, schneller, tiefer rein in den blutraketenrot beschienenen Himmel. Mir ist klar, dass diese Nuklearraketen-Bildmetaphorik schon in der *Nackten Kanone* verulkt worden ist, aber vor Ort, in dieser eiskalten nordkoreanischen Propaganda-Musical-Halle, bemerkte ich an mir eine Ergriffenheit, die ich kaum unterdrücken konnte.

Andere Halle, andere Szene, gleiche Kälte: das »Agrar-Ballett«, wie es eine Mitreisende nannte. Anscheinend glückliche Mädchen und Jungen tanzen vor einer üppigen Apfel- und Getreide-Ernte-Animation, aus Körben werden im Überfluss gefangene Fische ausgeschüttet. Draußen hungert das Land, und alle normal armen Menschen riechen nach Kohleofen. Und trotzdem klatschten wir, als der Diktator auf der Leinwand erscheint, niemand hat uns dazu gezwungen außer, allenfalls, das kleine bisschen Restangst, das man als Nordkorea-Besucher immer mit sich herumträgt. War es die Gastfreundschaft, war es der Gruppenzwang, war es die Propaganda? Unsere Diktatorenresilienz jedenfalls war ermüdet, und wir applaudierten. Nachher meinten die Düsseldorfer, die Kinder in den Eliteeinrichtungen seien »gut erzogen« und die Menschen »auf der Straße« – permanent überwacht und von Arbeitslager und Hinrichtung bedroht – seien »so freundlich«. Dagegen unsere frechen verwöhnten Kids in Düsseldorf – tssss.

Brauchen wir also mehr Nordkorea in Deutschland und Europa? Auf keinen Fall! Aber es gibt eine Macht der ästhetischen Inszenierung, die sogar dann auf halbwegs vernünftige Köpfe wirkt, wenn sie sich in den Dienst der brutalsten Diktatur der Welt stellt. Im Grunde genommen ist Nordkorea eine einzige Propaganda-Instagram-Veranstaltung, nur ohne Internet. Kim kachelt mit seinen Bildern keine Smartphones, sondern Stadthallen, Plätze und Straßen zu. Das wirkt, sogar auf mich. Offenbar bin ich in meiner gelangweilten und einigermaßen ernüchterten Freiheitsdekadenz anfällig für Manipulationen, die ich auf dem ästhetischen Kanal empfange. Können wir uns als progressive Europäer erlauben, auf solche Signale zu verzichten?

Immerhin, die Diskussion um ein »europäisches Narrativ«, das gesucht wird, geht in die richtige Richtung. Nur klingt »Narrativ« in meinen Ohren etwas theoretisch, nach Fakten aus der Geschichtsstunde, aufmontiert mit ein bisschen modischem Storytelling. Wir brauchen nicht nur ein »Narrativ« oder eine Story, sondern auch eine visuelle Ästhetik. Die Welt, in der wir leben, ist visuell. In Insta-Zeiten erzählen wir viel mehr in Bildern als in den vergangenen Jahrhunderten, wo das wichtigste Kommunikationsmedium der handgeschriebene Brief war.

Europa-Freunde! Auch wir Progressiven brauchen Stoff zum Träumen, Ästhetik und schönen Schein, Visionen. Sicher, so wie Kim Jong-un wollen wir nicht träumen, und Ursula von der Leyen muss nicht Ballett tanzen, wie es einst Ludwig XIV. tat, der – interessant! – seinen Beinamen »Sonnenkönig« nicht etwa durch politische Erfolge, sondern durch einen Tanzauftritt im Sonnenkostüm erwarb.

Demokratie ist nicht so evident, dass wir sie nur mit Argumenten und moralischen Appellen verteidigen können, statt sie eindrucksvoll in Szene zu setzen. Das gilt erst recht in ästhetisch verwöhnten Zeiten.

Am Ende wird die Ästhetik zum Spektakel. Die US-amerikanischen Republikaner haben das begriffen. Ihre Strategie bei den Impeachment-Anhörungen im Herbst 2019 zielte ganz offensichtlich nur darauf, ein paar spektakuläre, für sie günstige Snippets, also Social-Media-taugliche Videoschnipsel, zu produzieren. »People have very little time now. They can only watch [impeachment] in certain snippets«, kommentierte Steve Bannon, Trumps ehemaliger Chefberater, auf Fox News. Den Job, solche Schnipsel zu liefern, erledigte dann Jim Jordan, ein ehemaliger Ringer, jetzt Kongressabgeordneter. Laut, schnell und aggressiv attackierte er Zeugen ohne jeden Grund. Was jetzt in den sozialen Medien kursiert, sind diese kurzen Szenen der Überlegenheit, herausgerissen aus jeglichem Kontext.

Das ist ja das Übel unserer kurzen Aufmerksamkeitsspanne, in die sich alle sozialen Medien hineindrängen: Nur dem Spektakel gelingt das. Heißt: Die Republikaner produzieren Videosekunden, die reines Spektakel sind, sonst nichts. Ob der Präsident dabei gegen die Verfassung verstößt, ist völlig egal.

Damit wir uns nicht missverstehen: Das ist nicht gut für die Demokratie. Aber deshalb dürfen wir nicht verdrängen, dass sie nun einmal so funktioniert in Zeiten von Social Media. Ganz ohne Glanz und Spektakel wird die Demokratie sang- und klanglos hinterm Aufmerksamkeitshorizont untergehen, während vorne am Strand die digital Naiven ihre Instagram-Kacheln hin- und herschieben.

9 SCHIZOPHRENIE DER ACHTSAMKEIT

Eine Freundin hat Geburtstag. Sie feiert in einer italienischen Weinbar im Prenzlauer Berg, die Gäste sind zwischen Mitte zwanzig und Mitte vierzig. Wir sitzen draußen auf crèmefarben bemalten Bierbänken, umgestrichene bayerische Standardgarnitur, grüne Oliven glitzern ölbenetzt im Abendlicht. Es gibt Spritz, Weißwein und für Biernaturen Peroni aus der Flasche. Ich wische über das beschlagene braune Glas der Bierflasche und unterhalte mich mit Mila.

Von unserem letzten Gespräch weiß ich noch: Sie ist Hebamme. Finde ich spannend, da habe ich viele Fragen. Sind alle Babys niedlich? Nerven Väter im Kreißsaal und fallen sie wirklich immer in Ohnmacht? Sind alle frischgebackenen Mütter happy? Doch Mila ist ein bisschen genervt von meinen Fragen und erklärt mir, dass sie gar keine Hebamme sein will. Oder genauer: nicht nur Hebamme. Sie arbeitet nämlich auch in einem Start-up im Marketing. Sie spricht von »Content«. Und sie ist Model. Und ja, Hebamme ist sie auch, unter anderem. Außerdem legt sie gerne auf und will in Zukunft öfter als DJane arbeiten.

Was sie sagt, kommt wie aus der Pistole geschossen, fast schon ein Self-Marketing-Elevator-Pitch, glasklar, farbig, ausgewogen, perfekt persönlichkeitskuratiert. Und dann folgt ein Statement, das reinhaut. Vielleicht liegt es am zweiten Peroni, jedenfalls fühle ich mich, wie wenn einem plötzlich bei der Siesta eine Mittelmeerwelle unterm Liegestuhl durchspült, Handtuch nass, schnell den Schuhen ins Meer hinterherlaufen und sie tropfend an Land retten. Mila sagt: »Am Ende meines Lebens möchte ich von mir sagen können, den Hebammen-Beruf verändert zu haben.«

Wow, hört sich an wie Obama! Als ich wieder Luft bekomme, frage ich mich, was ich denn eigentlich so mache. Dies und das, aber viel ist das nicht, und so viele Berufe habe ich schon gar nicht. Erzählen könnte ich davon auch nicht so toll wie Mila. Bin ich vielleicht nicht gut genug vorbereitet für diese Geburtstagsfeier? Muss man sich denn heute vorbereiten auf Geburtstage, wie sich Benjamin von Stuckrad-Barre auf ein Klassentreffen vorbereitet, zu dem er sicherheitshalber dann doch nicht hingeht?

Ich komme ins Grübeln. Über meine Schulklasse, die Freunde von damals, nach der Jahrtausendwende. Über meine Freunde von heute, fünfzehn Jahre später. Wie wir damals waren. Wie die Mittzwanziger heute sind. Gibt es Unterschiede? »Generationen«-Unterschiede, schon nach fünfzehn Jahren? Und apropos: Gibt es überhaupt so was wie »Generationen«, oder ist die Generationendiagnostik pathetischer Selbstbefindlichkeits-Bullshit von Ex-MTV-Moderatoren, die auch vor Wörtern wie »Bestandsaufnahme« und »Sittenbild« nicht zurückschrecken?

Ehrlich gesagt: Ich weiß es nicht, ich bin ja auch kein Wissenschaftler und schreibe Freestyle. Wahrscheinlich ist es ohnehin so, dass Generationsbeschreibungen weniger die Merkmale einer Reihe von Jahrgängen erfassen als vielmehr den Zeitgeist, der sich in ihnen spiegelt. Die Generation Snowflake der ab 1995 Geborenen zum Beispiel ist superempfindlich wie eine Schneeflocke und begreift jeden zweiten Witz als Mikroaggression, wenn man die Ironie nicht vorsorglich mit Emojis markiert. Und eigentlich auch dann. Aber sind wir heute nicht alle ein bisschen so, weil der Zeitgeist so ist? Ist nicht die ganze Welt so? Die *New York Times* hat im Sommer 2019 ihre politischen Karikaturen eingestellt, weil das Risiko zu groß wurde, dass sich Menschen durch sie verletzt fühlen und sich darüber beschweren könnten.

Generation oder Zeitgeist, was ist heute anders als vor zwanzig Jahren? Ich glaube, meine Jahrgangskohorte und ich dachten das Leben noch als Ganzes, als eine große Linie, ein bisschen so wie Steven Pinker die Menschheitsgeschichte, ohne dass wir seinen Durchblick hatten. Der Gedanke war: Alles wird immer ein bisschen besser, wenn wir uns nur anstrengen. Wir leben das Leben unserer Eltern weiter, aber bunter, schneller, mit mehr Abwechslung, bisschen jet-settiger irgendwie, weniger Kleinstadt-Tennisclub, irgendetwas zwischen Lady Gaga und Don Draper vielleicht. Unterschiedliche, coole Arbeitgeber, auch Branchen, spannende Orte sowieso, Arbeiten mit Meerblick – so stellten wir uns das vor. Aber bitte die vielen tollen Jobs nacheinander, nicht nebeneinander, denn alles andere wäre prekär, wäre amerikanische Tellerwäscher-Überforderung – und die fürchteten wir schon ein bisschen.

»Immer schön eins nach dem anderen« war die Logik, und am Ende hält man dann sein Hochglanzleben als Fotoalbum perfekter Momentaufnahmen in der Hand, die man eine nach der anderen durchblättern kann. Eine nach der anderen auch deshalb, weil wir natürlich von Instagrams Alles-zugleich-Kacheloptik noch keinen Schimmer hatten. Aber bei Auslandserfahrung, Praktika und Lebenslaufdesign, da kannten wir uns schon aus. Und apropos Lebenslaufdesign: Was hatten wir für künstlerische Freiheiten, Freuden auch, in Zeiten, als das Behauptete noch nicht digital überprüfbar war!

Heute hingegen: meterhohe Bilderkachelwände auf Instagram, jede davon digitale Leistungsschau im Hochformat, so viel lackierte Oberfläche kriegt man gar nicht mehr durchgescrollt. Ich frage mich: Was liegt dahinter? Noch mehr Oberfläche? Heute leben viele ihr Leben für Instagram.

Alles wird zur Kachel gebrannt – auch Ruhe und Rückzug, Spa und Retreat, Yoga und Transzendentale Meditation, Auszeit und Waldbaden. Das scheinbare Ende der Selbstoptimierung wird zum Anfang der Achtsamkeitsinszenierung: Es gibt kein Jenseits der Kachelwand. Hinter der Stresskachel kommt die Erholungskachel, hinter der Erholungskachel die Erholungsstresskachel, hinter der Erholungsstresskachel die Erholungsstresserholungskachel. Klingt wie ein schlechter Witz, ist es aber nicht.

Schizophrenie der Achtsamkeit: Wir nutzen Blaulichtfilter und Einschlaf-Apps gegen die digitale Schlaflosigkeit, die Smartphone und Social Media verursachen. Und wir haben Stimmen im Kopf, weil wir uns den ganzen Tag lang durch das Headset Stress in die Ohren rinnen lassen, aber wir setzen beim Flug von Berlin nach Frankfurt Noise-Cancelling-Kopfhörer auf, um die Umwelt auszublenden. Immerhin: Anders als zu Hause quatscht uns im Flugzeug nicht Alexa rein.

Und ich 1979 Geborener? Nutze Instagram nur passiv, will aber eigentlich zurück in die vordigitale Nutella-Gemütlichkeit, doch bitte progressiv. Widerspruch. Zwei Herzen schlagen, ach, in meiner Brust! Ich muss wohl irgendwie transgenerationell veranlagt sein. Oder eher eingeklemmt zwischen den Jahrgangskohorten: zwischen Florian Illies' »Generation Golf« auf der einen Seite, also den Jahrgängen bis Mitte der Siebzigerjahre, und den »Millennials« auf der anderen, also den Jahrgängen ab Mitte der Achtziger. Zwischen den Golfern, die in kerndeutschen Kategorien wie *Wetten, dass ..?* und »GTI« denken, und den Kosmopoliten, die beruflich früher einmal »irgendwas mit International« machen wollten und mittlerweile selbst ihre Freizeit vollökonomisch optimieren, dabei aber schon vom Kapitalismus gelangweilt auf Sinn- und Selbstsuche gehen. Indem sie töpfern oder stricken, Stadt-Bienen halten und Honig imkern, oder, weil Blogs nicht zu einem nutellahaften Verständnis von Qualität passen, sich an einem Buch versuchen.

Kurz, ich sitze zwischen den Stühlen. Ich nutze die sozialen Medien, schäme mich aber immer noch fremd für den Social-Media-Exhibitionismus und die »Danke fürs Teilen«-Verlogenheit der Jüngeren und der Fake-Digital-Natives aus meiner Jahrgangskohorte. Wieso bedanken die sich immer fürs Gestörtwerden? Wir sind doch dieser Tage sonst so empfindlich.

Die Achtzigerjahre waren die Zeit meiner Kindheit. Ich hänge an ihnen. Ich erinnere mich an die mütterliche Überwärmung mit heißem Kakao, Wollsocken und Abgetrocknetwerden in Heizkörpernähe, wie sie Illies beschrieben hat. Nach dem Fußballspiel im November herrschte ja zu Recht Erkältungsangst, wir hatten schließlich kein Immunsystem mehr wie die Rotzbacken aus der Generation unserer Eltern, meine und ein paar andere Eltern hatten noch in den Trümmern gespielt. Jetzt, in den Achtzigern, zeigt das kollektive Immunsystem schon Zivilisationsschwächen. Der Wald leidet ja auch unterm sauren Regen, und wir lassen einen Allergietest machen, bei dem eines so sicher ist wie das Amen in der Kirche: die Hausstauballergie. Milbenalarm gibt's noch dazu – die »Allergie« wird zum großen Thema, nicht nur in Akademikerfamilien, obwohl die bei der großen Immunreizung natürlich besonders kompetent sind.

Mein Vater hatte noch Kriegserinnerungen, und das hatte Folgen für uns Kinder. Der Hunger, den die Eltern im Krieg erlebt hatten, war zum Konsum- und Erfolgshunger geworden, und den haben wir übernommen. Natürlich haben wir dabei nicht mehr auf Brot und Wurst geschielt, sondern auf das amerikanische Lametta, das uns *A-Team* und *Beverly Hills, 90210* auf dem Fernseher im Wohnzimmer zeigten. Klar, das Leben als Undercover-Elitesoldat oder kalifornischer Strandschnösel war in Regensburg schwer vorstellbar.

Ein bisschen anders dachten meine Klassenkameraden, deren Eltern jünger und keine Kriegskinder waren. Sie hatten schon die Tendenz zur Work-Life-Balance der späteren, ab Ende der Achtziger geborenen Millennials, nur gab es dafür noch keinen Namen. So richtig blühten diese Empfindsamen erst dann auf, als die Millennials das Thema »Balance« zum gesellschaftlichen Mainstream machten.

Damit wir uns nicht falsch verstehen: Diese Empfindsamkeit ist im Moment noch ein westliches Phänomen. Während wir uns schon auf Balance, Achtsamkeit und Nachhaltigkeit konzentrieren, geben unsere Generationsgenossen in China, aber auch in Indien und anderswo noch Vollgas. Hier gilt noch das Wohlstandsversprechen: Arbeite hart, dann kannst du dir Luxus gönnen. Wenn dann die Weltwirtschaft brummt: Umso besser, um Freiheit können wir uns später noch kümmern, jetzt wollen wir erst einmal ins Establishment aufsteigen.

Allerdings: Bei den jüngeren Generationen beginnt das zu kippen. Chinas Ein-Kind-Politik hat eine Generation verwöhnter Prinzen und Prinzessinnen in der Mittelschicht hervorgebracht. Schon weil sie Einzelkinder sind, haben sie Snowflake-Ansprüche. Dazu kommt ihre radikale Digitalität, die die Snowflakehaftigkeit noch einmal verstärkt. Die junge Generation in China ist dem Westen auf den Fersen, und viel schneller als Europa durchläuft China die historischen Phasen von der Planwirtschaft über den Kapitalismus hin zum Postkapitalismus. Zugleich wird in der wachsenden Mittelklasse Chinas, aber auch Indiens, langsam die Umwelt zum Thema. Nachhaltigkeit ist kein

Fremdwort mehr, überall in Asien entstehen an Universitäten Departments for Sustainable Development, viele sind heute in ihrer Forschung schon weiter als die deutschen Universitäten.

Aber, wie gesagt, noch haben wir einen Achtsamkeitsvorsprung, noch ist der Westen empfindsamer. Liberalismus, Jugendkult und Tech-Boom ermöglichen es uns, habituell Kinder zu bleiben, zumindest Studenten. Attraktive Arbeitsumfelder heißen heute »Campus« oder »Lab«, zum Beispiel bei Google in Kalifornien oder in Berlin, neuerdings auch schon in der Provinz. Googles Campus sieht aus wie die Edelversion des Ikea-Bällebads für ewig jung gebliebene Erwachsene. Damit alle sehen, wie jung hier noch die Fünfzigjährigen sind, tragen sie Sweatshirts und Kapuzenpullis. Der Ferienclub als Arbeitsplatz! Fitness ist mit drin, im Unterschied zu »All you can eat«. Das fanden wir ohnehin schon bei den Buffets der Neunziger ordinär. Vielleicht haben wir da ja schon geahnt, dass diese Fressbuffets eines Tages der schlimmste Schrecken kulinarischer Insta-Tauglichkeit sein würden.

Bis in die frühen Achtziger-Jahrgänge hinein sind wir noch altmodisch, wenn es um Expertise, Hierarchie und Kompetenz geht, wir sind ja keine Digital Natives, und die schiere Jugend ist noch keine Qualität für sich. Zugleich bilden wir uns aber schon einiges auf unser kulturelles Kapital ein, in unserem kulturellen Feingefühl fühlen wir uns jedenfalls den Golfern weit überlegen – und zwar denen aus der Generation Golf genauso wie denen vom Golfplatz, die noch älter sind. Die Golfer verstehen unter »Kapital« ja nur Kohle, darin sind sie ganz Gordon-Gekko-mäßig. »Kultur« ist für sie keine Kategorie. Das ist bei uns Jüngeren anders, denken wir, übersehen dabei aber, dass unser Kulturbewusstsein mindestens so sehr tribalistische Attitüde ist wie Überzeugung. Denn, seien wir ehrlich, wir nutzen unsere kulturellen Codes ganz strategisch, um zu signalisieren, dass wir auf der richtigen Seite stehen.

Kulturell sensibler als unsere Eltern sind wir um 1980 Geborenen also schon, einen postkapitalistischen Burn-out wie die Snowflakes haben wir allerdings noch nicht. Immerhin definieren wir uns noch über die Arbeit. Wären wir Thomas Manns Buddenbrooks, dann stünden wir in der Mitte der Generationsfolge: Nicht mehr der nüchterne Gründungsgeschäftsmann, der nie grübelt und dem alles gelingt, aber auch nicht der Enkel Hanno, der außer einer Knabenfreundschaft und erotischen Fantasien auf dem Klavier nichts mehr hinkriegt. Zwar schon angekränkelt von der Blässe des Gedankens, ist meine Kohorte doch im Großen und Ganzen noch zuverlässig Performance-orientiert.

Das Dilemma der Kohorte bringt das Magazin *Neon* auf den Punkt, das inzwischen, wahrscheinlich seiner Widersprüchlichkeit wegen, eingestellt worden ist. Jahrelang eierte es zwischen altem analogen Trennungsschmerzdiskurs – deshalb ja auch die Print-Papierromantik – und Selbstbefindlichkeitsdiskurs des digitalen Zeitalters herum, Stichwort: »Wie nach der Trennung Freunde bleiben?« Online hat es gekillt, jetzt dümpelt *Neon* unter irgendeinem www-Slash vor sich hin.

Mitte der Neunzigerjahre ändert sich etwas: Morgens und mittags kommt es vorm Regensburger Betongymnasium zum Verkehrschaos. Auto-Mütter, manchmal auch -Väter, bringen und holen ihre Trophy-Kids, die schnuckeligen, unglaublich süßen und absolut einzigartigen Millennials, geboren ab Jahrgang 1985. Hinterm Steuer sitzen Helikoptereltern. Sie kümmern sich um das Leben ihrer Kinder, verteidigen es notfalls auch hinterm Steuer gegen pampig arrogante Oberstufenschüler. Wie die zwischen den Autos durchkurven! Die bringen ja mit ihrer Fahrradkriminalität unsere Kinder in Lebensgefahr! Seit einem

Vierteljahrhundert tobt nun schon dieser Straßenkrieg vor den Schulen. Doch die Gefahr geht zurück: Immer weniger Kinder fahren Rad, immer weniger Kinder kommen unbegleitet zu Fuß, bald sind die Autofahrer ganz unter sich.

Greg Lukianoff und Jonathan Haidt, zwei US-amerikanische Sozialpsychologen, haben die Millennial-Verhätschelung als »culture of safetyism« beschrieben, als Kultur der Überbehütung. Drei Gesetze, so argumentieren sie, bestimmen diese Unkultur und stellen damit jahrhundertelang bewährte Erziehungsmaximen auf den Kopf. Erstens: Was dich nicht umbringt, macht dich nicht härter – sondern schwächer. Zweitens: Verlass dich immer auf deine Gefühle – nicht auf deinen Verstand. Und drittens: Das Leben ist ein Kampf zwischen den Guten und den Bösen – es kennt keine Grauschattierungen und Zwischenstufen, kein Sowohl-als-auch. Doch wer so denkt, behindert sich und andere. Und wer so denkt, kommt am Ende schlechter durchs Leben als Charaktere, die auch Gegenwind kennen.

Eltern, Lehrer und Professoren schaffen Safe Spaces und Triggerwarnungen. Das ist an US-Colleges bereits Realität. Damit trainiert man jungen Menschen die Konfliktfähigkeit ab und macht sie anfälliger für psychische Verletzungen und Erkrankungen. So folgt heute die Erziehung mit ihren dissensfreien Echokammern der Logik der sozialen Medien.

Die Zwanzigjährigen leiden und zweifeln an vielem, aber an einem nicht: an ihrer Digitalität. Sie sind durch und durch digital. Zugleich sind sie frei vom McKinsey-Wahnsinn meiner Jahrgangskohorte, empathisch, super-individualistisch, aber ohne die Ellbogen der Älteren. Sie haben, ihrem Super-Individualismus zum Trotz, Sehnsucht nach dem Kollektiv, »Fridays for Future« und »Extinction Rebellion« zeigen das. Was man dort auch sieht: wie wahnsinnig professionell die Zwanzigjährigen von heute auftreten. Sie sind von sich überzeugt, hervorragend organisiert, setzen bei Arbeit und Alkohol klare Grenzen. Tief drinnen aber sind sie von den Zehntausenden von Optionen, die sie haben, verunsichert. Deshalb sind sie konfliktscheu. Als junge Frauen tragen sie die Haare lang, als Männer Holzfällerbärte: Eindeutigkeit wenigstens hier. Tribalisten sind sie alle, ob Mann oder Frau, straight oder queer, Barbecue-Fan oder Veganer, Tesla-Pilot oder Lastenrad-Held.

Über die Stränge schlagen sie nur, soweit sie dabei noch Social-Media-tauglich sind, alles muss immer gut aussehen. Klar, dass sie deshalb beim Weggehen immer leicht angespannt sind. Manche Clubs haben schon darauf reagiert und sich zur Smartphone-freien Zone erklärt. Begründung: Nur abseits von Social Media könne man »authentisch« sein. Beim Drogenkonsum hilft ein Fotoverbot in jedem Fall, sollte man sich unvernünftigerweise Kate-Moss-mäßig dazu hinreißen lassen – zur Gewohnheit darf es natürlich nicht werden, das sehen die Kinder heute genauso wie ihre Eltern.

Jeder Mensch ist ein Künstler! Als Joseph Beuys das in den Achtzigern behauptete, konnte er damit noch provozieren. In Zeiten von Instagram und YouTube ist nichts selbstverständlicher als das: Wir sind die Macher unserer selbst, wir schreiben uns als Stück und wir führen uns auf. Mehr noch: Wir schaffen uns nicht nur selbst, wir stellen uns auch aus, kuratieren uns permanent. Der Feminismus hat den Schönheitszwang für Frauen abgeschafft? Herzlichen Glückwunsch. Social Media hat den Schönheitszwang wieder eingeführt – für alle. Insofern ist die digitale Welt tatsächlich egalitär.

Den Digital Natives ist das Leben eine große kuratorische Herausforderung. Gut so! Sie können sich auch ohne Karrierezwang verkaufen, den Wandel sind sie gewohnt, technologisch sind sie agil. Ihre Eltern müssen sie nicht mehr übertreffen, eigentlich praktisch, dann kann man mit ihnen befreundet sein. Rebellion ist out, bringt ja nur Konflikte, das ist albern und unschön. Dennoch demonstrieren die Snowflakes fürs Klima, das finden ihre Eltern prima und bringen sie gerne mit dem Auto hin. Es gilt: Machen wir, was unsere Eltern gut finden, dafür belohnen sie uns mit unendlichem Verständnis und totaler Unterstützung. Ein neues Wohnheimzimmer? Mama streicht es nach unseren gemeinsamen Vorstellungen, die Farbe bringt sie mit.

Klar: Wenn man alles mit den Eltern bespricht, will man auch bei ihren Themen mitreden. Wir chatten ja ohnehin immer alle. Das ist der Grund, warum Millennials und mehr noch Snowflakes hierarchiekritisch sind. Sie pochen auf Mitsprache, von Anfang an. Logisch: Sie wurden ja schon als Dreijährige gefragt, was sie morgens anziehen und in die Butterbrotdose haben wollen, und wenn sie mit dem Spiderman-Schlafanzug in den Kindergarten wollten: Bitte, dann fuhr Mama sie eben so hin.

Einzel- und Endverantwortung allerdings finden Millennials nicht so gut, und die Snowflakes schon gar nicht. Wie auch? Sie wurden ja als Kinder für jedes Wasserfarben- und Klavierversagen über den grünen Klee gelobt, immer war alles toll, wieso sollten sie sich jetzt dem Risiko aussetzen, negatives Feedback einzufahren?

So schön es war, dass die Eltern unterschiedslos lobten, was ihre kleinen Multitalente so anstellten, jetzt haben sie ein Problem. Denn die Kinder wissen einfach nicht, wo tatsächlich ihre Stärken liegen. Nicht nur ist ihnen nicht klar, was sie wollen. Sie wissen nicht einmal, was sie am besten wollen sollten. Da wird die Berufswahl schwierig, deshalb gibt es jetzt das Gap Year. Wie gesagt: Schön soll die Arbeit sein, kacheltauglich, viele Likes soll sie bringen, Anerkennung sofort. Und der

Freitag muss frei sein zum Auflegen oder für die Malerei oder um Freunde zu treffen.

Denn, klar, ohne Achtsamkeit geht auch Arbeit heute nicht mehr. Achtsamkeit, Meditation, Yoga, so heißen die spirituellen Abwehrzauber-Wörter unserer Zeit. Sie reagieren auf die Beschleunigung, auf die Rastlosigkeit und Unruhe unserer disruptiven Gegenwart. So wie das Biedermeier mit dem Rückzug ins Private, man könnte auch sagen: ins Achtsame, auf die politische Unterdrückung der Zeit reagierte. Davon war schon die Rede. Heute ist Instagram der Ort, an dem die Menschen Heimat suchen, seit sie – so Georg Lukács' philosophische Diagnose aus dem frühen 20. Jahrhundert – die »transzendentale Obdachlosigkeit« in der rauen, unwirtlichen Welt da draußen umtreibt.

Ganz anders die frühen Golfer und die späten Baby-Boomer, diese Grobiane! Sie, die Mittelalten, sind die schlimmsten. Ständig machen sie mit großem Palaver Gruppen-Selfies. Sie skypen im Frühstücksraum des Hotels ohne Kopfhörer mit der ganzen Familie, Mutti scheppert durch den Smartphone-Lautsprecher, Kinderschreie sorgen für Übersteuerung im Hochfrequenzbereich. Das WLAN ist wackelig, der Boomer dreht die Lautstärke hoch und wandert unruhig im Saal hin und her. Und wie stolz die Mittelalterlichen auf ihre lauten Signaltöne sind! Hört ihr alle? Wie aufregend, schon wieder eine neue Nachricht! Alle anderen im Restaurant sind genervt. Liebe Boomer und Golfer: Wenn ihr schon dauernd beim Essen piept, könntet ihr dann bitte rausgehen zu den Rauchern, wenn ihr euren Enkeln Gute Nacht sagt? Dann würden vielleicht auch die superwichtigen Berater ihre Morgen-Telko vom Frühstücksraum ins Hotelzimmer verlegen.

Da lob ich mir die stille junge Generation! Selfies müssen sie nicht lautstark mit anderen koordinieren, weil sie immer nur alleine posen. Und selbst wenn sie paarweise am Tisch sitzen, reden sie kaum, beugen sich tief über ihr Smartphone und verschwinden fast darin. Das nenne ich digitale Unaufgeregtheit! Oder ist es Selbstaufgabe? Sicher, die Digital Natives nerven weniger als die Grobiane aus dem neulich erst digitalisierten Mittelalter, aber ihr Schweigen macht mir auch ein bisschen Angst. Vielleicht sind sie ja gar nicht achtsam, sondern scheintot?

Mit der Achtsamkeit ist das ohnehin so eine Sache. Und mit Instagrams Gib-gut-auf-dich-acht-du-Schöne-Gesülze auch. Achtsame Einkehr und Ruhe klingen natürlich zunächst einmal toll, so nach buddhistischer Relaxtheit, nur ohne religiöses Brimborium. Aber als Jürgen Klinsmann den FC Bayern München trainierte und plötzlich überall an der Säbener Straße gold lackierte Buddhas herumstanden, brach in München auch nicht die große Gemütlichkeit aus, sondern der TheraBand-Optimierungsstress für bisher im Fußball unbekannte Muskeln. Das ist ja die zynische Pointe von Achtsamkeit und Auszeit: Noch als Pause vom Selbst dienen sie mittelfristig seiner weiteren Optimierung.

Digitale Achtsamkeit ist buddhistischer Kurzurlaub zwecks Selbstoptimierung plus Rating, ein paar Kacheln zum Herzeigen und eine Top-Bewertung braucht man am Ende schon. Wenn wir im Digitalen sowieso alles bewerten, warum sollten wir uns nicht auch den eigenen Check-out aus dem Hamsterrad belohnen lassen? Die anspruchsvolle Yoga-Pose ganz ohne Likes? Wer kommt denn auf so was.

Also dreht sich das Hamsterrad weiter, und wir laufen mit. Das gilt auch für die MBSR-Programme, die gerade en vogue sind. Ursprünglich in den Siebzigern für Schmerzpatienten entwickelt, macht »Mindfulness-Based Stress Reduction« eigentlich schon linguistisch Stress. Kein Wunder, dass die »Achtsamkeitsbasierte Stressreduktion« heute eher dem Laufband oder der

Powermill ähnelt als einem Entspannungsbad. Jedenfalls soll sich schneller regenerieren, wer MBSR-Programme nutzt, und das heißt natürlich: Man ist schneller wieder fit fürs Hamsterrad, man hat mehr ökonomische Kapazität. Genau das versprechen Coaches wie Joe Dispenza, die damit ihr Geld verdienen. Wir schauen uns, sagt Dispenza, verträumte bunte Bilder mit mystischen Figuren an, um so unsere analytischen Fähigkeiten zur Ruhe kommen zu lassen, um nicht zu sagen: zur Ruhe zu zwingen. Dann brauchen sie nur einen kurzen Power Nap, und zack, melden sie sich frisch und munter zurück zur Arbeit und sind scharfsinniger als je zuvor. MBSR ist für die Mental-Health-Fetischisten von heute, was Steroide und Anabolika für die Bodybuilder der Achtziger waren: eimerweise ungesundes Zeugs, um stärker auszusehen, als man eigentlich ist.

Kein Wunder, dass sich Start-up-Unternehmer, Kapitalmarktgrößen und Wirtschaftsführer besonders intensiv für Mentaltechniken wie MBSR oder die »Transzendentale Meditation« (TM) interessieren. Ihnen allen geht es um Selbstbeobachtung von Bewusstseinszuständen. Und kein Wunder, dass nirgendwo in der westlichen Welt buddhistische Ideen so weit verbreitet und populär sind wie im Epizentrum des Digital-Kapitalismus: im Silicon Valley. Denn das Valley ist immer auf der Suche nach dem neuesten Stein der Weisen. Richard Barbrook und Andy Cameron haben diesen Mix aus Neoliberalismus und Hippie-Kult schon vor mehr als zwanzig Jahren als »California Ideology« beschrieben. Bis heute lebt sie fort. Seine hippiehaft subkulturelle Unschuld jedoch hat das Silicon Valley schon lange verloren.

Apropos Unschuld verloren. Mittlerweile ist auch die Achtsamkeit ihre Unschuld los. Heute führen *mental health chatbots* mithilfe von Online-Chats höchst erfolgreich psychotherapeutische Gespräche. Dabei lernen sie durch ihre künstliche Intelligenz dazu und werden von Tag zu Tag besser. Die bisher behandelten Patienten, häufig selbst Therapeuten, waren jedenfalls sehr zufrieden. Will sagen: Selbst Achtsamkeit und Empathie sind heute nicht zwingend zwischenmenschliche Domänen.

Neuer Trend ist der »Self-Hack«. Wir hacken uns in unser eigenes System ein, um uns selbst zu optimieren. Dabei geht es vor allem um den Puffer zwischen Reiz und Reaktion, der uns Menschen evolutionär angeboren ist. In Zeiten von Beschleunigung und immer mehr und immer grelleren Reizen brauchen wir eigentlich immer mehr Puffer – haben wir aber nicht, deshalb muss man den, der nun einmal da ist, stärken. Resilienz ist das Schlagwort der Stunde! Gelingt es uns, resilienter zu werden, können wir weiter mitstrampeln im Peloton der Performance-Pacemaker.

Heute konsumieren wir Achtsamkeit über unsere Smartphone-Apps – egal, ob geführte Meditationen, Body-Scan-Tutorials oder Entspannungsklänge zum Einschlafen. Toll! Was mich krank macht, heilt mich auch, die Homöopathie hat dafür sogar einen lateinischen Spruch: »Similia similibus curentur«: Ähnliches soll Ähnliches heilen. Aber ob Apps helfen, wenn schon Globuli nichts bringen? Ob das Smartphone mich beruhigt, nachdem es mich ganz kirre gemacht hat? Ob das Morgenbier gegen den Kater vom Vorabend hilft? Ich habe da Zweifel, und wenn ich in ruhigen Momenten einmal tief in mich hineinlausche, höre ich da unten eine Stimme murmeln. Sie flüstert »Schizophrenie der Achtsamkeit«.

Die Entspannung hingegen, die sich einstellt, wenn man das Smartphone verloren oder verlegt oder wenn man keinen Strom mehr hat, diese Entspannung kennen wir alle. Nach einer kurzen Panik kommt die beruhigende Einsicht: Wir sind von allen digitalen Pflichten und Zwängen befreit – und dabei ganz unschuldig! Auf einmal sind wir frei, so frei, wie wir es freiwillig nicht mehr hinbekommen.

#Digitaldetox ist der passende Hashtag, um die eigene Achtsamkeit Community-wirksam zu kommunizieren. Die Botschaft heißt dann: Ich bin bei Instagram, aber digital achtsam – nicht dass ihr denkt, ich hätte nicht mehr alle Kacheln im Schrank. Achtsamkeit ist Kacheldeko 2.0, Insta-Sucht auf der Metaebene. Wer auf seine Achtsamkeit achtet, lebt heiter und entspannt wie ein selbstironischer Trinker, nur gesünder.

Einmal im Jahr kommen Winterszeit und Jahresanfangsdepression, sparen wir uns die doch und fahren in ein Retreat oder einen Aschram, in eine Ayurveda-Klinik nach Indien oder Sri Lanka. Da treffen wir sie, die anderen Darsteller der Passionsspiele »Globaler Kapitalismus«, erschöpfte Männer und behutsame Frauen, offline im schlichten einfarbigen Leinen-Bademantel. *Ecce homo!*, so stehen sie vor ihren Therapeuten wie Jesus vor Pontius Pilatus, Motto: besser Bade- als noch mehr berufliche Schlappen. Früher, als es noch die Tuberkulose gab, traf man sich auf dem Zauberberg in der Höhenluft von Davos zur großen europäischen Liegekur. Heute gibt's Antibiotika gegen Bakterien, aber gegen die digitale Beschleunigung hilft nur: Stecker raus. Damit wir das mal hinkriegen, fliegen wir bis nach Asien.

Erste Panchakarma-Kur in Sri Lanka, es ist schon fast Halbzeit! Inzwischen komplett abgekapselt und supersensibel nach fünf Tagen Stirnguss und veganer Diät gehe ich zum Strand, die Ölkappe durfte ich heute Morgen abnehmen. Was ich sehe, werde ich nie vergessen: Im feinen weißen Sand liegt eine riesige Schildkröte, ihr Kopf ist gefleckt wie das Fell einer Giraffe. Um ihren Hals ein Wirrwarr von Plastikschnüren, rote und grüne Fischernetzfetzen, verfilzte Plastikfolie. Das Tier ist erstickt.

Vier Wochen später in Berlin packt mich beim Einkauf die Tütenscham. Ich habe nichts zum Tragen dabei, will aber keine Plastiktüte mehr. Als ich vor der Haustür im Regen nach dem Schlüssel krame, spuckt meine durchnässte Papiertüte zwei Becher Joghurt neben den Fußabtreter, die Becher sind aus Plastik, platzen aber trotzdem, eine Flasche alkoholfreies Pils landet im Joghurtmatsch und platzt auch.

Bin ich heute achtsamer als früher? Ganz ehrlich: ja. Und bringt mir das was? Weiß nicht. Auf jeden Fall mache ich weiter. Das ewige Dilemma zwischen Selbstoptimierung und Achtsamkeit bleibt. Muss ich demnächst mal in Ruhe drüber nachdenken, jedenfalls, wenn ich welche finde. Erst mal brauche ich jetzt ein umweltverträgliches Einkaufsnetz. Gibt es online, Moment, ich schau schnell nach, dauert nicht lange. Ein Klick, und heute noch geliefert.

Oder gibt es nicht doch noch was Besseres? Sekunde, ich schau mal schnell ... Bin gleich wieder da.

10 MONOPOLE UND DAS PLATTFORM-PARADOX

Erst 2012, acht Jahre nach Gründung und kurz nach dem Börsengang, bin ich Facebook beigetreten. Oder genauer: musste ich beitreten. Mein neuer Job in einem schwedischen Start-up zwang mich dazu. Das damals noch keine zwei Jahre alte Start-up izettle nutzte eine Facebook-Gruppe für die informelle interne Kommunikation.

Diese Skandinavier! Digital unbekümmert, dem Neuen gegenüber aufgeschlossen, datenschutzmäßig entspannt, geschichtlich unbelastet und schon deshalb nicht prinzipiell erst einmal allem gegenüber kritisch wie wir Deutschen – zu beneiden. Und natürlich pragmatisch. Deshalb hieß das Pro-Facebook-Argument 2012: Wir sind doch sowieso schon alle dort, lasst uns also die kostenlosen schönen Tools nutzen, die wir da bekommen!

Drei Jahre früher hätte man so noch gar nicht argumentieren können, und damit bin ich bei einem springenden Punkt der digitalen Plattformökonomie, vielleicht dem entscheidenden. Im Unterschied zur traditionellen Industrie-Logik geht es nämlich bei der digitalen Ökonomie um Netzwerkeffekte, kritische Masse, Selbstverstärkung und Monopolbildung, davon war schon einmal die Rede.

Das muss man begreifen, um unsere Welt von heute zu verstehen. Und doch werden solche ökonomischen Zusammenhänge in der aktuellen Diskussion geradezu stiefmütterlich behandelt, sei es, weil sich die Feuilleton-Diskussion so gerne auf die Echokammer- und Filterblasen-Probleme wirft, sei es, weil das Feuilleton keine Lust auf Wirtschaftsfragen hat, oder auch beides. Sicher, bei der Frage von Fake News und Echokammer-Aufschaukelung geht es um Inhalte, Wahrheit und Faktizität. Aber gelogen wurde schon immer, und irgendwie sind die Menschen damit bisher anscheinend besser klargekommen als heute. Wir müssen uns klarmachen: Dass Fake News heute ein so dringendes Problem sind, liegt an ihrer Verbreitung über digitale Plattformen. Deshalb müssen wir deren Mechanismen verstehen, vor allem die ökonomischen.

Alle Plattformen besitzen dieselbe Dynamik, die ihr Geschäftsmodell antreibt: die Selbstverstärkung. Je stärker sie sind, desto größer – *noch* größer – werden sie. Die Losung ist: Der Teufel scheißt immer auf den größten Haufen. Am Ende gibt es nur noch einen einzigen Haufen, das globale Monopol. Wie bei Godzilla gilt für digitale Plattformen: *size matters*. Um noch einmal auf das Hühnerfarm-Bild zurückzukommen: In der Plattformökonomie geht es immer um das T-Rex-Huhn. Es wächst superschnell, und nach kurzer Zeit hat es alles um sich herum aufgefressen oder in den Boden gestampft.

Wie genau funktioniert das, oder anders gefragt: Was ist ein Netzwerkeffekt? Da stellen wir uns mal ganz dumm, und da sagen wir so: Ein Netzwerk, das ist je voller, desto doller. Also ein Gebilde, das immer wertvoller wird, je mehr Menschen es nutzen. Oder, noch genauer, ein Gebilde, dessen Nutzen für jeden einzelnen Beteiligten in direkter Korrelation zur Gesamtzahl der Nutzer steht. Das bedeutet: Ein Netzwerkprodukt wird mit jedem zusätzlichen Nutzer für alle anderen Nutzer besser.

Das wiederum heißt: Hat ein solches Netzwerk einmal eine kritische Masse erreicht, gibt es eine Art eingebauten Anti-Konkurrenz-Effekt. Denn wenn der Nutzen, den sich ein Einzelner vom Netzwerk verspricht, von dessen Größe abhängt, wird er sich in seinem eigenen Interesse sinnvollerweise immer für das größte Netzwerk entscheiden – und gegen kleinere Konkurrenten. Damit macht er das ohnehin schon größte Netzwerk noch größer und noch wertvoller, und das wiederum macht die Beitrittsentscheidung des nächsten potenziellen Users noch einfacher – und die Wettbewerbssituation für alle Konkurrenten noch aussichtsloser.

Die plattformökonomische Selbstverstärkung lässt sich eigentlich leicht nachvollziehen, wenn man sie sich auf diese Weise anschaulich macht. Und doch erscheint sie vielen Menschen heute immer noch kontraintuitiv, weil sie so gar nichts mit unserem alten Denken zu tun hat. Stellen wir uns vor, wir kaufen im Supermarkt eine Flasche Bier oder im Autohändler-Glashaus an der Ausfallstraße ein Auto. Ob das Bier in der Flasche bleibt, oder ob ich es trinke, ob das Auto in der Garage steht, oder ob ich damit herumfahre – beides hat keinerlei Einfluss auf die anderen Kunden meiner Bier- und meiner Automarke.

Während allerdings das Bier nur Bauchpotenzial hat, hat das Auto auch Netzwerkpotenzial. Es könnte gekauft werden, um einen Car-Sharing-Pool zu erweitern. Das wäre dann ein ganz anderes Autoleben. Dann würde es mal nachts kreuz und quer durch Kreuzberg kurven, und schon am Tag drauf mit einem Haufen lustiger Mädels an einen Badesee in der Uckermark. Doch egal, wohin es fährt und mit wem: In jedem Fall würden nicht nur Kreuzberger Nachtgestalten und ein paar Mädels von dem Auto profitieren, sondern alle Nutzer des Car-Sharing-Dienstes. Denn mit jedem weiteren Wagen im Pool steigt für alle die Wahrscheinlichkeit, dass ein Auto vollgetankt gleich um die Ecke vor der eigenen Wohnung steht, wenn man es gerade braucht. Das macht das Angebot für alle attraktiver und zieht noch mehr Kunden an. Für die braucht man wieder mehr Autos, die Firma wächst und so weiter.

Netzwerkeffekte sind Medien- und Vermittlungsphänomene, so wie umgekehrt viele Medien per Definition Netzwerkcharakter haben. Logisch: Ein einzelnes Telefon auf der Welt oder nur eine E-Mail-Adresse hat keinen Wert. Selbst das Schnurtelefon hat ja zwei Enden. Generell gilt: Je größer die Zahl, Verbreitung und Erreichbarkeit der User, desto besser die Geschäfte.

Facebook, Google, Airbnb und Uber treiben dieses Prinzip auf die Spitze, denn sie sind ja nichts anderes als: Netzwerke. Im Unterschied zu Telefongesellschaften oder auch E-Scooter-Anbietern kommen sie ganz ohne physische Güter aus. Dafür schürfen sie den kostbarsten Rohstoff der Zukunft, an den die alten Industrien gar nicht herankommen: Nutzerdaten in Echtzeit. Sie ermöglichen es, das künftige Verhalten der Nutzer vorauszusagen und diese Voraussagen wiederum zu vermarkten – im einfachsten Fall durch Werbung, damit sind Google und Facebook reich geworden. Mit AdWords, Googles Suchbegriff-Werbung, begann der »Überwachungskapitalismus«, wie ihn die US-amerikanische Sozialwissenschaftlerin Shoshana Zuboff beschrieben hat. Die Pointe ist: Im Überwachungskapitalismus sind die User nicht Kunden, sondern unbezahlte Mitarbeiter. Von kostenlosen Produktködern wie Google-Suche oder dem Facebook-Netzwerk angelockt, stellen sie ihr Datenkapital anscheinend freiwillig den Digitalunternehmen zur Verfügung. Die vermarkten es an Werbekunden.

Eine so zielgenaue Werbung, wie sie mit diesen Daten möglich ist, gab es noch nie. Effizientere Werbung bedeutet immer mehr Kunden und ein immer größeres Geschäft: *the bigger the better*, das war immer schon so. Zugleich unterscheidet sich der Erfolgsmechanismus der Digitalplattformen von dem der traditionellen

Industrie. Denn Google, Facebook und Co funktionieren über Netzwerkeffekte, und das ist etwas ganz anderes als die ökonomischen Skaleneffekte aus der guten alten Zeit. Der Skaleneffekt bewirkt, dass mit immer höheren Produktionszahlen der Preis für das einzelne Stück kontinuierlich sinkt. Vom Skaleneffekt profitieren zum Beispiel Großbrauereien. Sie kaufen mehr Hopfen und Gerste ein und arbeiten mit größeren Kesseln und Maschinen als kleine Dorf- und Hinterhofbrauereien, also ist das Bier aus der Großbrauerei billiger als handwerklich hergestelltes Bier aus der Craft-Beer-Schmiede. Bei Autos ist das genauso. VW baut 10 Millionen Autos im Jahr, BMW nur ein Viertel so viel, also hat VW bei vergleichbaren Autoteilen einen Preisvorteil. Man kennt das aus dem Baumarkt, wo ein Gebinde mit Tausend Schrauben gefühlt ungefähr viermal so viel kostet wie eines mit fünfzig Stück, will sagen: wo der Stückpreis in großen Gebinden einen Bruchteil des Stückpreises von kleinen Packungen beträgt.

Solche Skaleneffekte stehen im Zentrum der Industriezeitalter-Ökonomie. Wie ein Dogma haben sie unsere Vorstellung von der Massenproduktion geprägt, vom Verhältnis zwischen Wirtschaft und Arbeit, von der Rolle der Arbeitnehmer. Skaleneffekte sind graduelle oder inkrementelle Effekte, insofern passen sie bestens zur Ingenieurs-Logik der Nachkriegszeit. So wie alles immer ein bisschen besser wurde und es immer ein bisschen mehr davon gab, so wurde auch alles immer ein bisschen effizienter. Stück für Stück wurde das Produkt günstiger, Schritt für Schritt ging es voran.

Anders das Netzwerkmodell. Hier gibt es Sprünge. Oder genauer: In Netzwerkmodellen zielt jedes Produkt auf den großen Sprung. Es geht darum, mit extrem schnellem Wachstum die kritische Masse eines Marktes zu erreichen, ohne die das Produkt für die Kunden kaum einen Wert hat. Facebook erreichte 2004 sehr schnell alle Studenten in der Boston Area, DriveNow stellte von Anfang an genügend Autos für ganz Berlin zur Verfügung. Manchmal gelingt es ausgerechnet dadurch, dass man – gegen jede ökonomische Vernunft des industriellen Zeitalters – ein Überangebot schafft, für das es noch gar keine Nachfrage gibt. Genauso liegen die Dinge bei den E-Scootern, mit denen die Anbieter uns die Innenstädte zugepflastert haben. Nur wenn immer ein fahrbereit glimmender Roller in Griffweite wartet, installieren sich die Leute die App, und nur dann nutzen sie das Angebot.

Warum aber nehmen Anbieter Wagniskapital für zigtausend Roller auf, obwohl sie wissen, wie hoch das Risiko ist, sich zu verkalkulieren und ruck, zuck pleitezugehen? Und vor allem: Warum nehmen die Wagniskapitalgeber dieses Risiko auf sich? Die Antwort lautet: So schwierig der Weg zur kritischen Masse auch sein mag, ist sie einmal erreicht, winkt ein rasanter Lohn im Form exponentiell explodierenden Wachstums, weil nun auch der Nutzen für die Kunden rasant steigt. Plötzlich gibt es einen Sog ins Produkt. Mein eigenes Facebook-Beispiel zeigt das: Ich musste einfach beitreten, weil alle anderen in meiner Firma schon mit dabei waren. Es kommt der Punkt, da kann man sich nicht mehr erlauben, auf ein Telefon oder auf Facebook zu verzichten. Und damit ist die Trasse zum Monopol geschlagen. Wer jetzt als Anbieter keine Fehler macht, ist uneinholbar und hat keine Wettbewerber mehr.

Das ist das Prinzip »The winner takes it all«. Es ist eine Folge von Netzwerkeffekten. Sie sind ein wichtiger Grund, warum StudiVZ nicht dauerhaft gegen Facebook bestehen konnte. Und sie sind der Grund, warum es bald XING genauso mit LinkedIn gehen wird.

Was bedeutet das für uns User? Ist die Plattformökonomie gut für uns oder schlecht, gar gefährlich? Das ist nicht so einfach zu sagen. Auf den ersten Blick finden wir die Plattformökonomie gut, weil sie praktisch ist. Wirtschaftswissenschaftlich gesehen, kommen Transaktionen über Plattformen dem ökonomischen Optimum des vollkommenen Marktprinzips nahe. Bei booking.com sieht man so gut wie alle Hotelzimmer auf einen Blick, bei Uber alle Fahrer. Das sorgt für Transparenz, diese wiederum für effizienten, also aus Kundensicht schärferen Wettbewerb unter den Hotels und Fahrern. Wir User profitieren von den Monopolen der Winner-takes-it-all-Giganten: von Facebook, weil sich dort alle Freunde weltweit finden, von Google, weil sich die Suchergebnisse aus der größten Datenmenge speisen, und von Uber, weil hier die meisten Fahrer sind und man im Ausland häufig keine andere App braucht. Das ist alles herrlich bequem.

Zugleich aber wissen wir, dass Monopolstrukturen mittel- und langfristig den freien Markt zerstören. Und, damit wir uns nicht falsch verstehen: Es ist längst schon so weit. Die GAFA-Unternehmen Google, Apple, Facebook und Amazon konzentrieren ihre Macht nämlich nicht in jeweils einer Applikation, sondern gleich in mehreren, die sich wiederum gegenseitig befeuern – etwa durch Datenweitergabe oder durch Werbung. Facebook bedeutet WhatsApp, Instagram und Messenger. Bei Google beziehungsweise dem Mutterkonzern Alphabet gibt es mehr als ein halbes Dutzend Produkte mit jeweils mehr als einer Milliarde Usern: Gmail, Maps, YouTube, Chrome, Play, Photos – und die Suchmaschine Google sowieso.

Das heißt: Wir User sind abhängig, Alternativen zu diesen Hyper-Plattformen gibt es nicht. Deshalb können sie von einem Tag auf den anderen durch ein Update ihre Geschäftsbedingungen oder ihre technischen Anforderungen ändern, können von uns neue Commitments einfordern, Geräte oder Software ausschließen und damit User, die nicht mitziehen, vor die Tür setzen.

Aber wer will das schon mit sich geschehen lassen? Wer mag im analogen Schneeregen draußen vor der Tür sitzen, während drinnen die digitale Ballnacht rauscht? Niemand. Deshalb ziehen alle mit und akzeptieren die Schon-wieder-neuen-Geschäftsbedingungen, ist ja auch so einfach: Häkchen setzen, fertig, und schon haben wir Google noch mehr Daten übereignet. Als Faust dem Mephisto seine Seele überschrieb, brauchte es immerhin noch Papier, Feder und ein bisschen Blut – heute reicht ein Klick. Theoretisch könnte man ja vielleicht zu einem anderen Anbieter wechseln, theoreeeeeetisch schon ... Aber Aufwand, Kosten und Komfortverlust sind einfach zu hoch, also setzen wir doch lieber schnell das Häkchen. Und machen damit Google endgültig zum Monopol.

Monopole haben Macht. Wer zum Beispiel die weltweit beliebte Dating-App Tinder verwenden wollte, konnte das lange nur tun, wenn er oder sie bei Facebook war. Wenn man auf die verrückte Idee kam, sich bei Facebook abzumelden, flog man automatisch bei Tinder raus – und bei vielen anderen Apps auch. Ich vermute, nach dem Cambridge-Analytica-Debakel musste sich Tinder von Facebook emanzipieren.

Heute werden Facebook und Google regelmäßig für die Anmeldung bei anderen Anwendungen oder zur Verifizierung von Daten genutzt: also, mit einem alten Begriff, um sich auszuweisen. Einen »amtlichen Lichtbildausweis« oder irgendein anderes staatliches Dokument braucht man dafür meist nicht mehr – wie man auch keine nationalstaatliche Währung mehr benötigt, wenn Facebook sein transnationales Bezahlsystem Libra einführt. Beides aber, Ausweis und Währung, wurde bisher vom Staat bereitgestellt. Facebooks fürs Erste von den mächtigsten Industrienationen abgewendeter Versuch, Libra einzuführen, war ein Angriff auf die Staatlichkeit.

Interessant: Plattformen verlangen viel von uns, aber sie sind deswegen nicht automatisch unbeliebt. Sie sind uns eben eine große Hilfe. Das erfahren wir jeden Tag, obwohl, oder vielmehr weil, wir sie dabei kaum wahrnehmen und weil wir schon gar nicht sehen, welche Daten sie von uns haben und was sie damit anstellen. Durch Apps wie Shazam fanden wir vor zehn Jahren auf einmal Lieder, die wir schon fast vergessen hatten. Mit Spotify können wir sie heute hören, sofort und überall. Durch Plattformen stehen wir in Kontakt mit Freunden auf der ganzen Welt, und durch Plattformen finden wir eine Wohnung für eine Woche in New York.

Immer sind sie hilfreich, wenn wir etwas benötigen, nie sind sie schuld daran, wenn etwas schiefgeht: wenn wir wieder mal Plastikmüll aus China bestellt haben, unsere weltweit verstreuten Freunde total blöd sind und die Wohnung im dritten Stock Luftlinie einen Meter von der Rumpel-Hochbahn entfernt liegt. Irgendwie kriegen es die Plattformen hin, sich sogar in solchen Situationen nie die Finger schmutzig zu machen. Elegant halten sie sich im Hintergrund. Zwar vermitteln sie Schrott, Streit und Lärm, aber verantwortlich machen wir sie dafür nicht, weder emotional noch rechtlich.

Ökonomisch übermächtig, wie die Plattformen sind, zwingen sie ihre Kunden in die Abhängigkeit. Das ist eine Gefahr. Außerdem haben sie einen enormen politischen Einfluss, Stichwort Meinungsfreiheit. Das ist eine weitere Gefahr. Zugespitzt gesagt: Was Meinungsfreiheit ist, bestimmt heute Facebook. Denn was ist eine freie Meinung, wenn man sie nicht mitteilen kann? Facebook überwacht, analysiert, zensiert, kuratiert und privilegiert die Meinungen und Inhalte von knapp zweieinhalb Milliarden Menschen. Facebook bestimmt im Verborgenen, welche Quellen, Nachrichten und Medien als vertrauenswürdig gelten, um prominent und meinungsbildend im Morgen- und Dauer-Feed ausgespielt zu werden – und welche nicht.

Ein krasses Beispiel für die ungute Kombination aus Machtmissbrauch und Diskriminierung hat die chinesische Social-Media-App TikTok geliefert. Sie hat den Video-Reach von Menschen eingeschränkt, die das »Downsyndrom« oder ein »entstelltes Gesicht« haben – angeblich, um sie vor Cybermobbing zu schützen. Wie es aussieht, sind auch LGBTQ+- und dicke Menschen auf Listen für »besondere Nutzer« mit eingeschränktem Reach gelandet. Solche Selektionen und Ausschlüsse lassen sich heute vollautomatisch von Algorithmen vornehmen. Wer die gewünschte Norm nicht erfüllt, ist nicht mehr auf Social Media sichtbar – und existiert insofern nicht mehr.

Sacha Baron Cohen hat, wie gesagt, zu Recht darauf hingewiesen, dass wir »Freedom of Speech« nicht mit »Freedom of Reach« verwechseln dürfen. Im TikTok-Fall jedoch ist eins dasselbe wie das andere. Denn wer gar keinen Reach hat, der oder die hat natürlich auch gar keine Gelegenheit zur Speech. Umgekehrt gibt es unzählige Fälle von Hate Speech, bei denen die Algorithmen von YouTube und anderen sozialen Netzwerken nicht eingreifen – warum?

Klar ist: Reach bedeutet Macht, und durch diese Macht ziehen YouTube und Facebook, ob die Google-Chefs oder Mark Zuckerberg das wollen oder nicht, Lobbyismus, Hetzkampagnen, Fake News und Wahlmanipulationen an wie keine anderen Medien in der westlichen Welt. Nicht Bombenterror oder Hackerattacken, sondern Facebook galt als das größte Risiko bei den Europawahlen 2019. Das ist nicht Paranoia, sondern Erfahrungswissen. 2016 kamen vor den Präsidentschaftswahlen in den Vereinigten Staaten 120 Millionen Amerikaner über Facebook in Kontakt mit von Russland erzeugtem Nachrichten- und

Propagandamaterial. Der russische Staat unterhält Troll-Fabriken, um die demokratische Willensbildung im Westen zu beeinflussen oder zumindest zu stören. Cambridge Analytica wiederum war ein privates Unternehmen, das auf eigene Faust Daten gesammelt und analysiert hat, um sie für Mikrotargeting-Wahlwerbung zu verkaufen.

Facebook überwacht uns, immer und überall. Aber wer überwacht die Wächter? Das hat sich auch die Politik gefragt, und als Antwort ist ihr ein Witz eingefallen: Facebook kümmert sich selbst um seine Überwachung. Ein kleines Heer schlecht bezahlter Faktenchecker soll für Wahrheit, Anstand und Ordnung bei Wahlen sorgen. Man muss sich die Ironie dieser Geschichte klarmachen: Wir schicken OSZE-Wahlbeobachter nach Weißrussland, aber delegieren die eigene Wahlbeobachtung an ein Privatunternehmen, das niemandem Rechenschaft gibt und kein anderes Interesse hat, als weiterzumachen wie bisher.

Der Philanthrop und Milliardär George Soros hat im Januar 2020 in der *New York Times* darauf hingewiesen, wie gefährlich das ist. Soros hält eine Übereinkunft zwischen Trump und Facebook für wahrscheinlich, nach der Facebook 2020 Trumps Wiederwahl unterstützt und Trump Facebook im Gegenzug vor drohender Regulierung schützt. Soros zufolge haben Trump und Zuckerberg in dieser Frage die gleichen Interessen. Ob Soros' Verdacht zutrifft oder nicht, sein Gedankenspiel ist plausibel: Facebooks Machtkonzentration gefährdet die liberale Demokratie.

Die GAFA-Unternehmen, ganz besonders Google und Facebook, entziehen sich systematisch der politischen und juristischen Rechenschaft. Sie sind unreguliert. Bis heute ist nicht entschieden, ob sie für die Inhalte Verantwortung tragen, die über ihre Plattformen verbreitet werden. Wir machen doch gar nicht, was wir wollen, so die von Facebook vertretene Verteidigungslinie, wir lassen bloß unsere User machen. Und daran will man sie natürlich aus Liebe zur Redefreiheit nicht durch Vorschriften hindern. Jedenfalls so lange nicht, wie nichts aus ökonomischen Gründen dagegenspricht.

L'état, c'est moi: Der Staat, das bin ich, hatte der absolutistische Sonnenkönig Ludwig XIV. gesagt. Facebook und Google könnten das mit Blick auf ihre Selbstregulierung ebenfalls von sich behaupten. Selbstregulierung hat zwar bekanntlich schon bei den Kindern antiautoritärer Eltern nicht so gut funktioniert, dennoch wiederholen wir diesen Fehler heute – und zwar nicht bei unseren Kindern, sondern bei den privatwirtschaftlichen Hyper-Plattformen, die mächtiger sind als fast alle Staaten weltweit.

Heute entscheiden die Plattformen selbst, ob politische Werbung akzeptiert ist: wie auf Facebook. Oder nicht: wie auf Twitter. Facebook bestimmt selbst, was Fake ist, was rassistisch und was sexistisch – und was gelöscht werden muss. Oder aber was stehen bleiben kann, weil es angeblich von der Meinungsfreiheit gedeckt ist. Logisch, dass man umso weniger Arbeit hat, je weiter man die Meinungsfreiheit auslegt. Nicht zu widersprechen war immer schon bequemer, als Einspruch zu erheben.

Heute definieren die Digitalplattformen unser Verhältnis zu Gewalt, zu Nacktheit und zu Sex. Sie entscheiden, ob auf Facebook und YouTube Rassenwahn und Verschwörungstheorien verbreitet werden oder nicht. Und leider wird das Zeug verbreitet, massenhaft.

Auch mit Blick auf die Besteuerung liegen die GAFA-Unternehmen nicht weit neben dem Motto »L'état, c'est moi«. Denn sie bestimmen selbst, ob und wie viele Steuern sie wo bezahlen wollen. Früher haben sich Unternehmen, die mithilfe von undurchsichtigen Finanzfirmen, Schlupflöchern und Tricks

Steuern sparen, wenigstens noch ein bisschen dafür geschämt – oder zumindest versucht, ihr Gebaren vor der Öffentlichkeit geheim zu halten. Heute vermeiden die GAFA-Unternehmen ungeniert im vollen Tageslicht Steuern, wo es nur geht. Der globale Steuerwettbewerb macht es möglich. Zahl ich bei dir nicht so wenig Steuern, wie es mir gefällt, zieh ich anderswohin und zahle dir gar keine Steuern: Das ist die Ansage, die sich die Staaten heute von GAFA und anderen Plattformen anhören müssen. In Europa können Irland und Luxemburg ganz besonders gut mit dieser Erpressung leben: keine Steuern für die gesamte EU, aber dafür ein paar schöne Arbeitsplätze bei ihnen im Ländle.

In Deutschland gehen mehr als zwei Drittel des Umsatzes auf dem Onlinewerbemarkt an das Doppelmonopol von Google und Facebook. Global wandern 25 Prozent aller Werbegelder online und offline in die Taschen der beiden, also jeder vierte ausgegebene Dollar, Euro, Yen, Rubel, Real und so weiter. In Steuereinnahmen schlägt sich das allerdings nicht nieder. Ähnlich Amazon, das aufgrund seiner schieren Marktmacht die Umsatzsteuervermeidung perfektioniert hat.

Früher finanzierten die Industrie- und Mittelstandsunternehmen samt ihren Beschäftigten den Sozialstaat, es galt das Primat der Politik. Heute bedrohen die Plattformen dieses Primat. Das hat sich spätestens in dem Moment gezeigt, als ein von Facebook angeführtes Konsortium unter Beteiligung von Spotify, Vodafone und Uber mit der für 2020 geplanten Eigenwährung Libra zum Angriff auf die staatlichen Notenbanksysteme blies. Visa, Mastercard, PayPal und andere haben mittlerweile kalte Füße bekommen. Fürs Erste ist der Angriff abgewendet. Der nächste aber wird kommen.

Mit Libra würde Facebook der De-facto-Staatlichkeit einen weiteren, sehr großen Schritt näher kommen. Denn obwohl Libra technisch Blockchain-Technologie verwenden soll, handelt es sich dabei gerade nicht um eine unabhängige und dezentrale Kryptowährung wie etwa Bitcoin. Eigentlich ist Blockchain ein öffentlich einsehbarer, so gut wie fälschungssicherer Code für dezentrale Prozess- und Vertragsstrukturen. Dabei sind alle an ihm vorgenommenen Änderungen dauerhaft dokumentiert. Libras Blockchains hingegen sollen ausschließlich Mitgliedern der Libra Association zugänglich sein – und allenfalls Aufsichtsbehörden, sofern die das verlangen und ihre Forderung auch durchsetzen können. Klar, viele Innovationen im Libra-System sind richtungsweisend: die Smart Contracts zum Beispiel, die in Einklang mit den jeweils geltenden Geschäftsbedingungen sowie der Rechtslage in Vertragsverhältnissen automatisch Schadensausgleich schaffen, etwa bei Flugausfällen zugunsten des Kunden. Auch bei den sogenannten Know-Your-Customer-, abgekürzt KYC-Vorgaben, die Geldwäsche erschweren sollen, hätte Libra schärfere Regeln als andere Kryptowährungen.

Doch all diesen Vorzügen und all diesen nicht zufällig so demonstrativ ausgestellten guten Absichten zum Trotz bleibt das Problem einer Währung in privater Hand – abgesehen von weiteren Schwierigkeiten wie zum Beispiel dem von Libra geforderten Bankkonto, das die behauptete finanzielle Inklusion von Usern in Dritte-Welt-Ländern so gut wie unmöglich macht. Ganz klar: Libra ist kein Entwicklungshilfeprojekt, sondern zielt ab auf die privatwirtschaftliche Steuerung von Zahlungsströmen unabhängig von den nationalen Zentralbanksystemen. Die Idee ist, durch den »First Mover Advantage« und mithilfe starker Partner und hoher Netzwerkeffekte von Tag eins an die kritische Masse für eine privatwirtschaftliche Weltwährung zu schaffen und damit einmal mehr das Plattformprinzip »The winner takes it all« zu bestätigen, nur dieses Mal in einer staatlichen Domäne.

Anders gesagt: Allen Vorteilen zum Trotz, mit denen Facebook und andere die Zivilgesellschaft und die Zentralbanken umschmeichelt haben, wiegen bei Libra die politischen und ökonomischen Risiken weit schwerer als die möglichen Vorzüge.

Mark Zuckerberg mag zur Weltherrschaft greifen, dennoch ist er kein Superschurke, gegen den wir *Mission Impossible*-mäßig antreten müssten. Wir sollten Zuckerberg, wie überhaupt das ganze Silicon Valley, nicht dämonisieren, sondern ihnen nur sehr genau auf die Finger schauen und klare Grenzen setzen. Denn dass das Silicon Valley größenwahnsinnig ist, liegt nun einmal in seiner Logik. Facebooks Mark Zuckerberg, Amazons Jeff Bezos, Googles Sundar Pichai, Twitters Jack Dorsey und all die anderen Gründer-Milliardäre und Top-Executives tun nichts Böses, sie nutzen nur auf erlaubte Weise und besonders geschickt die Mechanismen des digitalen Kapitalismus. Das zu verdammen bringt nichts. Es ist nicht nur erlaubt, sondern es ist gut, Unternehmen zu gründen und groß zu machen! Die Regeln der digitalen Wirtschaft dürfen sich allerdings nicht die digitalen Profiteure selbst geben. Diese Regeln zu setzen, ist das Vorrecht der Politik und heute eine ihrer dringendsten Aufgaben.

Es ist ein Denkfehler, Unternehmern entweder gute (selten) oder aber böse (meistens) Absichten zu unterstellen. Google selbst hat das getan, indem es die Formel »Don't be evil« zum Teil des eigenen Verhaltenskodex machte. Mittlerweile hat man das in die weniger moralisch klingende Formulierung »Do the right thing« geändert. Sogar die Konkurrenz darf man fürs gute Google-Gewissen nutzen und etwa bei Twitter zum »Google Walkout For Real Change« aufrufen. So viel Greta-Spirit gönnt man sich doch gerne.

Wo stehen GAFA und Co eigentlich politisch? Entwarnung für die Liberalen: Wie die Film- und Entertainment-Ikonen aus

Hollywood standen bisher auch die GAFA-Köpfe auf der progressiven Seite des politischen Spektrums. Ein Glück, bisher jedenfalls. Denn wir haben keine Garantie, dass das auch in Zukunft so bleiben wird. Deshalb sollten wir unsere Demokratie und unsere freie Gesellschaft nicht in die Verantwortung von ein paar Gründern und Führungsköpfen der GAFA-Monopolisten legen.

Freie Gesellschaften dürfen sich nicht abhängig machen von einigen wenigen Personen, die weder der politischen Kontrolle durch Checks and Balances unterworfen sind noch demokratisch abgewählt werden können. Früher hat man immer davor gewarnt, dass das Militär zu einem Staat im Staate werden und dann von innen heraus die Macht übernehmen könnte. Heute müssen wir verhindern, dass die Plattformen zu Staaten über den Staaten werden und von oben noch mehr Macht übernehmen, als sie bisher schon haben. Wir dürfen nicht den Unternehmern anlasten, dass sie ihre Hyper-Plattformen ausweiten. Aber wir müssen es uns selbst und der von uns bestimmten pseudomarktwirtschaftlichen Politik anlasten, wenn wir die Plattformen nicht regulieren, solange das noch möglich ist.

Bei allem unternehmerischen Respekt, liebe Hyper-Unternehmen: Ihr seid zu mächtig, ihr seid zur Gefahr geworden für die liberale Demokratie und die individuelle Freiheit. Ihr seid es unabhängig von euren tollen Absichten, Idealen und Ideen, unabhängig von euren »Do the right thing«-Bekenntnissen und unabhängig von eurem bunten Google-Kreativ-Campus mit Bällebad zum Austoben und Stille-Ecken für die achtsame Mikro-Erholung zwischendurch. So gerne wir eure Plattformen nutzen und so nett eure CEOs zu sein scheinen, so sehr ihr die Innovationskraft und den Schöpfergeist und den Alles-ist-möglich-Tatendurst des westlich geprägten Kapitalismus verkörpert – ihr seid für die Welt von heute, was Chruschtschows Sowjetunion für John F. Kennedys USA war: die größte Systembedrohung seit Menschengedenken.

Übermäßige Machtkonzentration ist eine Gefahr für die Demokratie und die Freiheit des Einzelnen, egal, in wessen Händen sie liegt. Wenn wir eines aus der Geschichte gelernt haben, dann das: Machtkonzentration ist autoritär, Pluralismus hingegen bedeutet Freiheit für den Einzelnen. Das gilt gleichermaßen in Politik wie Wirtschaft. Bedroht irgendjemand unseren Pluralismus, müssen wir etwas unternehmen. Mag der nette Mark Zuckerberg noch so »How I met your Mother«-mäßig schüchtern und leicht verpeilt rüberkommen: Sein Facebook ist eine Gefahr für die liberale Demokratie. Genau das hat Alexandria Ocasio-Cortez gezeigt, als sie sich den Facebook-Chef bei der Vernehmung im Repräsentantenhaus vornahm.

Was die Vielfalt als Voraussetzung für die Freiheit des Einzelnen angeht, sind im Westen die Prinzipien in Politik und Wirtschaft überall dieselben. Wir glauben an eine weite Auslegung und robuste Verteidigung der Meinungsfreiheit – ohne Rücksicht auf individuelle Interessen oder politischen Opportunismus und bis hin zur beleidigenden Satire. Wir glauben an die Gewaltenteilung als Regulativ der politisch Mächtigen und an eine starke unabhängige Justiz. Ökonomisch glauben wir an den Wettbewerb und die freie Hand des Marktes. Wir sehen aber auch, dass es zu Monopolbildungen kommen kann, die dieses freie Spiel stören.

Deshalb ist es kein Widerspruch, dass ausgerechnet im Mutterland des Kapitalismus konsequent gegen Monopole vorgegangen wird. So wie die US-Verfassung gegen die Machtkonzentration in den Händen eines absolut herrschenden Monarchen ein demokratisches System von Checks and Balances stellt, geht die US-Regierung seit dem Sherman Antitrust Act von 1890 aktiv gegen ökonomische Machtkonzentration vor, das heißt gegen Monopole. Mehrmals hat sie Konzerne wie Standard Oil und AT&T zerschlagen oder ihnen die Zerschlagung angedroht. Immer hat sie damit den Markt gestärkt.

Anders als es in Deutschland häufig diskutiert wird, bedeutet »Zerschlagung« nicht »Verstaatlichung« und damit die Schwächung des Marktes, sondern gerade im Gegenteil die Stärkung des Marktes durch Erzeugung von Konkurrenz. Wer das Monopol verteidigt, und sei es nur aus pseudowirtschaftsfreundlicher Trägheit, verteidigt das Autoritäre, aber nicht die freie Marktwirtschaft.

In diesem Sinne hat im Mai 2019 ausgerechnet der Facebook-Mitgründer Chris Hughes mehr Wettbewerb und mehr Differenzierung zwischen den Plattformen gefordert und in der *New York Times* Alarm geschlagen: »It's time to break up Facebook.« Das würde die Rückabwicklung der Facebook-Übernahmen bedeuten, Instagram, WhatsApp und Facebook wären wieder drei voneinander unabhängige Unternehmen. In der liberalen Wirtschaftspolitik ist »Zerschlagung« im Unterschied zur »Enteignung« ganz einfach ein klassisches Instrument marktwirtschaftlicher Wettbewerbspolitik. So wie Fusionen von den Kartellbehörden verboten werden, müssen allzu mächtige Strukturen entflochten werden. Wenn ein Monopol die »unsichtbare Hand« des freien Marktes fesselt, muss der Staat sie befreien. Wir müssen marktwirtschaftlich konsequent gegen das Monopol der digitalen Tech-Giganten vorgehen, um Demokratie, Wettbewerb und persönliche Daten zu schützen. Absurd: 2005 hat das Bundeskartellamt Axel Springer die Übernahme von ProSieben-Sat1 verboten. Heute aber überlassen wir unsere gesamte Kommunikation – Facebook, WhatsApp und Instagram – vollkommen unreguliert einem einzigen ausländischen Monopolisten.

Und was ist mit den Innovationsoptimisten, die »alles nicht

so schlimm« finden und meinen, die Herausforderungen durch Facebook, Google und andere würden sich bald irgendwie von selbst erledigen? Sie liegen falsch. Wer so redet, betreibt Appeasement-Politik, und das ging schon mal schief. Diese Unternehmen sind so stark und haben so viel Cash, dass sie Konkurrenten frühzeitig überteuert aufkaufen können, um sie dann entweder selbst groß zu machen – oder aber sterben zu lassen. So hat es Google mit YouTube, DoubleClick, Motorola und Nest getan, Facebook mit Instagram und WhatsApp. Und Microsoft, obwohl ursprünglich keine Plattform, hat es seit Jahrzehnten geschafft, sich durch seine schiere Monopolmacht als eines der wertvollsten Unternehmen der Welt zu behaupten. So groß ist das Ungleichgewicht des digitalen Marktes, dass er sich nicht mehr selbst regulieren kann.

Der Softwarehersteller Microsoft war mächtig. Heute sind Digital-Plattformen noch viel mächtiger. Am meisten Macht haben Google, Facebook, Amazon und, seit es vom Softwarehersteller zur Plattform avanciert ist, Microsoft. In ihrem Überwachungskapitalismus potenziert sich noch einmal das Winner-takes-it-all-Prinzip. Buchstäblich auf Schritt und Tritt enteignen sie uns, nehmen uns unsere persönlichen Daten, unsere Fotos und unsere Standorte, unsere Bewegungsprotokolle und Konversationen weg. Permanent lesen sie mit, belauschen, saugen sie unserem Leben Daten ab. Sie wissen vieles über uns, was wir selbst nicht wissen, und schrecken auch vor dem Datenraub – etwa durch Transkription illegal mitgeschnittener Gespräche – nicht zurück.

Im beginnenden Zeitalter des »Internet of Things« kommt es zur Ausweitung der Kampfzone um Daten: bis in den Kühlschrank und in unsere Klamotten hinein, Stichwort Wearables. Sogar aus der Unterwäsche und aus leeren Milchkartons saugt man uns jetzt Daten ab. All das ist übergriffig, nimmt uns weg, was uns gehört – und wird doch ständig normalisiert. Stellt euch nicht so an!, sagt GAFA. Ich sage: Wir brauchen ein Daten-#MeToo.

Der Überwachungskapitalismus ist eine neue, extreme Form des Kapitalismus, die mit dem klassischen Kapitalismus industrieller Prägung bricht. Wir dürfen diese beiden Spielarten kapitalistischen Wirtschaftens nicht miteinander verwechseln. Und wir dürfen vor allem nicht den Überwachungskapitalismus mit Argumenten des klassischen Kapitalismus verteidigen. Wer das tut, hat die disruptive Logik unserer Zeit nicht begriffen. Wer das tut, hängt in den Nutella-Dogmen des 20. Jahrhunderts fest.

11 WENN DIE MEHRHEIT KIPPT

In der Politik ist es heute wie mit den Babys. Babys bekommen tolle Namen, und dann wissen alle, dass sie etwas ganz Besonderes sind. So geht es auch mit den Gesetzen. Sie heißen nicht »Carl Johann« oder »Lea Charlotte«, sondern »Gute-KiTa-Gesetz« oder »Starke-Familien-Gesetz«. Hätte man das früher schon so gemacht, dann hieße das Grundgesetz von 1949 das »Gute-Deutsche-Gesetz«.

Nicht jeder »Theodor« erweist sich, wie es die griechische Namensbedeutung verspricht, als »Gottesgeschenk«. Und auch das Gute-KiTa- und das Starke-Familien-Gesetz bezeichnen nicht die Wirklichkeit, wie sie ist, sondern bloß den Wunsch, wie man die Wirklichkeit am liebsten hätte, wenn nicht gar das Eingeständnis, wie sie heute gerade nicht ist. Wären doch die Kitas gut! Wären doch die Familien stark!, hört man die Gesetzgeber hinter den von ihnen gewählten infantilen Namen fromme Wünsche zum Himmel schicken. Unsere Gesetze mögen handwerklich solide gemacht sein, sie sind dennoch ins riesenhaft Niedliche aufgepimptes Klein-Klein, inkrementelles Gewurschtel.

Nie zuvor in der Geschichte der Menschheit hat ein Vierteljahrhundert so umstürzenden Fortschritt gebracht wie jenes, das hinter uns liegt. Ökonomisch, technisch und gesellschaftlich haben sich die Ereignisse überschlagen. Alles spricht dafür, dass diese Entwicklung so weitergeht, und zwar, indem sie sich beschleunigt. Was tut die Politik? Sie rührt sich nicht. Oder denkt sich Namen aus. Wahrscheinlich werden das Parteiengesetz und die Rundfunkgebührenordnung demnächst in Gute-und-starke-Demokratie-Gesetz umbenannt.

Aber Namen sind Schall und Rauch. Und obwohl ich weiß, dass man sich als Prophet einer düsteren Zukunft unbeliebt macht, sei es an dieser Stelle gesagt: Wenn unsere Wirtschafts-, Steuer- und Sozialpolitik nicht sehr bald auf die disruptiven Herausforderungen unserer Gegenwart reagiert, schlittern wir in eine politische Krise. Die Mehrheit kippt – und zwar jene Mehrheit, die unser politisches System trägt. Ich fürchte, wenn wir nichts tun, wird es in den nächsten fünfzehn Jahren so weit sein.

Warum? Die Bezugsrahmen unserer globalisierten digitalen Welt sind groß wie nie, unsere politischen Ordnungsrahmen sind es nicht. Sie sind die alten. Oder genauer: die alten, die gerade wegbrechen, weil Egozentrik und Protektionismus Konjunktur haben. Die USA ziehen sich aus der NATO zurück, die Türkei sucht den Krieg in Syrien und die Nähe zu Russland, Großbritannien hat die EU verlassen. Die Staaten der Visegrád-Gruppe, also Polen, Tschechien, die Slowakei und Ungarn, setzen auf Daueropposition innerhalb der EU und blockieren sie. Dabei hätten alle Beteiligten Besseres zu tun. Denn digitale Disruption, Automatisierung und künstliche Intelligenz sind mehr als nur eine »Herausforderung« für unseren gesellschaftlichen Status quo, wie heute immerhin schon zugegeben wird: Sie sind eine Bedrohung.

Kraftfahrer, Facharbeiter und Zusteller werden ihre Jobs verlieren. Auch höher qualifizierte Berufe sind unter Druck: Ärzte etwa. Sie werden ihre diagnostische Allmacht an Health Apps und Big Data verlieren. Applikationen werden Bankberater, Sacharbeiter in Versicherungen und Fachkräfte in Labors ersetzen.

Zur Erinnerung: Schon heute reden und chatten wir mit Bots, wenn wir ein Abo aussetzen oder eine Onlinebestellung reklamieren wollen. Schon heute beurteilt in den pathologischen Abteilungen der Krankenhäuser die Software, ob ein Gewebeschnitt Tumorzellen enthält. Roboter betreuen in Japan alte Menschen und kuscheln mit ihnen, bald werden sie sie waschen und wickeln, nicht nur in Japan. An den Schulen ist längst das Software-gestützte Lernen eingezogen, Kinder erzählen nicht mehr ihren Eltern und Lehrern, was sie gelesen haben, sondern setzen im Netz Kreuzchen hinter Fragen. Die Lehrer können sich das dann anschauen, bitte Passwort bereithalten.

Auch wenn man das Bild von der Schere, die immer weiter auseinandergeht, nicht mehr hören kann: Es trifft die Realität. Denn die Streuung in der Einkommens- und Vermögensverteilung der Menschen oberhalb der staatlichen Existenzsicherung wird immer größer. Nullzinspolitik und Immobilienboom der letzten Jahre haben das verschärft.

Die nivellierte Mittelschichtsgesellschaft des ausgehenden 20. Jahrhunderts ist im Verschwinden begriffen. In naher Zukunft wird sie Vergangenheit sein. Warum ist uns das noch nicht klar geworden? Dafür gibt es eine Reihe von Gründen. In den letzten zwanzig Jahren haben sich Wohlstandsgewinne zwar zunehmend ungleich verteilt, aber der deutsche Dauerboom hat die Entwicklung der Reallöhne überdeckt. Der ökonomische Erfolg im Nachgang von Schröders Agenda-Politik hat zur politischen Sedierung der Wähler geführt.

Laut dem fünften und aktuellen Armuts- und Reichtumsbericht der Bundesregierung sind zwischen 1995 und 2015 die Reallöhne der unteren 40 Prozent der Einkommensbezieher deutlich zurückgegangen, während die der oberen 50 Prozent deutlich gestiegen sind. Das fünfte Dezil, die untere Mitte der Lohnverteilung, hat stagniert. Der Bericht hält außerdem fest, dass diese Ungleichheit unter den Jüngeren noch stärker ausfällt. Also polarisiert sich der Arbeitsmarkt in Zukunft noch stärker.

Während in den letzten Jahren die obere Hälfte der deutschen Arbeitnehmer zumindest ein wenig profitiert hat, standen agile Wissensarbeiter mit Zugang zu internationalen Märkten und hohen Margen richtig gut da. Den Investmentbankern, Software-Ingenieuren, Unternehmensberatern, Führungskräften in börsennotierten Unternehmen und den Immobilienbesitzern in großstädtischen Räumen regnete das Geld in die Taschen, während die Einkommensverhältnisse der traditionell bürgerlichen Mitte relativ stagnierten, wenn überhaupt. Heute können sich Professoren in großen Städten ohne erheblichen Zusatzverdienst Einfamilienhäuser nicht mehr leisten, die noch vor dreißig oder vierzig Jahren von Sachbearbeitern und Verwaltungsangestellten gebaut wurden.

Nun könnte man einwenden: Einkommensschere und relative Verhältnisse hin oder her, es geht doch den allermeisten Menschen gut bei uns. Der Anteil derer, die vom brutal niedrigen Hartz-IV-Satz leben müssen, ist in den letzten Jahren sogar leicht zurückgegangen. Doch dieser Einwand ist falsch.

Denn erstens ist der relative Wohlstand, sofern ein Mindestsockel erreicht ist, für Zusammenhalt und Zufriedenheit einer Gesellschaft entscheidend. Das zeigen die sogenannten Happiness Economics. Die Glücksökonomen erforschen zum Beispiel, warum ein 3er-BMW-Besitzer in der Nachbarschaft von Ford- und Opel-Fahrern glücklicher ist als ein 500er-S-Klasse-Fahrer unter Rolls-Royce- und Ferrari-Protzern. Ab einem gewissen Niveau ist Wohlstand kein Wert, sondern ein Gefühl.

Zweitens kann einem ein Lohnzuwachs von vier Prozent dabei helfen, alles so zu belassen, wie es ist. Vier Prozent können aber auch der Knock-out fürs alte Leben sein, etwa weil die Mieten massiv gestiegen sind. Wenn, Stichwort Berlin, immer mehr In- und Ausländer mit immer höherem Einkommen plötzlich in einem bis vor Kurzem kleinbürgerlichen Stadtviertel wohnen wollen, weil sie es *shabby* und *chic* und *exciting* finden, dann zwingt die Gentrifizierung die alten Mieter aus Wohnungen, die sie sich vor zehn Jahren noch locker leisten konnten – jetzt aber nicht mehr. Klar: Wer so etwas erlebt, fühlt sich deklassiert. Und immer mehr erleben es.

Drittens wird uns ständig durch Social Media das Leben der anderen vor Augen geführt, oder jedenfalls das, was wir davon sehen sollen. Da kommt Neid auf: ein Negroni auf Capri, Yoga in der Safari-Lodge, Tiefschnee-Powder am Arlberg.

In Nutella-Deutschland galt noch: Mit Ausnahme von ein paar Bankvorständen, Zahnärzten oder Fernsehstars standen alle mehr oder weniger gleich gut da. Und wenn man doch nicht so gut dran war, gab es eine reale Chance aufzusteigen. Das ist heute anders. Auch deswegen ist die Aufsteigerpartei SPD, die dieses Versprechen verkörpert hat wie keine andere Partei, in den letzten Jahren selbst abgestiegen.

Heute geht, um dieses hässliche Wort noch einmal zu verwenden, die Wohlstandsschere immer weiter auf. Dabei wird die ehemalige Mittelschicht auseinandergezogen. Ihr oberer Teil, der von den Eltern ein, zwei Häuser geerbt hat und daher ein hübsches kleines Grundeinkommen hat, bleibt fürs Erste den Daten- und Tech-Verdienern auf den Fersen. Dem anderen Teil gelingt das nicht. Was er jedoch weiterhin hinkriegt, ist der Konsum. Dabei differenziert sich der Konsum immer weiter. Das sieht man schon beim Butterkauf im Kühlregal bei Edeka: Der Unterschied zwischen Billigmarke, regionaler Hausmarke und handgeschnittener bretonischer Meersalzbutter wird immer größer.

Wer die dollste Butter will, muss ans Familienvermögen ran, das die Kriegs- und Babyboomer-Generation erarbeitet hat. Vielleicht hat auch der Verkauf des elterlichen Einfamilienhauses einen unverhofften Zusatzgewinn gebracht, die Immobilienpreise sind ja der Wahnsinn zurzeit. Da sind dann, den mickrigen Angestelltenbezügen zum Trotz, doch noch Musikschule, Bio-Äpfel und Skiurlaub zwei Täler hinter Kitzbühel drin. Es gibt sie also noch, die guten Nutella-Erlebnisse für die in den Siebziger- und Achtzigerjahren geborenen Mittelschichtskinder mit ihren internationalen Metropolen-Ambitionen. Allerdings ist, was sie so wohlig wärmt, bloß ein Strohfeuer.

Paradox: Der Fortschritt, der die ehemalige Mittelschicht beruflich bedroht und ihr zunehmend die ökonomische Selbstwirksamkeit nimmt, lässt sie als Konsumenten und Kunden zunächst einmal profitieren. Carsharing ist günstig, weil die hypernervöse Automobilindustrie es subventioniert, Uber-Fahrten, Schnäppchenschießen auf Vergleichsportalen und Amazon-Prime-Pakete machen das Leben einfacher, auch günstiger. Lieferdrohnen, Big-Data-Medizindiagnostik und autonomes Fahren werden alles bald noch bequemer machen.

Eine Nebenwirkung haben Plattformökonomie und Winner-takes-it-all-Monopole: Durch krasse strukturelle Kapitalüberschüsse aus Monopolrenditen oder Venturecapital können die Anbieter ihre neuen Dienste so stark subventionieren, dass sie in Konkurrenz zu öffentlichen Gütern treten. Anfangs ist das aus Konsumentensicht erfreulich: E-Roller statt miefiger Linienbus. Mittelfristig jedoch entgleitet dem Staat seine politische Steuerungsfunktion.

Das hat ökonomisch und psychologisch Folgen. Kollektive Abstiegsängste kommen auf, die Vorstellung vom brüchigen gesellschaftlichen Gefüge, eine diffuse Nervosität und Unzufriedenheit. Konsum ist nicht alles, denn wer seine Selbstwirksamkeit vermisst, fühlt sich deklassiert, beschuldigt »die da oben« und sieht Verschwörungen. Man kann das nachvollziehen. Es fühlt sich schrecklich an, wenn man nicht mehr gebraucht wird, nichts mehr beitragen kann, nichts mehr leistet, worauf man stolz sein kann. Der Handwerker schaut zufrieden aufs selbst verlegte Parkett, die Lehrerin auf ihre Abschlussklasse, der Maschinenbauer auf das Werkstück, das zur Auslieferung bereitsteht. Arbeit, so anstrengend sie sein mag, macht uns zufrieden, und nur die wenigsten von uns haben das Gammel- oder Gelassenheits-Gen, das sie auch untätig zufrieden sein lässt, solange sie finanziell einigermaßen abgesichert sind.

Der Staat liefert der kollektiven Imagination keine Storys mehr, ja nicht einmal mehr den negativen Anlass für eine eigene Story. Jetzt kommt das Wirtschaftswunder, Wohlstand für alle, Mehr Demokratie wagen, Frieden schaffen ohne Waffen, Atomstrom, nein danke, Lichterketten gegen rechts: alles gehabt, alles abgehakt.

In den 1960er-Jahren konnte ein amerikanischer Parkplatzwächter noch stolz auf seine Mithilfe sein, Astronauten zum Mond zu bringen, von den Heerscharen an Ingenieuren und Entwicklern bei der NASA gar nicht zu reden. In naher Zukunft werden nicht einmal mehr für Raumfahrtprogramme die Riesenmengen von Ingenieuren benötigt, die man früher brauchte, geschweige denn Parkplatzwächter. Künstliche Intelligenz und Quantencomputer werden einem Großteil der Ingenieure ungefragt die Arbeit abnehmen.

Wie wichtig den Menschen ihre berufliche, durch Hobbys und Ehrenamt allenfalls in Teilen zu kompensierende Selbstwirksamkeit ist, unterschätzen die Fürsprecher des bedingungslosen Grundeinkommens. Zudem überschätzen sie den finanziellen

Spielraum von Nationalstaaten im globalen Wettbewerb. Denn die Nationalstaaten sollen schließlich das Grundeinkommen zahlen.

Eine existenzielle Absicherung ist für ein Leben in Zufriedenheit notwendig, aber nicht hinreichend. Wohlstand und Freiheit, losgelöst von Selbstwirksamkeit und Anerkennung, sind kalt gedachte Kategorien. Es hilft nicht, ausschließlich finanziell gegen Selbstzweifel und gekränkte Eitelkeit anzualimentieren. Der wohlsituierte Dipl.-Ing. im Ruhestand und der pensionierte Sparkassenfilialleiter empfinden heute ja nicht deswegen Angst und Untergangsstimmung, weil ihnen materiell etwas fehlt. Tatsächlich kranken sie daran, dass sie die Wirksamkeit, Kraft und Anerkennung, auch den Einfluss vermissen, die sie früher hatten. Deshalb fühlen sie sich im fortrückenden Alter nicht nur körperlich geschwächt. Vor allem fühlen sie sich – im eigenen Land, wohlgemerkt – sozial und kulturell geschwächt, ja, unterlegen, und zwar fast immer gegenüber den Jüngeren: also auch gegenüber den Geflüchteten und ihren Familien, nicht aber gegenüber der ersten Gastarbeitergeneration. Dieses Unterlegenheitsgefühl verursacht, insbesondere bei älter werdenden Männern, Ängste, Gefühle von Kontrollverlust und Frust. Frust gegenüber der Technologie, die sie nicht mehr verstehen, gegenüber jungen Frauen, die sie ebenfalls nicht verstehen, und gegenüber geflüchteten Männern, die sie auch nicht verstehen und die ihnen Angst machen.

So wählt heute häufig, wer sich benachteiligt oder im eigenen Land unterlegen fühlt, die AfD, ganz unabhängig vom finanziellen Wohlergehen. Ich kenne diese Stimmung von Facebook und aus Erzählungen meiner Mutter. Sie mag sich nicht mehr mit einigen ihrer Freundinnen treffen, darunter pensionierte Lehrerinnen mit Gründerzeit-Villeneigentum in Regensburg, weil sie dauernd auf Merkel und »die Ausländer« schimpfen.

Dass sich wohlsituierte ältere Menschen heute allein und abgehängt fühlen, liegt auch an der Auflösung der Familienverbände. Wer noch als alter Bauer auf einem Mehrgenerationenhof lebt und jeden Tag im Betrieb mithilft, bekommt keine Zweifel daran, wozu er da ist. Großeltern, die sich um die Enkelkinder kümmern, fühlen sich gebraucht und sind, auch wenn der Rücken zwackt, zufriedener, als wenn sie in ihrem viel zu groß gewordenen Haus allein mit einer Pralinenschachtel vorm Fernseher sitzen oder Sudokus lösen. Es gilt die alte Weisheit: Wer rastet, der rostet. Und es gilt die neue: Wer rastet, der rastet auch manchmal aus. Was für ein Glück also, wenn die Schulbehörde eine pensionierte Lehrerin anruft, um mit ihr eine der zahllosen freien Schulleiterstellen kommissarisch zu besetzen. Da muss sie sich dann um vieles sorgen, aber nicht um »die Ausländer«.

Paradox: Es gab noch nie so viele ältere Menschen in Deutschland wie heute. Heute sind gut 20 Prozent der Deutschen älter als 65 Jahre, 2030 werden es schon knapp 30 Prozent sein. Doch obwohl die ältere Generation demografisch, und das heißt auch demokratisch, so mächtig ist wie niemals zuvor, fühlt sie sich ohnmächtig wie nie. Sie kommt nicht mit den neuen großen Bezugsrahmen klar und nicht mit der Beschleunigung, wie sie Globalisierung und Digitalisierung schaffen. Sie begreift immer noch nicht, warum seit beinahe zwanzig Jahren Sicherheit und Wohlstand Deutschlands am Hindukusch verteidigt werden sollen, warum massives deutsches Engagement in Afrika in unserem Interesse liegt. Sehr wohl aber sieht sie, wie die Welt in ihre alten Bezugsrahmen eindringt: etwa in Person von Flüchtlingen. Die sind sowieso schon schwer zu ertragen, und dann haben sie auch noch alle Handys! Da kann es denen doch nicht so schlecht gehen? Oder? Als wir Deutschen vertrieben wurden und auf die Flucht gingen, 1945 und 1989, hatten wir doch auch keine Handys!

Anders als häufig behauptet, wird die AfD nicht in erster Linie aus ökonomischen Gründen gewählt, sondern aus ins Kulturelle projizierten psychologischen. Deshalb finden sich in der AfD die Verlierer im Thor-Steinar-Sweater und die gefühlt bedrohten Bürgerlichen mit Hundekrawatte zusammen. Dabei resultiert die Stärke der AfD ganz einfach aus der Vielzahl von Möglichkeiten, sich heute als Verlierer zu fühlen.

Manche treibt dieses Gefühl bis in den Mord. Der Täter, der 2019 an Jom Kippur Juden in einer Synagoge in Halle ermorden wollte und dann wahllos zwei Passanten erschoss, streamte als einen seiner letzten Sätze den Ausruf »I am a complete loser«. Er war anscheinend auch in Foren der »Incel«-Bewegung unterwegs. Das ist eine Abkürzung für »involuntary celibacy«, also »unfreiwillige Beziehungslosigkeit«. »Incel«-Männer suchen den Fehler für ihren Beziehungsstatus nicht bei sich, sondern bei den Frauen.

Natürlich wird nicht jeder frustrierte Single-Mann mit Ressentiment zum Mörder, und man ist auch nicht auf dem Weg dorthin, nur weil man die AfD wählt. Dennoch ist die AfD diejenige Partei, die systematisch die Frustrierten und Verängstigten adressiert und ihre psychologischen Probleme mit kultureller, häufig pseudokultureller Rhetorik zu kurieren verspricht. Ironie der Geschichte: Die Antwort auf das Gefühl der Entfremdung, wie es heute anscheinend viele Menschen empfinden, geben im Moment nicht die Neo- oder Postmarxisten, die ja eigentlich das intellektuelle Copyright auf den Begriff »Entfremdung« hätten, sondern die Rechten. Dass die Entfremdung heute nicht in erster Linie die Arbeit charakterisiert, wie Marx das Mitte des 19. Jahrhunderts beschrieben hat, sondern diffus alle möglichen

Lebensbereiche umfasst, macht die AfD umso stärker. Das ganze Leben hat man uns weggenommen, so denken viele, und nur die AfD verspricht, es uns zurückzugeben.

Dreißig Jahre nach dem Mauerfall ist die »Deklassierungserfahrung« der Menschen in Wahlergebnissen und Anti-Establishment-Stimmung viel stärker präsent als in den Jahren nach der Wende. An den ökonomischen Zahlen kann das nicht liegen. Im Osten war die Arbeitslosigkeit Anfang der Neunziger beinahe dreimal so hoch wie heute. Dennoch erreichten die Volksparteien, die damals noch zu Recht so genannt wurden, zusammengenommen rund 70 Prozent. Bei den drei Landtagswahlen in Brandenburg, Sachsen und Thüringen im Herbst 2019 kommen CDU und SPD zusammengenommen im Mittel etwa auf ein Drittel der Stimmen. In Thüringen haben sie beide zusammen weniger als die Linke, sie ist dort jetzt die stärkste Partei. Zweitstärkste ist in allen drei Ländern die AfD. Die große Unzufriedenheit, so scheint es, hat einen Zeitversatz von einer Generation.

Helmut Kohl hätte gesagt: Wir müssen aus der Geschichte lernen. Falsch ist das nicht. Machen wir uns also klar, dass heute ganz Deutschland vor der globalen Wucht der Digitalisierung steht wie Ostdeutschland Anfang der Neunzigerjahre vor Wende, Währungsumstellung und Marktwirtschaft. Nur dann können wir heute viel vom damaligen Umgang mit dem Osten lernen.

Ein großer, vielleicht der größte Fehler dabei liegt auf der Hand: Den DDR-Bürgern wurde durch die Westdeutschen die Vorstellung vermittelt, nichts an ihrem Land sei erhaltenswert. Mit westdeutschem Hochmut und Manager-Attitüde dachten die damaligen Wirtschaftseliten, die meisten von ihnen Kriegskinder, was für sie in den Fünfziger- und Sechzigerjahren gut war, werde wohl auch für die Ostdeutschen 1990 gut sein. Will sagen: So wie die Wessis ihre kindlichen Kriegsentbehrungen im Wirtschaftswunderland kompensierten, sollten sich die DDR-Diktatur-Geschädigten an den blühenden Landschaften schadlos halten, die Helmut Kohl ihnen zu diesem Zwecke hinzustellen versprach.

Doch erstens kam es anders, wie wir mittlerweile wissen. Und zweitens war die selbstgerechte Attitüde verstiegen und unfair. Wo man geboren wird, ist historischer Zufall, Stichwort John Rawls' »Veil of Ignorance«, davon war schon die Rede. Dennoch stellten sich die Wessis über die Ossis, als wäre Wessi-Sein eine Leistung oder Qualifikation.

Innerhalb weniger Jahre wurde das Eigentum der DDR durch die Treuhand abgewickelt. Das erledigten aus dem Westen importierte Wirtschafts- und Verwaltungsfachleute. Sie wurden Niederlassungsleiter in den ehemaligen DDR-Bezirken und wickelten alle Betriebe mit weniger als 1500 Mitarbeitern in eigener Verantwortung ab. Es musste ja schnell gehen. Dabei waren natürlich die Abwickler genauso wie die Mitarbeiter chancenlos in der Auseinandersetzung mit den Hardcore-Kapitalisten, die gegen den Strom aus dem Westen in den Osten rübergemacht hatten, um dort Schnäppchen zu schießen. Klar, dass sich die ausgebufften Wessis im Kampf des *survival of the fittest* durchsetzten, der nun im Osten nach den Regeln des Westens stattfand. Sie kannten ja schon das Spiel, sie hatten die Erfahrungen im Wettbewerb um Steuervorteile, Fördermittel und Top-Immobilien.

Zurück blieb ein Land der Angestellten und Arbeitslosen ohne nennenswerten Besitz – und daher, eine Generation später, ohne Immobilienprofiteure wie im Westen. Klar, es gab keinen Wiedervereinigungs-Präzedenzfall, an dem man sich hätte orientieren können, und Helmut Kohl hat es sicher nicht böse gemeint mit dem Osten. Schwere Fehler passierten trotzdem, und zwar lange. Noch 2003 beschloss der Bundestag mit breitem Konsens den Abriss des Palasts der Republik, um an seine Stelle kitschigen Beton-Historismus zu setzen. Was für eine historische Verirrung! Heute wäre der Palast der Republik nicht nur retro-chic, sondern würde nachträglich die geschichtliche Souveränität demonstrieren, die der Bundesrepublik fehlte, als sie die DDR übernahm. Stattdessen wurden ostdeutsche Symbole und ostdeutscher Stolz entwertet. Man muss sich klarmachen: Die Nürnberger Reichsparteitagshalle und das Berliner Nazi-Olympiastadion stehen unter Denkmalschutz. Ihre Albert-Speer-Ästhetik war uns anscheinend wichtiger als die internationale sozialistische Architektur der Siebzigerjahre. Das ist bitter.

So oder so zählt heute vieles von dem nicht mehr, was in der DDR Ästhetik und Kompetenz war. Angela Merkel hat es in der Sommerpressekonferenz vom 19. Juli 2019 so beschrieben: »Man war ja fleißig in der DDR. Aber viele dieser Fähigkeiten, um durchs Leben zu kommen, sind heute nicht mehr notwendig ... Das Problem eines Lebens in der DDR ist einfach, dass man so vieles gemacht hat, was in der alten Bundesrepublik nicht mehr gebraucht wird.«

Die Deklassierungserfahrung des Ostens droht heute im Angesicht von Globalisierung und Digitalisierung der ganzen Bundesrepublik. Das ist ein historischer Bruch. Die Honigtöpfe des Westens sind davon nicht ausgenommen. Die Politik verabschiedet den Verbrennungsmotor. Ingolstadt mit Audi, Sindelfingen mit Daimler, Regensburg mit BMW werden das spüren. Plötzlich räumt die technologische Beschleunigung jahrzehntelang glänzende Industrie-Ikonen aus dem Regal. Die Auto-Wende ist da!

Und tatsächlich wird heute vieles nicht mehr gebraucht, was neulich noch cool war, vielleicht sogar identitäts- und kulturstiftend. Benzinsaufende SUVs, das Herrensteak vom Kugelgrill,

Männer, die auf dicke Hose machen und mit dummen Sprüchen gut fahren.

Gebraucht wird: die Jugend. Denn Jugend ist Tugend, eine natürliche Qualifikation in Zeiten der Beschleunigung. Die Digital Natives sind den Alten überlegen. Wer heute nicht digital denkt, ist quasi Analphabet.

Was passiert in naher Zukunft? Automatisierung und künstliche Intelligenz verdrängen die klassische Arbeit. Damit verschiebt sich die Wertschöpfung samt Margen, Gewinnen und hohen Löhnen weg vom traditionellen Arbeitnehmermilieu hin zu den Daten verarbeitenden Wissensmonopolen und ihren Applikationen.

Bisher haben die Digitalisierung und die mit ihr einhergehende Kapitalkonzentration wachsende Ungleichheit gebracht. Bald schon werden sie in erheblichem Umfang Arbeitsplätze kosten, die Ungleichheit wird weiter zunehmen. Dabei werden die Arbeitsplätze, die in den alten Industrien verloren gehen, nicht kurzfristig in anderen aufgefangen. Und viele von denen, die neu entstehen, sind niedrig qualifizierte, schlecht bezahlte Jobs: Pflegekräfte, Gastronomie-Personal und Juicer.

Man kann ja von Gott halten, was man will. In einem jedoch lag er offensichtlich falsch: als er Adam und Eva aus dem Paradies warf und prophezeite, dass der Mensch fortan »im Schweiße seines Angesichts« arbeiten müsse. Heute schon hat der Fortschritt den meisten Menschen in den Industrieländern so konsequent die körperliche Arbeit abgenommen, dass sie zum Schweißtreiben ins Fitnessstudio gehen müssen.

Vor allem wird der technologische Fortschritt bald schon sehr vielen Menschen auch diejenige Arbeit wegnehmen, die sie gar nicht hergeben wollen. Paketboten, Packer, Lkw-, Bus- und Straßenbahnfahrer, Apotheker, Hausärzte, Bankberater – die meisten von ihnen werden durch Rechner und Roboter ersetzt und ihre Arbeit verlieren. Sachbearbeiterinnen und Taxifahrer lassen sich nicht über Nacht in Programmiererinnen und Mechatroniker umschulen. Arbeit wird in naher Zukunft von der Pflicht für alle zum Privileg einer immer kleineren Minderheit.

Anders gesagt: Durch Automatisierung und KI stellt sich von Neuem die soziale Frage. Doch während diese Frage in der Vergangenheit einzelne Klassen – die Bauern, das Proletariat – oder auch nur Gruppen – Schulabbrecher, Ungelernte – traf, trifft sie jetzt die breite Mitte der Gesellschaft.

Gerne wird hier eine universaltaugliche Zauberformel bemüht: »Bildung«. Klar, Bildung hilft immer. Aber Bildung kostet nicht nur viel Geld, sondern vor allem viel Zeit. Bildung dauert, und daher wird sie nur mit großem Zeitversatz wirksam. Außerdem muss man sich klarmachen: Nicht alle sind klug genug, um Tech-Pioniere zu werden. Oder, noch härter gesagt: Nur die allerwenigsten von uns sind dafür clever genug. Im industriellen Zeitalter reichte den Menschen durchschnittliche Intelligenz, um Maschinen zu bedienen. Im Zeitalter von künstlicher Intelligenz bedienen sich die Maschinen selbst. Wir Menschen sind jetzt dazu da, die Maschinen zu steuern und zu erziehen. Dafür braucht es die höchste menschliche Intelligenz.

Schon in der Vergangenheit sind die fundamentalen Sprunginnovationen in Technologie und Medizin von wenigen Zehntausenden erreicht worden. In Zukunft werden immer weniger immer höher bezahlte Menschen, KI-unterstützt, den Fortschritt vorantreiben. Der Kapitalismus entlohnt nach Knappheit.

Was bedeutet es also, wenn in einer Welt mit demnächst zehn Milliarden Einwohnern eine Avantgarde von fünf Millionen genügt, um die digitale Datenwirtschaft weltweit zu steuern? Das wären bloß fünfzigmal so viele Menschen, wie Google heute beschäftigt. Tatsächlich jedoch würde Google bei gleichbleibenden Aufgaben in Zukunft weniger Mitarbeiter als heute benötigen. Die wiederum werden noch begabter und noch besser qualifiziert sein, als es Googles toptrainierte Crew heute schon ist.

Fünf Millionen aus zehn Milliarden, das sind 0,05 Prozent. Das bedeutet, dass 99,95 Prozent der Menschen von der Datenwirtschaft und ihren Profiten ausgeschlossen sind, wenn man die Haushalte der Profiteure nicht mit einrechnet. Selbst wenn man die Haushaltsgröße sehr großzügig mit zehn Personen berücksichtigt, sind immer noch 99,5 Prozent der Menschen vom Datenwirtschaftsprofit ausgeschlossen. Nur jeder Zweitausendste erlöst dann den Großteil der globalen Wertschöpfung, nur jeder Zweihundertste lebt in einem der Haushalte, die davon profitieren. In der Winner-takes-it-all-Ökonomie gibt es fast nur Verlierer.

Fließbandarbeiter, Staplerfahrer, Lageristen verlieren ihre Jobs, ein Großteil der Einkäufer und Vertriebsmitarbeiter wird nicht mehr gebraucht, Steuer- und Rechtsberater ebenso, Sachbearbeiter in Banken, Behörden, Versicherungen, Versorgungsunternehmen und Universitäten gibt es nicht mehr: Sie alle werden ersetzt durch KI und durch Roboter. Wir müssen uns klarmachen, dass nicht nur die Berufe der Niedrigqualifizierten wegfallen. Die optimistische Behauptung, das digitale Upgrade der Gesellschaft sei gut für alle, weil nur die schlechten Arbeiten entfielen, stimmt nicht. Und selbst wenn die Arbeitsplatz-Optimisten wider Erwarten recht behalten: An der dramatischen Wertschöpfungsdiskrepanz zwischen der Tech-Elite und dem übergroßen Rest ändert das nichts.

Die Disruption in Wirtschaft, Wertschöpfung und auf dem Arbeitsmarkt kehrt heute die Ordnung der westlichen Gesellschaften im 20. Jahrhundert um. Im 19. und 20. Jahrhundert war die Industrie abhängig von der menschlichen Arbeitskraft. Durch Maschinen ließ sich die Wertschöpfung vervielfachen, durch Skalierung ließen sich die Margen erhöhen: Doppelte Produktion brachte mehr als doppelten Erlös. Der Mensch gab dem Fortschritt den Takt an. Wollte oder konnte er nicht schneller, musste der Fortschritt warten. Dabei war, um Missverständnisse zu vermeiden, die Industrialisierung natürlich kein Kuschelzoo. Die Arbeit in den Manufakturen des 19. und an den Fließbändern des 20. Jahrhunderts war nach den Maßstäben der westlichen Industrienationen von heute unvorstellbar hart und brutal. Charlie Chaplins Film *Modern Times* von 1936 zeigt das. Ein Arbeiter wird vom Fließband erfasst und durch das Zahnräderwerk des gigantischen maschinellen Produktionsapparats gezogen, das Fließband stockt.

Heute hat sich die ökonomische Wertschöpfung bereits weitgehend von der physischen Arbeitskraft der allermeisten Menschen entkoppelt. In der Datenökonomie der nahen Zukunft profitieren immer weniger Menschen vom Fortschritt. War es bisher so, dass die Mehrheit eine kleine Minderheit sozial abgesichert und alimentiert hat, wird bald schon eine Minderheit die Mehrheit alimentieren. Die Mehrheit kippt. Aus den Alimentierern werden die Alimentierten.

Wie geht es dann weiter? Wie sieht die gar nicht mehr so ferne Zukunft aus?

Die demokratische Mehrheit der Alimentierten fordert immer höhere Leistungen: Hartz IV Plus für alle, andere nennen es bedingungsloses Grundeinkommen. Die Mehrheit stimmt für die Partei, die ihr am meisten Geld verspricht. Die Parteien werden auf kurzfristige finanzielle Versprechen setzen. Und wie fast immer werden sie die psychologischen und kulturellen Probleme, deren Lösung viel Zeit braucht, auf die lange Bank schieben. Klar: Das Selbstwirksamkeitsproblem ist kaum lösbar, mit Umverteilung kennt sich die Politik dagegen aus. Schon deshalb versucht sie, auch die psychologischen Probleme ökonomisch zu lösen. Dadurch wird die Wirtschaft strapaziert, aber das Problem nicht gelöst. Zugleich erschöpft sich die psychologische und kulturelle Offensive der Politik in moralischen Appellen an die Bevölkerung.

Der Staat erhöht die Individualleistungen weiter. Das zwingt ihn umgekehrt dazu, die Investitionen in öffentliche Güter wie Bildung, Infrastruktur und Sicherheit zurückzufahren. Die Motivation liegt auf der Hand: Kurzfristig sind Sozialleistungen an die Bürger für den Wahlerfolg wirksamer als Investitionen in öffentliche Güter. Denn ihr Fehlen wird erst später sichtbar. Um eine immer größere Mehrheit zu finanzieren, erhöht der Staat die Steuern für eine immer weiter schrumpfende Minderheit der arbeitenden und gut verdienenden Bevölkerung.

Hyperunternehmen wie GAFA und andere nutzen das Vakuum geschwächter Nationalstaaten für erweiterte Investitionen in vormals öffentliche Güter: Bildung, Infrastruktur, öffentliche Sicherheit, Verwaltung, Kulturangebote. So erweitern sie ihre wirtschaftlichen Einflusssphären, erlangen Systemrelevanz für vormals staatliche Aufgaben und werden am Ende unangreifbar.

Jetzt verlassen die hochagilen, überwiegend jungen, topverdienenden Tech-Profiteure der globalen Elite die Staaten, die von ihnen immer höhere Abgaben fordern. Das wiederum setzt die Nationalstaaten unter Druck, weil ihre Steuerquellen versiegen. Der soziale Friede ist bedroht, die öffentlichen Gelder gehen aus, die Gestaltungskraft schrumpft noch weiter. Immer schlechter steht es um Bildung und innere Sicherheit, die Infrastruktur ist marode, Google, Huawei und Amazon bieten Hilfe an.

Der Staat nimmt sie an, doch die Gewinner treiben die Preise ihrer exklusiven Güter und Leistungen nach oben. Immobilien, Gesundheitsversorgung, Bildung werden teurer und teurer. Um sich diese Güter weiterhin zu leisten, verlangt die Mehrheit noch mehr Geld vom Staat. Der muss es sich von der Minderheit holen. Natürlich darf er die letzten Kühe, die sich melken lassen, nicht von der Wiese treiben. Doch während er noch darüber nachdenkt, haben andere sie schon weggelockt. Im Steuerunterbietungswettbewerb siegen Steueroasen und kleine Staaten mit Niedrigsteuern, die großen Staaten verlieren ihre Steuerzahler.

Während sich die Staaten international bei den Steuern unterbieten, überbieten sich die Parteien innerhalb der nationalen Ordnungsrahmen in ihrer Rhetorik. Immer wilder werden die Forderungen, was man den reichen Tech-Minderheiten an Steuern abverlangen soll.

Am Ende kommt es zum Zusammenbruch. Der Staat zerschellt zwischen den Klippen der demokratisch geforderten Alimentierung und den Zwängen des globalen Digitalkapitalismus, der ihn zu Steuerwettbewerb um die Tech-Gewinner zwingt. Das ist das Ende der Staatlichkeit. Der Staat hat kein Geld mehr und keine Autorität. Er kann die öffentliche Ordnung nicht mehr gewährleisten. Die Hyperunternehmen übernehmen die Macht. Facebooks Versuch, die Digitalwährung Libra zu etablieren, ist ein erster Schritt auf diesem Weg. So zerstört der Digitalkapitalismus die Demokratie.

Neulich fuhr ich zu einer Vernissage eines Freundes in Charleroi. Das liegt in Belgien, 40 Kilometer südlich vom berühmten Waterloo, wo Napoleon 1815 besiegt wurde. Die niederländische Tageszeitung *De Volkskrant* hat Charleroi vor zehn Jahren hämisch den Titel »Hässlichste Stadt der Welt« verliehen. Wer aus Brüssel mit der Bahn in Charleroi ankommt, gewinnt den Eindruck von einem armen, heruntergekommenen Ort.

Als ich aus dem Bahnhof trete, reißen sich zwei Prostituierte an den Haaren. Ein paar Leute schauen zu. Ihre Haut ist grau, ihre Stimmen rau, ihre Gesichter wirken ausgezehrt. Sie stehen und schauen. Ich denke an Zombies und kriege ein schlechtes Gewissen. Aber der Eindruck bleibt. Die Stadt sieht aus wie eine Endzeitkulisse.

Wer, wie ich, am Nachmittag ankommt, über Nacht bleibt und abends in Charleroi unterwegs ist, riskiert eine Spontandepression oder einen Überfall. Ich war in Europa noch nie an einem Ort, wo ich mich so deprimiert und buchstäblich im Dunkeln gefühlt habe. Obwohl im Zentrum ein paar Gebäude saniert sind, herrscht überall Verfall. Die tapfere Museumstruppe freut sich spürbar über internationale Vernissage-Gäste. Stoisch hält sie einen der letzten Posten des guten Lebens in Charleroi.

Charleroi ist ein architektonisches Memento für die gestorbene Schwerindustrie Mitteleuropas. Obwohl hier schon seit einem halben Jahrhundert nicht mehr die Schornsteine rauchen, sind die ehemals roten Backsteinmauern geschwärzt. Ganze Straßenzüge im Stadtzentrum stehen leer, Fenster sind eingeschlagen oder mit Brettern vernagelt. Nach Geschäftsschluss ist die Innenstadt ausgestorben. Aber was heißt »nach Geschäftsschluss«: Es gibt ja kaum noch Geschäfte. In Charleroi kann man nicht nur, wie in vielen anderen ehemaligen Schwerindustriegebieten, beobachten, wie sich eine Stadt verändert, wenn ihr Arbeit und Geld ausgehen. In Charleroi sieht man heute schon, was passiert, wenn nur noch auf Staatskosten gekauft und konsumiert wird: traurige Gestalten überall. Die Stadt ist tot, und der Staat hält mit Finanzspritzen Inseln wie Bahnhof, Jugendstil-Rathaus und Palais des Beaux Arts am Leben. In die paar Buslinien, die noch fahren, traut man sich abends kaum rein.

Hier ist die Gesellschaft gekippt, die Kriminalitätsrate hoch.

Was, wenn es so für ganz Europa kommt? Wenn es Städte und Stadtviertel gibt, in die sich nur noch Polizeipanzer und Drohnen hineinwagen? Man muss nicht einmal Waffen hineinschmuggeln, man holt sie aus dem 3-D-Drucker. Qualität nicht so toll. Aber das reicht, um Menschen zu erschießen.

Deshalb leben die, die es sich leisten können, in Gated Communitys, geschützt von privaten Sicherheitsdiensten. Ihre Kinder gehen hinter Elektrozäunen zur Schule, ein Kontakt mit den Menschen draußen, jenseits der Sicherheitsvorkehrungen, ist nicht vorgesehen. Klingt apokalyptisch, ist aber in vielen Gegenden der Erde bereits Realität – eine Realität, die sich in den deutschen Privatschulen schon ankündigt, in denen ein Schulplatz so viel kostet, wie eine Friseurin verdient.

Die Mehrheit kippt. Die Welt, auf die wir zusteuern, ist eine digitale Oligarchie. *Welcome to the real world.*

12 BOLD EUROPE. WAS WIR JETZT TUN MÜSSEN

Die Welt von morgen, eine globale digitale Oligarchie: Das müssen wir verhindern. Noch können wir es schaffen. Aber die Zeit drängt. Wir müssen handeln, bevor uns die Digitalgiganten den Primat des Politischen ganz aus der Hand nehmen.

»Disruption« heißt »Zerstörung«, und ihr Lied kann man mit hängenden Schultern singen – oder, Brust raus, mit Mut und Optimismus.

Nutella-Deutschland, ach kehre zurück!, ist der Refrain der nostalgischen Moll-Version. Sie beklagt eine Welt, die aus den Fugen ist. Alle alten Gewissheiten sind dahin, alle Sicherheiten, Privilegien. Wir steigen ab, die Zukunftsaussichten sind düster. In diesem Lied bedeutet »Disruption« nichts als Zerstörung. Zerstörung unserer Lebenswelt. Zerstörung der Umwelt. Zerstörung der politischen Normalität und des sozialen Friedens. Zerstörung einer jahrhundertealten Tradition des gedruckten Wortes, das Maß und Autorität hat. Zerstörung einer automobilen Vollgas-Ökonomie, in der alle gebraucht werden.

1982 kam Helmut Kohl ins Kanzleramt und *Rocky III* ins Kino. In dem Film gibt es eine Szene am Strand, in der Rocky Balboa sagt: »How did everything that was so good get so bad?«, und: »I'm afraid!« Rockys Nutella-Krise! Und das schon Anfang der Achtziger. Klar, am Ende des Films fightet er sich da raus, »Eye of the Tiger«-Gänsehaut und so weiter.

Fighten müssen wir jetzt auch, und dabei hilft es uns, wenn wir das Disruptionslied in optimistischem Dur singen. Begreifen wir also die Disruption mit dem Ökonomen Joseph Schumpeter als eine »schöpferische Zerstörung«. Motto: Es ist was los in der Welt, eine Wahnsinnsdynamik – um etwas Besseres zu schaffen, muss das Alte zerstört werden.

»Schöpferische Zerstörung«! Nutzen wir die Disruption jetzt für neue Ideen und lange überfällige fundamentale Korrekturen. Beklagen wir den technologischen Umbruch nicht als Verlust der Vergangenheit, sondern sehen wir ihn als Gewinn der Zukunft. Das Alte war gut, das Neue kann noch besser werden! Und was schlecht war, schaffen wir ab. Wir erinnern uns: Genau das war ja bisher die Tendenz des Fortschritts, Steven Pinker hat es gezeigt. Allen Katastrophen zum Trotz ist es im Verlaufe der Geschichte mittel- und langfristig immer mehr Menschen immer besser gegangen.

Zugegeben: Bei Klimawandel und Artensterben, KI und Überwachungskapitalismus müssen wir sofort handeln. Es kommt jetzt auf die nächsten Jahre an. Das Glas ist halb leer – oder halb voll. Die Disruption bedroht uns – oder sie ist die große Chance, die wir jetzt brauchen. Der Bruch ist die Lösung!

Fridays for Future hat den richtigen *sense of urgency*. Es drängt, aber Panik hilft nicht. Wir brauchen Entschlossenheit, wir brauchen *boldness*. Bezeichnend, dass wir im Deutschen für *boldness* keine gute Übersetzung haben. »Mut«? Vielleicht sogar »Dreistigkeit«? »Kühnheit« in jedem Fall.

Ich bin kein Utopist. Ich bin ein kritischer Optimist mit Sinn für ökonomischen und politischen Realismus. Dass aber Optimismus nicht notwendig unrealistischer Utopismus ist, zeigt die Geschichte. Moonshot ist machbar, auch für uns.

Dazu mache ich in diesem Kapitel Vorschläge – ganz konkret für Deutschland, für Europa und für eine »Globale Bürgergesellschaft«. Ich ziehe meine Schlüsse aus dem, was ich in diesem Buch beschrieben habe. Worum ging es bisher?

Wir glauben, »Disruption« sei ein technologischer Trend oder gar ein Modebegriff. Stimmt schon, das ist sie – auch. Aber vor allem ist Disruption *das* Phänomen unserer beschleunigten, digitalen Zeit. Sie prägt alle unsere Lebensbereiche. Wir sehen sie in Politik und Gesellschaft, Partnerschaft und Liebe, Kunst und Ernährung, Spiritualität und Gesundheit. So nostalgisch wir von der guten alten Vergangenheit träumen, sie kehrt nicht mehr zurück. Nichts wird wieder werden, wie es mal war. Aus Tradition ergibt sich heute gar nichts mehr. Wir müssen neu denken. (Kapitel 1)

Ob wir wollen oder nicht, der technologische Fortschritt treibt die Welt voran, und wir laufen mit. Das ist, wie die Beschleunigung dieser Entwicklung, eine Art Naturgesetz. Ökonomie, Kultur und Politik sind Epiphänomene des Fortschritts, also Folgeerscheinungen. Mit ihnen können wir den Fortschritt zwar nicht aufhalten, aber steuern und gestalten. Der Lauf der Geschichte zeigt: Disruptive Zeiten sind unruhig, oft münden sie in Konflikte, Kriege oder Revolutionen. (Kapitel 2)

Seit der Erfindung des Rads erweitert der technische Fortschritt die Bezugsrahmen der Menschen. Heute ist uns das Ferne nah, aber auch das Nahe fern. Das ist eines der vielen Paradoxa unserer digitalen Gegenwart. Während viele unserer Bezugsrahmen global sind – wir bestellen bei Amazon und sind schockiert, wenn der Amazonas brennt –, sind es die politischen Ordnungsrahmen noch nicht. Die Politik läuft der Digitalisierung und Globalisierung hinterher. Die Entwicklung von sozialen Medien, Plattformökonomie und Klimawandel zeigt: Wir brauchen einen globalen Ordnungsrahmen. (Kapitel 3)

Durch das Netz ist die digitale Plattformökonomie entstanden. Mit der Einführung des Smartphones ist sie explodiert. Ihre wichtigsten Merkmale sind die Selbstverstärkung durch Netzwerk-effekte und die Winner-takes-it-all-Logik, sie produziert viel mehr Verlierer als Gewinner. Das ist ein Bruch mit der marktwirtschaftlichen Tradition der Industrialisierung, die unser Leben bis heute bestimmt. (Kapitel 4)

Obwohl sich die digitale Welt radikal von der alten unterscheidet, denken wir sie noch in den Mustern der Vergangenheit. Wir haben Sehnsucht nach unserer alten Heimat, nach Nutella-Deutschland und wohliger Reihenhaus-Demokratie. Wir hängen an den Dogmen von Arbeit und sozialer Marktwirtschaft, nationalen Steuern und Sozialstaat. So bequem haben wir uns in dieser Welt eingerichtet, dass wir Angst vor der Zukunft haben. Uns fehlt eine Vision. (Kapitel 5)

Das zeigt sich in Deutschland politisch im Drama um den Verfall des Parteienstaats. Mit den Volksparteien ist es sowieso vorbei, mit der Idee der Partei bald auch. Ursprünglich Mittler und zugleich Gatekeeper zwischen Bürgern und Politik, werden die Parteien in der digitalen Gesellschaft nicht mehr gebraucht. Politische Debatten finden längst in den sozialen Medien statt, die Parteien laufen hinterher. Ihre Eckkneipenhaftigkeit mit Biertulpe und Blähton-Töpfen ist aus der Zeit gefallen, ihre Rhetorik hohl. Dazu kommt die immer größere Vielfalt, die Zersplitterung der politischen Landschaft. In komplizierten Mehrparteienbündnissen müssen die Parteien immer mehr Kompromisse eingehen. Das nimmt den Wählern das Gefühl demokratischer Selbstwirksamkeit, ihre Unzufriedenheit wächst. (Kapitel 6)

Digitalisierung und Social Media schaffen eine Welt ohne Gatekeeper. Die sozialen Medien haben Donald Trump zur Präsidentschaft verholfen, die Briten von »Leave.EU« überzeugt und Pegida für die völkische Hetze gedient. Sie haben aber auch #MeToo und Fridays for Future ermöglicht. Die digitale Gatekeeperlosigkeit stärkt die Radikalen im Guten wie im Schlechten. Das führt zu Polarisierung und Tribalismus, auch unter den Progressiven. Presse und öffentlich-rechtlicher Rundfunk sind traditionell die Vierte Gewalt im Staat. Heute ist Social Media die Fünfte Gewalt – und die größte Gefahr. (Kapitel 7)

Weil die Nationalsozialisten die Macht der Ästhetik missbraucht haben, lehnt man im Nachkriegsdeutschland die Ästhetisierung von Macht ab. Ernüchterung ist das Ideal der Politik, Glanz und Pomp sind verdächtig. Doch in Instagram-Zeiten kann die Politik darauf nicht mehr verzichten, zu stark sind die ästhetischen Ansprüche im Digitalen. Heute gilt: ohne Ästhetik kein Narrativ, ohne Narrativ keine Wirksamkeit. Deshalb können wir es uns nicht erlauben, die Ästhetik der Macht und die Macht der Ästhetik den Autoritären zu überlassen. Diese Macht unterstreicht, besonders bei Großprojekten, die Wirksamkeit des demokratischen Staates. (Kapitel 8)

Die Beschleunigung der Zeit, in der wir leben, bringt Hetze und Stress mit sich. Wir flüchten davor in die digitale Komfortzone. Das führt, besonders in der jüngeren Generation, zu Konfliktunfähigkeit und Überempfindlichkeit. Wir suchen den schönen Schein von Instagram, »Achtsamkeit« und »Spiritualität«. Paradox: Selbst die Flucht vor der Digitalisierung optimiert uns dafür, mit ihr klarzukommen. Achtsamkeit wird zu einer weiteren Selbstoptimierungsdisziplin der digitalen Gegenwart. (Kapitel 9)

Plattformökonomie bedeutet Selbstverstärkung und am Ende das globale Monopol. Das bedroht den freien Markt, die liberale Wirtschaftsordnung und die Demokratie. Aber Hyperunternehmen wie Google, Facebook und Amazon gefährden auch die Freiheit des Einzelnen. Stichwort Überwachungskapitalismus: User-Daten werden enteignet und vermarktet. Die Digitalplattformen saugen immer mehr Daten aus unserem Alltag ab, immer intimer sind die Details, die sie über uns kennen. Permanent werden wir belauscht und ausgespäht. Das ist nicht nur übergriffig, sondern oft Diebstahl. (Kapitel 10)

Wenn wir so weitermachen, kippt die Gesellschaft. Immer weniger Tech-Profiteure verdienen mit Plattformen, KI und Automatisierung immer mehr Geld, immer mehr Menschen sind angewiesen auf staatliche Alimentierung. Eine kollektive Deklassierungserfahrung kommt auf uns zu. Weil die Alimentierten in der Mehrheit sind, verlangen sie von den Reichen mehr und mehr Umverteilung. Am Ende vertreiben sie ihre Ernährer dahin, wo man die digitalen Oligarchen in Ruhe lässt. Die Demokratie schafft sich selbst ab. (Kapitel 11)

Was folgt? Die Zukunft ist global. Also muss es auch die Demokratie sein. Wir brauchen einen neuen globalen Ordnungsrahmen.

Unrealistisch? Im Moment ja. Seit Jahren ist der Multilateralismus auf dem Rückzug. Die Alleingänge von Trump, Erdoğan und Putin zeigen: Der unilaterale Nationalismus ist zurück. In Europa erleben wir mit dem Brexit, den Alleingängen der Visegrád-Staaten und Italiens neofaschistischer Rechter eine Renationalisierung. Weltweit setzen immer mehr Staaten auf Protektionismus, neue Handelskonflikte sind aufgezogen. Ein neuer Kalter Krieg der Technologie droht, auch die Zersplitterung des Netzes in zwei verschiedene Systeme, Stichwort Splinternet. Eric Schmidt, der ehemalige Google-CEO, sieht ein chinesisches Internet und ein nicht-chinesisches Internet unter der Führung Amerikas kommen. Die Menschen hätten dann die Wahl zwischen dem digitalen Überwachungsstaat und der privatwirtschaftlichen Totalüberwachung, wenn sie überhaupt noch eine Wahl haben. Sollten wir da nicht über einen dritten Weg nachdenken?

Wir müssen handeln. Weil wir aber nicht gleich die ganze Welt ändern können, müssen wir bei uns zu Hause anfangen. Das heißt: in Deutschland.

Drei Vorschläge. Erstens, stellen wir Personen in den Mittelpunkt unseres Wahlrechts. Zweitens, ermöglichen wir es Kleinsparern, in Venturecapital zu investieren. Drittens, legen wir einen Zukunftshaushalt auf.

Klar, es wird tausend Einwände geben. Einer davon, das will ich jetzt schon sagen, zählt jedoch nicht: dass die Vorschläge nicht zu Ende gedacht seien. Die Disruption zwingt uns zu handeln. Wenn wir jetzt zu lange Bedenken wälzen, verlieren wir bald jede Option, überhaupt noch etwas zu tun. Die Frage ist nicht, ob die folgenden Vorschläge perfekt und ausgereift sind, sondern ob es bessere gibt. Wer welche hat, soll sie nennen. Dann können wir diskutieren.

Erstens also: das Wahlrecht. Die Zersplitterung der Parteienlandschaft hat Politikverdruss und Polarisierung bewirkt. Wir wissen aufgrund unseres Verhältnis- und Listenwahlrechts häufig überhaupt nicht, welche Person wir wählen. Bisher haben wir die Entscheidung über Köpfe und Koalitionen an die Parteien delegiert, die sie in Hinterzimmern auskungeln.

Deshalb ändern wir unser Verhältnis- in ein Mehrheitswahlrecht, allerdings mit dem Erfordernis einer absoluten Mehrheit für einen Wahlkreiskandidaten oder eine Wahlkreiskandidatin, Stichwort Stichwahl. Dann sehen wir im Vorhinein, wen wir wählen: Für den oder die entscheide ich mich, der oder die sitzt demnächst im Parlament. Kompromisse werden nicht durch die Parteien, sondern durch Wähler und Abgeordnete geschlossen. Das gibt den Wählern ihre Selbstwirksamkeit zurück und rehabilitiert Talent, Stil und Ästhetik der Macht. Das ewige Mantra »Es geht um Inhalte, nicht Personen« ist falsch. Nicht Inhalte sprechen, sondern Personen. Nicht Inhalte wollen mit ihrer erfolgreichen Arbeit glänzen, sondern Menschen. Menschen vertrauen Menschen, nicht Programmen. Und schon gar nicht vertrauen sie, Achtung Parteideutsch, einer »Programmatik«.

Heute brauchen wir in der Politik nicht weniger, sondern mehr Personalisierung. Nur wenn es um Personen geht, wird die Politik wieder die besten Talente anziehen. Die brauchen keine jahrzehntelange Parteikarriere. Wie in der Wirtschaft geht auch in der Politik Persönlichkeit vor Programm. Man wählt starke Frauen und Männer, die suchen sich dann die richtigen Inhalte und handeln in unserem Sinne. Darauf vertrauen wir, dafür geben wir unseren Kandidaten und Kandidatinnen einen Vertrauensvorschuss. Müssen wir ja auch. Jedenfalls hat sich noch kein Programm, nachdem es gewählt worden ist, das Personal für seine Umsetzung gesucht. Menschen machen Politik. Also wollen wir Menschen wählen.

Zweitens: Venturecapital für alle. Während die Tech-Industrie auch mit ihrer Rendite durch die Decke Richtung Mond schießt, schmilzt den Kleinsparern im Nullzinsklima auf der Bank ihr ohnehin bescheidenes Vermögen dahin. Der Zutritt zu globalen Venturecapital-Fonds mit hohen Renditen ist ihnen verwehrt. Allenfalls können sie in Tech-Aktien investieren, nachdem die Venturecapital-Fonds schon die ganz große Rendite abgegriffen haben. Gleichzeitig entwickeln die Bürger Ängste vor der Automatisierung, und das zu Recht. Denn die sogenannte Schere, die Klage stimmt leider, geht immer weiter auseinander.

Deshalb müssen wir die Normalverdiener ökonomisch und emotional an der Zukunft beteiligen: ein bisschen nach Logik der T-Aktie der Telekom, die Mitte der Neunzigerjahre als »Volksaktie« angepriesen wurde, nur jetzt natürlich mit größerem wirtschaftlichen Erfolg. Wer ökonomisch Anteil an der Zukunft hat, schaut ihr nicht ängstlich und unbeteiligt entgegen, sondern mit Hoffnung auf eine bessere Zukunft. Wer ökonomisch Anteil an der Zukunft hat, fühlt sich psychologisch zuständig, sie zu gestalten, und kann zugleich nicht das aktuelle System ablehnen.

Wie geht das praktisch, Venturecapital für alle? Ganz einfach: Ein Zwischenfonds sammelt Sparbeträge von 5000 oder 10 000 Euro zusammen, die er dann als Limited Partner in die erfolgreichsten und renditeträchtigsten Venturecapital-Fonds der Welt investiert. Der Staat fördert diese Kapitalbildung steuerlich, vielleicht auch mit Prämien, wie er seit Langem das Bausparen unterstützt. Denn Venturecapital ist das Bausparen der Zukunft. Wie wäre es mit einer Steuerbefreiung für das, was man anlegt, gedeckelt auf 50 000 Euro?

Genau betrachtet, kommt eine Bürgerbeteiligung sogar den Wagniskapitalgebern entgegen. Es liegt wohl kaum in ihrem Interesse, zur Hassfigur der Zukunft zu werden, sozusagen zu den neuen Investmentbankern. Ein Venturecapital-Fonds für jedermann würde die Akzeptanz dieser Anlageform in der Bevölkerung erhöhen.

Drittens und bei Weitem am wichtigsten: der Zukunftshaushalt. Es handelt sich um einen einmaligen, über zehn Jahre gestreckten zusätzlichen Investitionshaushalt in Höhe eines Bundeshaushalts. Das sind etwa 360 Milliarden Euro, also zehn Jahre lang knapp 100 Millionen Euro pro Tag. Damit wir uns richtig verstehen: Das ist nicht viel für eine Investition in die Zukunft, das ist beinahe schon bescheiden. Jede Familie, die sich für den Häuslebau verschuldet, nimmt das Vielfache ihres Jahreseinkommens als Kredit auf: Und so bold wie eine schwäbische Familie mit kleinen Kindern sollte Deutschland schon sein. Im Übrigen gilt für den laufenden Bundeshaushalt nach wie vor die Vorgabe der schwarzen Null.

Nie hatte es Deutschland nötiger als heute, die Zukunft zu boosten. China und das Silicon Valley bedrohen uns von außen, die Polarisierung von innen. Handelskriege machen der exportorientierten deutschen Wirtschaft das Leben schwer. Schon deswegen brauchen wir Investitionen. Die Konkurrenz setzt auf Protektionismus. Das zwingt uns, taktisch ebenfalls protektionistisch zu denken – zumindest mittelfristig.

Wir müssen in die Zukunft investieren. Diese Investition war noch nie so billig zu haben wie heute. Die Zinsen sind niedrig wie nie. Sicher, man musste auch noch nie zuvor so viel Geld auf einmal in die Hand nehmen. Aber das erfordert die Logik der digitalen Disruption. Wer Sprunginnovationen will, muss weg von der inkrementellen, von Jahr zu Jahr denkenden Haushaltspolitik, muss klotzen statt kleckern. Das darf uns allerdings nicht zu sozialstaatlicher Gemütlichkeit verleiten. Wir blasen die Fanfare zur Aufholjagd mit China und dem Silicon Valley. Nur wenn wir sie einholen, können wir unsere soziale Marktwirtschaft verteidigen.

Wohin mit dem Geld aus dem Zukunftshaushalt? Wir investieren in drei Bereiche. Erstens in die Infrastruktur, um katastrophale Defizite zu beheben. Kennt man alles aus den Polit-Talkshows. Es regnet rein in die Schulen und so weiter. Man kann es nicht mehr hören, diese ewigen Geschichten, die immer gleichen Floskeln. Aber tun muss man was.

Weil der Zukunftshaushalt über zehn Jahre gestreckt ist, garantiert er eine zehnjährige Investitionsverpflichtung. Die Bauwirtschaft und andere Branchen stellen sich darauf ein, halten Ressourcen vor oder bauen zusätzliche auf. Das wirkt sich als Konjunkturmaßnahme aus. Denn Ressourcenüberhänge, die in der Hochkonjunktur aufgebaut wurden, können in konjunkturell schwächeren Zeiten preisgünstig genutzt werden.

Zweitens investieren wir in Deep-Tech-Forschung, insbesondere in künstliche Intelligenz, Bio Tech, Health Tech und Quanten-Computing. So kehren wir den wissenschaftlichen Braindrain um, durch den wir seit Jahrzehnten unsere besten Köpfe ins außereuropäische Ausland verlieren. Ja, auch diese Leier kennen wir, schon klar. Trotzdem müssen wir da ran, und zwar nicht nur mit Exzellenzinitiative und Deutscher Forschungsgemeinschaft. Beide sind wichtig, reichen aber nicht aus für unser Los Alamos, für unsere DARPA oder NASA. Und die brauchen wir.

Diese Fördermaßnahmen – Investitionen in Infrastruktur und Forschung – sind urkonservativ, aber dennoch richtig. Es sind nationale Investitionen. Ziel: Die Top-KI-Spezialisten und die besten Umweltingenieure sollen in Deutschland forschen und aus ihrer Forschung heraus Start-ups gründen. Weiteres Ziel: Wir erhöhen das Gefühl nationaler Selbstwirksamkeit, den Stolz auf das eigene Land, frei von Chauvinismus. Dabei hilft es natürlich, wenn es schnell und sichtbar vorangeht in Deutschland. Wenn es also in Schulen und Bibliotheken nicht mehr von der Decke tropft und vor allem sichtbare Infrastrukturprojekte entstehen, Stolz-Bauwerke, die gelingen.

Die Türkei und China, zwei autokratische Regimes, haben es vorgemacht mit Flughäfen, Brücken und Stadien. Und welche Ironie! Der niederländische Architekt Rem Koolhaas baut in China einen spektakulären, raffiniert dekonstruktiv um die Ecke geknickten, schwebenden Turm als Hauptquartier des Staatsfernsehens: ein freies Gebäude für eine unfreie Gesellschaft. Die Chinesen suggerieren eine Freiheit, die es bei ihnen nicht gibt. Wir dagegen zeigen die Freiheit nicht, die es bei uns gibt. Schade. Es täte uns so gut.

Die dritte Investition im Rahmen des Zukunftshaushalts ist die wichtigste, und hier kommt Europa ins Spiel: Wir legen

einen European Vision Fund auf, mit dem wir in Europa investieren. In ihn zahlt zunächst nur Deutschland ein, andere europäische Staaten sind herzlich eingeladen. Dieser Fonds lässt
sich, ganz ähnlich dem ESM-Fonds für die Euro-Rettung, durch
private Mittel in einen mittleren dreistelligen Milliardenbereich
hebeln. Bei dem European Vision Fund handelt es sich nicht um
Fördergelder. Im Gegenteil: Es handelt sich um staatliches Venturecapital zur Investition in Moonshot-Start-ups, eine europäische Unicorn-Ranch sozusagen. Der Staat verschenkt also kein
Geld, sondern erwirbt Firmenanteile. So dient der Fonds dazu,
das dem Standort Europa entgegengebrachte Misstrauen bei
Moonshot-Gründungen zu kompensieren, oder genauer: überzu-
kompensieren.

Beispiel künstliche Intelligenz: Keine andere Technologie
ist so radikal abhängig von Netzwerkeffekten und kritischer
Masse. Ohne Hunderte Millionen von Usern lässt sich nicht an
KI forschen. Kein Staat, China ausgenommen, kann diese Ressource bereitstellen. Der renommierte Thinktank Brookings In-
stitution hat Anfang 2020 prophezeit: »Wer 2030 in der künstlichen Intelligenz führt, wird bis zum Ende unseres Jahrhunderts
die Welt beherrschen.« Deshalb brauchen wir europäische
KI-Champions.

Der European Vision Fund geht Probleme an, die zurzeit
Europas technologischer Zukunft im Weg stehen. Er ermöglicht
hohe Frühphaseninvestments in größenwahnsinnige Moonshots,
wie sie internationale Venturecapital-Geber Europa bisher nicht
zutrauen. Und der Vision Fund ermöglicht europäische Late-
Stage-Finanzierungsrunden, die mit amerikanischen mithalten
können. Der Start-up-Jargon spricht hier von einem »Arms Race«,
einem »Rüstungswettlauf«. Das klingt martialisch und ist es auch:
Was im 20. Jahrhundert das Wettrüsten zwischen den Atommäch-

ten war, ist heute der technologische Wettlauf um die Vorherrschaft in der künstlichen Intelligenz.

Ob wir wollen oder nicht: Wir müssen technologisch aufrüsten. Aber das tun wir mit dem European Vision Fund eben nicht in Form von Fördermitteln, sondern durch Investitionen in Unternehmensbeteiligungen. Keine Subventionen also, sondern Start-up-Beteiligungen, die sich mittelfristig über europäische Unicorns rentieren. Dafür stellen wir die Förderung von technologiefernen Digital-Commerce-Gründungen wie Müsli- und Hundefutter-Start-ups ein. Die können sich ihr Geld in der *Höhle des Löwen* oder bei anderen Business Angels holen.

Mit dem European Vision Fund verfolgen wir drei Ziele. Ökonomisch: Es gibt endlich mehr europäische Unicorns. Das Ökosystem wird stärker. Europäische Hyperunternehmen entstehen, gesucht sind SAP-Nachfolger und GAFA-Konkurrenten. Es geht um die Hoheit unserer Daten. Psychologisch: Europa ist wirksam. Mit dem Tech-Erfolg des Standorts wächst der Tech-Optimismus der Bürger, ihre Ängste nehmen ab. Europa stanfordisiert und siliconvallisiert sich – und bleibt doch Europa.

Zweites Ziel: Der European Vision Fund investiert in ganz Europa. Warum? Je größer der Markt, desto größer die Auswahl an Investitionsmöglichkeiten. Das ist gut für die Chancen- und Risikostreuung, das ist gut für die Rendite des Staates. Das schafft ein Momentum für den gesamten europäischen Tech-Markt. Tech-Harmonisierungen für den europäischen Binnenmarkt folgen.

Das dritte Ziel des European Vision Fund ist geopolitischer Natur. Es geht um einen europäischen Gegenpol zu China und den USA. Den kann Deutschland natürlich nicht alleine schaffen. Und wer liegt auf halbem Wege zwischen Deutschland und einer Globalen Bürgergesellschaft? Europa natürlich.

Damit meine ich hier nicht die Europäische Union, das lahme Europa der 27, von denen grundsätzlich und egal, worum es geht, ein halbes Dutzend bremst und blockiert. Sondern ein Europa, das ich in Abwandlung eines despektierlichen Ausspruchs des ehemaligen US-amerikanischen Verteidigungsministers Donald Rumsfeld nicht »Old«, sondern »Bold Europe« nenne. Ein mutiges und schnelles, ein starkes und agiles Europa.

Bold Europe also. Ein Europa, das nicht in Brüsseler Bürokratie-Beton gegossen ist, in dem nicht wie seit den Maastricht-Verträgen von 1992 und dem Euro von 1999 zwei Jahrzehnte lang nichts passiert. In dem nicht die Abgeordneten in einer sonnenlosen Straßburger Höhle vor sich hin wurschteln müssen wie die Grottenolme in der Harzer Hermannshöhle. Ein Europa zur Sonne, ein Europa zur Freiheit, das zügig und schlagkräftig auf die Herausforderungen unserer disruptiven Gegenwart reagiert.

Das wiederum bedeutet, Europa gibt es zukünftig in drei Formationen: Bold Europe, Eurozone und EU 27. Bold Europe besteht aus Deutschland, Frankreich, den Benelux- und allen anderen starken Eurozonen-Ländern, die gleich mit dabei sein wollen. Bold Europe hat eine gemeinsame Armee und einen ständigen Sitz im Sicherheitsrat bei den Vereinten Nationen. Es verfolgt eine gemeinsame Außen- und Sicherheitspolitik, ist durch die Beteiligung Frankreichs Atommacht und nach den USA das mit Abstand stärkste NATO-Mitglied.

Für Europa spielt Afrika eine strategisch herausgehobene Rolle. Deshalb weitet Bold Europe mittelfristig den European Vision Fund auf Afrika aus. Afrika ist der Kontinent der Zukunft, mit dem wir eine strategische Partnerschaft suchen, nicht nur der Flüchtlinge wegen. Sicher, wir wollen Fluchtursachen in Afrika bekämpfen. Aber wir erreichen das nicht durch Entwicklungshilfe, sondern durch Tech-Investments. Brunnenbohren ist paternalistischer und, wenn man so will, kolonialistischer als wirtschaftliche Beteiligungen. Im Moment kümmert sich vor allem China um Afrika. Ob das im Interesse der Afrikaner ist, müssen sie selbst entscheiden. In unserem Interesse ist es nicht. Vielleicht entsteht am Ende sogar eine afrikanisch-europäische Seidenstraße.

Mittelfristig tendiert Bold Europe zur Staatenvereinigung. Die Vereinigten Staaten von Europa? Vielleicht. In jedem Fall wird es eine direkt gewählte Präsidentin oder einen direkt gewählten Präsidenten geben, sei es Margrethe Vestager, Ursula von der Leyen oder Emmanuel Macron. Mehr und mehr Staaten der Europäischen Union schließen sich an. Bold Europe wächst.

Und was wird aus der Eurozone, der zweiten europäischen Formation? Dient sie nur noch als Warmschwimmbecken für Bold Europe? Auf keinen Fall. Die Eurozone übernimmt eine der wichtigsten Aufgaben auf dem Weg zur Globalen Bürgergesellschaft: die Einführung der ersten staatlichen Digitalwährung. Das ist ein Währungsangebot an die ganze Welt und nimmt in jedem Fall Libra den Wind aus den Segeln.

Das Europa der 27 schließlich, die heutige EU, ist die dritte europäische Formation. Sie bleibt über die Freihandelszone hinaus politisch so stark integriert, wie sie jetzt schon ist. Der Schengen-Raum kümmert sich unter Einbeziehung der Staaten Nordafrikas, des Mittleren Ostens und der Türkei um den Schutz der Außengrenzen, alle 27 harmonisieren den Binnenmarkt, insbesondere in Hinblick auf digitale Dienstleistungen und Technologien. In Zeiten von GAFA und Co ist es besonders wichtig, Dumping-Steuern innerhalb der EU zu verhindern.

Die 27 suchen gemeinsam mit Großbritannien weitere Handelsabkommen und Allianzen. Gleichzeitig sind die 27, vielleicht die 27 + 1, bereit zur strategischen Abschottung. Die ist in zwei

Bereichen besonders wichtig: der digitalen Wettbewerbspolitik und der Klimapolitik mithilfe von CO_2-Emissionshandel und Klimazöllen.

Die digitale Wettbewerbspolitik in Europa muss mit zunehmender Härte gegen GAFA vorgehen. Dazu dienen Maßnahmen wie konsequente Besteuerung, Offenlegung der Schnittstellen und Zerschlagung von Unternehmen. Zerschlagung bedeutet hier, wie schon ausgeführt, nicht Enteignung, sondern Rückabwicklung von Übernahmen oder Neuzuschnitt von Unternehmen. Eine Digitalsteuer, das liegt auf der Hand, würde sich insbesondere gegen US-amerikanische Unternehmen richten, man müsste also US-Drohungen und Auto- oder andere Zölle in Kauf nehmen. Mittelfristig werden wir jedoch, hoffe ich, mit den USA bei Digitalstandards, KI und Plattformökonomie Einigkeit erzielen.

Beim CO_2-Emissionshandel geht Europa 27 + 1 mit China und Indien voran. Wir verbinden den CO_2-Emissionshandel mit Klimazöllen für Importe von Trittbrettfahrern, die sich nicht am Emissionshandel beteiligen. Grundlagen der CO_2-Emissionshandelszone sind das Pariser Klimaabkommen und die Empfehlungen des Weltklimarats IPCC. Ziel ist der Ausbau der Zone zu einer Klimahandelsorganisation nach dem Muster der World Trade Organization (WTO). Wenn die USA ihren Widerstand aufgeben, geht die Emissionshandelszone in der WTO auf. So wie heute alle WTO-Staaten das geistige Eigentum respektieren, werden morgen alle WTO-Staaten der CO_2-Emissionshandelszone die Begrenzung und den Handel mit CO_2-Emissionen akzeptieren. Staaten wie Russland werden im eigenen Handelsinteresse schnell beitreten. Zukünftige Handelsabkommen mit Staaten der CO_2-Emissionshandelszone setzen Compliance mit dem Emissionshandel voraus. Das gilt auch für das noch zu ratifizierende europäische Abkommen mit den südamerikanischen Mercosur-Staaten.

Warum Emissionshandel? Ganz einfach: Gute Klimaschutzabsichten reichen nicht. Klar, es gibt ein paar harte Verzichter, die kein Fleisch essen und nicht mehr fliegen. Respekt! Das meine ich ohne Ironie. Aber ohne ökonomische Anreize ändern die meisten von uns ihr Verhalten nicht, oder allenfalls symbolisch. Die Ach-so-Progressiven sind stolz darauf, dass sie in den letzten zwei Jahren ein paar Hundert Seiten Papier eingespart haben, »please consider the environment before printing«. Dafür haben sie sich drei iPads angeschafft, CO_2-Fußabdruck unbekannt. Sie haben aus Greta-Thunberg-Liebe schon mal feste Haarseife probiert, spart ja Plastikmüll. Aber zur Arbeit kommen sie in fahrbaren Batterieschränken, und zum Yoga fliegen sie nach Bali.

»It's the economy, stupid« hieß Bill Clintons Leitspruch, mit dem er Anfang der Neunziger zum US-Präsidenten gewählt wurde. Er ist heute noch richtig. Will sagen: Wir müssen klimaschädliches Verhalten nicht moralisch, sondern marktseitig sanktionieren. Wir brauchen ein, wie das der Volkswirt Hans-Werner Sinn in Vorlesungen nannte, »wetterfestes« Regime, das auch ohne Verzichtmoral funktioniert und ökonomischen Trittbrettfahrern das Leben schwer macht. Das alles funktioniert nur, wenn die Emissionshandelszone so groß ist, dass man im Welthandel an ihr nicht vorbeikommt. In diesem Sinne hat schon der amerikanische Ökonom William Nordhaus argumentiert, der 2018 den Wirtschaftsnobelpreis bekommen hat.

Eine Emissionshandelszone mit China und Indien bedeutet auch: Das Europa der Zukunft ist im Inneren und Äußeren agil. Europa ist stark, aber es braucht Partner. In der Technologie kann das heute nicht China sein, aber vielleicht Indien. Mit

1,8 Milliarden Menschen haben Europa und Indien die kritische Masse, die sie für KI global wettbewerbsfähig macht. Wichtig: Die Amerikaner bleiben unser Wunschpartner auch für Tech und KI. Aber noch fehlen uns faire, gemeinsame Standards, ohne die es nicht geht.

Am Ende taucht am Horizont die utopische Perspektive der Globalen Bürgergesellschaft auf. Ist das verwunderlich? Nein. Denn bald schon ähneln die politischen Beziehungen den privaten. Spötter mögen sagen: Auch Staaten tindern jetzt, parallel und in wechselnden Beziehungen. Ich sage: So what? Die politischen Ordnungsrahmen folgen endlich den digitalen Bezugsrahmen der Menschen.

Ist eine Globale Bürgergesellschaft eine gute Perspektive? Ja. Sie ist es, sogar die beste. Globalisierung und technologische Vernetzung lassen die Welt zusammenrücken, steigern aber auch die gegenseitige Abhängigkeit. Niemand lebt mehr auf einer Insel. Wird der eine getroffen, trifft es auch den anderen. Alle sind verwundbar. Alles ist immer überall, die Ferne ist nah, die Nähe ist fern. Wir fühlen Solidarität und Empathie mit Menschen, Gruppen und Problemen weltweit. Deshalb brauchen wir globale Koordination, Regeln und Standards.

Hier kann uns Blockchain helfen. Blockchain erlaubt uns, Verträge in globalen, transparenten Strukturen in Echtzeit zu organisieren. Durch öffentlich nachvollziehbare Vertrags- und Prozessstrukturen kann Blockchain die Infrastruktur für ein globales Gemeinwesen schaffen. Und Blockchain ermöglicht eine globale Digitalwährung. Die Frage ist nur: Wer führt sie ein? Antwort: besser wir Demokraten als Facebook.

Digitalisierung politischer Prozesse bedeutet nicht, dass alle permanent über alles abstimmen. Gerade im Gegenteil, damit ist schon die Piratenpartei untergegangen. Die Menschen können nicht ständig alles im Blick haben, sich um alles kümmern. Deshalb übertragen sie ja ihr politisches Mandat einer Vertreterin oder einem Vertreter, der oder dem sie vertrauen. Politik entsteht aus dem Commitment des Einzelnen, daran hat die Digitalisierung nichts geändert.

Klimawandel, von Hyperunternehmen und totalitären Staaten dominierte künstliche Intelligenz und Atomwaffen sind die Gefahren der Zukunft. Das sehen, mit unterschiedlichen Prioritäten, auch Yuval Noah Harari und Steven Pinker so. Katastrophen drohen, wenn wir sie nicht abwenden. Die Nationalstaaten sind unter Druck wie noch nie. Eine Globale Bürgergesellschaft formiert sich. Wie Fridays for Future und #MeToo entsteht sie *bottom-up* durch die Bürger, nicht von oben verordnet durch die Nationalstaaten.

Ob die Globale Bürgergesellschaft unseren heutigen Ansprüchen an die Demokratie entsprechen wird, ist ungewiss. Vielleicht wird sie sogar darüber hinausgehen. Eines aber dürfen wir auf keinen Fall übersehen: Eine Globale Bürgergesellschaft lässt sich nur errichten, solange noch der Primat der Politik gegenüber der digitalen Ökonomie besteht. Nur wenn die staatlichen Akteure stark sind, können sie den Übergang zur Globalen Bürgergesellschaft moderieren. Zerfällt die staatliche Macht, bevor das gelingt, herrscht der Digitalkapitalismus.

Die Herausforderung der nahen Zukunft ist ein großer Spagat. Auf der einen Seite geht es um unsere materielle Grundversorgung mitsamt dem Gefühl von Selbstwirksamkeit und sozialer Anerkennung, auf der anderen um die Wettbewerbsfähigkeit auf dem globalen Markt. Wir müssen gelenkig sein und uns weit strecken, um diesen Spagat hinzukriegen.

Wir können ihn schaffen, allerdings nicht ohne Kultur. Denn ohne Kultur geht gar nichts, auch nicht auf dem Markt. Kein ökonomischer Erfolg ohne bunte, mitreißende Erfolgsgeschichten. Darauf haben der Investor Peter Thiel und der Ökonom Robert J. Shiller hingewiesen. Wir brauchen Storys, wir brauchen Bilder, wir brauchen Ästhetik. Woher sonst sollten wir unsere Zuversicht und unsere Visionen nehmen?

Narrative wirken, und auch die Aufklärung kommt nicht ohne aus. Das ist mein Punkt. Wir Europäer müssen jetzt unsere eigene Rolle finden, unsere eigene Geschichte erzählen. Wenn wir unser Skript nicht selbst schreiben, werden uns die anderen ihres aufzwingen.

Europa braucht jetzt eine starke Erzählung: Bold Europe. Der französische Präsident hat das auf den Punkt gebracht. Europa, so Macron, wird verschwinden, wenn es sich nicht als Weltmacht begreift. Einen Gefallen tun wir der Welt damit nicht.

Seien wir Europäer bold. Befreien wir uns jetzt aus unserer selbst verschuldeten Unmündigkeit.

Danksagung

Ein Buch entsteht aus einer Idee und vielen Gesprächen. Es wird Schritt für Schritt – ja, stimmt: inkrementell – besser durch Anregungen und Korrekturen. Ich danke allen, die geholfen haben.

LITERATUR

Richard Barbrook/Andy Cameron, »The Californian Ideology«, *Science as Culture* 6.1 (1996), S. 44–72

Pierre Bourdieu, *Die feinen Unterschiede. Kritik der gesellschaftlichen Urteilskraft*, Frankfurt am Main 1987

Clayton M. Christensen, *The Innovator's Dilemma. Warum etablierte Unternehmen den Wettbewerb um bahnbrechende Innovationen verlieren*, München 2011

Francis Fukuyama, *Das Ende der Geschichte. Wo stehen wir?*, München 1992

Yuval Noah Harari, *Homo Deus. Eine Geschichte von morgen*, München 2018

Ders., *21 Lektionen für das 21. Jahrhundert*, München 2019

Eric J. Hobsbawm, *Das lange 19. Jahrhundert*, Darmstadt 2017

Philipp Hübl, *Die aufgeregte Gesellschaft. Wie Emotionen unsere Moral prägen und die Polarisierung verstärken*, München 2019

Florian Illies, *Generation Golf. Eine Inspektion*, Berlin 2000

Theodore Levitt, »The Globalization of Markets«, *Harvard Business Review*, 1. Mai 1983

Mark Lilla, *The Once and Future Liberal. After Identity Politics*, New York 2017

Niklas Luhmann, »Komplexität«, in: Joachim Ritter/Karlfried Gründer (Hg.), *Historisches Wörterbuch der Philosophie*, Bd. 4 (I–K), Basel 1976, Sp. 939–941

Ders., *Die Gesellschaft der Gesellschaft*, Frankfurt am Main, 10. Aufl., 1998

Greg Lukianoff/Jonathan Haidt, *The Coddling of the American Mind. How Good Intentions and Bad Ideas Are Setting Up a Generation for Failure*, New York 2018

Karl Marx/Friedrich Engels, »Manifest der Kommunistischen Partei«, in: dies., *Werke*, Bd. 4, 6. Aufl., Berlin 1972, unveränderter Nachdruck der 1. Aufl., Berlin/DDR 1959, S. 459–493

John Naisbitt, *Megatrends. Ten New Directions Transforming Our Lives*, New York 1982

William Nordhaus, *Managing the Global Commons. The Economics of Climate Change*, Cambridge, Mass., 1994

Joseph S. Nye, Jr., *Soft Power. The Means to Success in World Politics*, New York 2004

Steven Pinker, *Aufklärung jetzt. Wissenschaft, Humanismus und Fortschritt – eine Verteidigung*, Frankfurt am Main 2018

John Rawls, *Eine Theorie der Gerechtigkeit*, hg. von Otfried Höffe, 3., bearb. Aufl., Berlin 2013

Jeremy Rifkin, *Die empathische Zivilisation. Wege zu einem globalen Bewusstsein*, Frankfurt am Main 2010

Joseph A. Schumpeter, *Kapitalismus, Soziales und Demokratie*, Tübingen 2018

Robert J. Shiller, *Narrative Economics. How Stories Go Viral and Drive Major Economic Events*, Princeton 2019

Benjamin Stuckrad-Barre, *Panikherz*, Köln 2016

Shoshana Zuboff, *Das Zeitalter des Überwachungskapitalismus*, Frankfurt am Main 2018